Norbert Kaczmarek

WIE ZWEI BERLINS ZUSAMMENWUCHSEN

Revolution ist, wenn die Verwaltung
Überstunden macht

Bibliografische Informationen der Deutschen Nationalbibliothek
Die Deutsche Nationalbibliothek verzeichnet diese Publikation in der
Deutschen Nationalbibliografie; detaillierte bibliografische Daten sind im
Internet über http://dnb.d-nb.de abrufbar.

ISBN: 978-3-86408-189-7

Korrektorat:
Berenike Schaak / Dr. Alexander Schug

Grafisches Gesamtkonzept, Satz und Layout:
Denis Fracalossi

Covergestaltung:
Frank Petrasch

© Copyright: Vergangenheitsverlag, Berlin / 2015
www.vergangenheitsverlag.de

Alle Rechte, auch die des Nachdrucks von Auszügen, der fotomechanischen
und digitalen Wiedergabe und der Übersetzung, vorbehalten.

INHALT

Vorwort   5

Einleitung: Wer und was weshalb und wie
zusammenwachsen sollte   7

1. Vorahnungen einer „unerhörten Begebenheit"   11
   Streitbare rot-grüne Koalition pflegt Zweistaatlichkeit   11
   Friedfertige Demonstranten verunsichern die SED   19
   Senat trifft Vorbereitungen für den „Ernstfall"   24

2. Im glücklichen Monat November war's   31
   „Wahnsinn!". Schabowski macht das Tor auf   31
   Frohsinn und Trübsinn. Hier und da gemischte Gefühle   35
   Gemeinsinn. Senat berät Chancen und Nebenwirkungen   41

3. Gesprächsbedarf in den deutschen Hauptstädten...   47
   Bonn: Die Abneigung Kohl/Momper ist gegenseitig   47
   Berlin oder Leipzig: Jeder braucht jeden   59
   Deutsche Debatte: Wer bleibt oder wird Hauptstadt   65

4. Rot-schwarze Politik im Roten Rathaus der
   DDR-Hauptstadt?   71
   Mit vereinten Kräften: Starthilfe aus Schöneberg   71
   Premiere ohne Generalprobe: Magistrat im Rampenlicht   88
   „Die Mühen der Ebenen": Bewährung im täglichen Chaos   96

5. Die neue Freiheit der Unzufriedenen   103
   Hausbesitzer streiten um volkseigene Grundstücke   103
   Öffentlich Bedienstete kämpfen um ihre Arbeit   106
   „Hausbesetzer aller Bezirke – vereinigt euch!"   113

| Bildteil | 117 |

6. Deutsche an einem Tisch — 127
Vereint beraten – getrennt regieren — 128
West-Bürgermeister trifft Ost-Ministerpräsident — 136
Tino Schwierzina besucht Lothar de Maizière — 140

7. Sone und solche in öffentlichem Dienst — 145
Aus zwei mach eins: Fremdeln beim gemeinsamen Start — 145
Vieles gelingt: So anders sind die anderen gar nicht — 148
Es bleiben Wunden: Nicht alles wächst zusammen — 153

8. In guter Verfassung — 161
Tagesthemen: Das Wichtigste in Kürze — 161
Tagesform: Wie fühlt man sich im Sommer 1990? — 169
Tagestraum: Ost-Berlin hat eine Verfassung — 173

9. Nicht mehr zwei und noch nicht eins — 183
Auf zwei Stühlen: Diener zweier Herren — 183
Noch im Doppelpack: Zwei Chefs für eine Stadt — 192
Nach 42 Jahren Teilung: Gemeinsamer Zieleinlauf — 199

10. Helden mit Verfallsdatum — 203
Aus einer neuen und einer erneuerten Partei: 14 Stadträte — 203
Gastrolle im Magistrat: Die Helfer von nebenan — 210
Oberbürgermeister für 227 Tage: Tino Schwierzina — 215

Anmerkungen — 223

Handelnde und behandelte Personen — 233

Vorwort

Der Verfasser war in jener Zeit seit 1983 Abteilungsleiter für Politische Koordination in der West-Berliner Senatskanzlei und seit Ende Mai 1990 in beiden Berliner Rathäusern für beide Bürgermeister tätig. Er hat seine Aufzeichnungen und Notizen, diverse Sitzungsprotokolle und sonstige Unterlagen ausgewertet und sein Gedächtnis auf diese spannendste Zeit seines Berufslebens befragt. So wurde das aus seiner Sicht Berichtens- und Bewahrenswerte aufgeschrieben.

Dieser Bericht ist all denen gewidmet, die im öffentlichen Dienst in Ost und West die politischen Beschlüsse der gewählten Vertretungen der Bevölkerung zu Tatsachen werden ließen als Voraussetzung dafür, dass beide Berlins wieder das werden konnten, was sie sein wollten: Die vereinte freie und unteilbare Hauptstadt Deutschlands.

Einleitung: Wer und was weshalb und wie zusammenwachsen sollte

In Berlin dauert manches etwas länger. So war es auch bei der Teilung und der Wiedervereinigung. Nicht, dass die Stadt damals langsamer war als andere, im Gegenteil. Ihre Teilung fing nur eher an – im Sommer 1948 – und wurde erst später beendet als überall sonst – im Winter 1991. Das lag am allerwenigsten an den Berlinern. Die hatten trotz 28 Jahren Mauer ganz gut zusammengehalten, obwohl die Berliner Spaltung ungleich intensiver war als die deutsche: Sie konzentrierte sich auf 880, verteilte sich nicht auf 350.000 deutsche Quadratkilometer. Je geringer die Entfernungen waren, desto größer war der Schmerz, desto stärker der Wunsch nach Einheit. Das gemeinsame Dach Berlin hatte sich in den Köpfen als beständiger erwiesen als der Zwang, in verschiedenen Welten leben zu müssen.

Aber wie getrennt war die Stadt trotzdem? Waren es nicht doch zwei Städte, die jede alles für sich hatte und ließ sich das wirklich noch heilen? Jeder hatte sich in seiner Stadt(-hälfte) eingerichtet. Die einen hatten den Pergamon-Altar, die anderen Nofretete. Einiges im Leben war ähnlich oder wenigstens vergleichbar, anderes war sehr verschieden.[1] Ost-Berlin war ein begehrter Wohnort und deutlich jünger. West-Berlin hatte am Ende prozentual so viel Alte wie der Ost-Teil Kinder hatte. Von denen wurden im Osten zwei Drittel, im Westen ein Drittel in Kindertagesstätten betreut. Ost-Berliner gingen etwas häufiger ins Kino und ins Theater als die West-Berliner. Deutlich beliebter war der Tierpark bei den Ost- als der Zoologische Garten bei den West-Berlinern. Was jeder ohne Statistik wusste: Ost-Berliner hatten weniger Autos und fuhren mehr Straßenbahn. Die West-Berliner hatten keine Straßenbahn.

In Berlin wird manches auch klarer gesehen. So kannten die Berliner seit der Blockade 1948 ihre Rolle in einer auseinanderdriftenden Welt. Ernst Reuter hatte *ganz* Berlin gemeint, als er die „Völker der Welt" aufforderte, „auf diese Stadt" zu schauen. Indem dem Westteil durch die Westmächte gegen die Vereinnahmung durch die Sowjetunion geholfen wurde, waren die West-Berliner quasi Paten für die Berliner im Ostteil. Auch wenn Berlin in der Präambel des Grundgesetzes vom 23. Mai 1949 nicht genannt wurde – gerade deshalb fühlten sich die Berliner angesprochen von dem Satz: „Das gesamte Deutsche Volk bleibt aufgefordert, in freier Selbstbestimmung die Einheit und Freiheit Deutschlands zu vollenden." Und auch wenn es feinsinnige Hinderungsgründe und brutale Realitäten gab, warum dieses Grundgesetz mit seinen grandiosen Menschenrechts- und Freiheitsgarantien in Berlin nicht gelten durfte, so bildete es doch den Maßstab des Denkens und den Rahmen der Erwartungen. In Berlin wurde, nach dem 13. August 1961 noch deutlicher als vorher, die Abartigkeit der Teilung eines Volkes und einer Stadt der ganzen Welt vor Augen geführt. Und indem man sich, allen Theorien zum Trotz, in West-Berlin als Teil des Westens fühlte, nahm man den Auftrag des Grundgesetzes beim Wort. Mit unzähligen Gesten signalisierten die Ost-Berliner über die Jahrzehnte ohne viele Worte, sie wollten „dazugehören". Die Besucherströme aus dem Westen in den Ostteil, wenn es denn mal Passierscheine gab, waren ihrerseits unübersehbare Zeichen der Zusammengehörigkeit, in Mühsal erlangt und in großer Freude erlebt. Gemeinsam wussten die Berliner, dass ihre Stadt nur mit dem ganzen Land eins werden könnte. So hatte es Bürgermeister Heinrich Lummer am 8. November 1984 im Abgeordnetenhaus einprägsam formuliert: „Die deutsche Frage ist solange offen, wie das Brandenburger Tor geschlossen ist."

Womit also den Bericht über Episoden auf dem Weg zur Einheit Berlins beginnen? Kurz vor dem Urknall oder doch erst mit Adam und Eva? Alles andere ist doch immer schon „mittendrin". Also einfacher gesagt, wann fing das Ende der DDR an? Am 17. Juni, am 13. August, in Friedrich Schorlemmers Schmiede in der Lutherstadt Wittenberg 1983 oder mit Gorbatschow, oder doch erst im Herbst 1989?

So wie keiner wusste, wie es weitergehen würde oder doch sollte, so war auch niemandem klar, wann und wie alles begonnen hatte. Die Schritte waren so klein, dass man meinte, auf der Stelle zu treten, als es längst schon mit Riesenschritten auf eine grundstürzende Veränderung alles Gewohnten zulief, erst weit weg, dann immer näher kommend. Im Rathaus in Schöneberg wurde man noch sensibler, suchte bewusst nach Anzeichen für Wandel, auch wenn sie auf der Erdbebenskala noch kaum messbar waren. Ein Datum ist so „richtig" oder „falsch" wie ein anderes.

Ich wähle für den Beginn dieser Beobachtungen den 23. Mai 1989, den 40. Jahrestag der Verkündung des Grundgesetzes. Von diesem Tag an hatte ich mit dem Thema dieser Aufzeichnungen – dem Zusammenwachsen von zwei Berlins – zu tun. Hier beginnt der Rückblick aus den hinteren Reihen auf eine ganz untypische, weil unblutige und erfolgreiche, und dann doch sehr deutsche, nämlich ordentlich verwaltete Revolution, die bald die ganze Stadt und das ganze Land veränderte.

Eine von Erich Honeckers Weissagungen stammte vom 19. Januar 1989 und lautete: „Die Mauer wird in 50 und auch in 100 Jahren noch bestehen bleiben, wenn die dazu vorhandenen Gründe nicht beseitigt werden." Am 7. Mai 1989 stellten Beobachter bei der Auszählung der Stimmen zu den Kommunalwahlen der DDR Differenzen zum amtlich verkündeten Ergebnis fest und machten dies öffentlich. Am 7. jedes folgenden Monats wurde fortan in Ost-Berlin vor und in Kirchen und auf dem Alexanderplatz gegen die Wahlfälschung demonstriert. Die Stimmung kippte im Zeitraffertempo. Die hundert Jahre dauerten keine zehn Monate.

Bald befanden sich alle und befand sich alles, keineswegs nur in Berlin, in einem Umbruch von unüberschaubarem Ausmaß, der nicht für möglich gehalten worden war, auf den niemand vorbereitet war. Vielmehr ähnelte die Situation dem Zustand, sich am Beginn eines Satzes noch nicht über dessen Ende im Klaren zu sein, wie ihn Heinrich von Kleist in seinem Aufsatz mit der Überschrift „Über die allmähliche Verfertigung der Gedanken beim Reden"[2] am Beispiel einer anderen Revolution, im Nachbarland, zweihundert Jahre zuvor, beschreibt.

Das in der Gedankenwelt der unmittelbaren Nachkriegszeit formulierte Grundgesetz erwies sich als zeitlos anwendbar. Es hatte – obwohl das Wort „Wiedervereinigung" vielen längst peinlich war – die Tür offengehalten für die nebenan Eingesperrten. Die wurden auch immer seltener wenigstens sonntags als „Brüder und Schwestern" bezeichnet und das nicht nur deshalb, weil es sich inzwischen eher um Cousins und Cousinen, also um die nächste Generation handelte. Das Beitrittsangebot des Artikels 23[3] war nicht befristet. Das Erhoffte, kaum noch Erwartete, geschah nach vierzig Jahren. Als die Menschen im Osten endlich durften und sich dann auch trauten, dauerte es wenige Wochen, bis sie das taten, was ihnen freigestellt war. Der Aufforderung durch die Präambel hatte es nicht bedurft. Es war ihr eigener freier Wille, den die Volkskammer am 23. August 1990 unter Inanspruchnahme der im Grundgesetz vorgesehenen Regelung in dem Beschluss zum Beitritt, also zur Wiedervereinigung Deutschlands zusammenfasste. Von einem Eintrittspreis – Kinder zahlen die Hälfte? – war nicht die Rede. Der kostbare Beitrag der DDR waren die 17 Millionen Biographien ihrer Bewohner. Eine Ablehnung des Antrages durch den Westen sah das Grundgesetz nicht vor; auch keine Widerrufsklausel bei Nichtgefallen. Kaum jemand außer der SED bedauerte den „Untergang der DDR". Die brauchte dann auch keine Hauptstadt mehr.

1. Vorahunungen einer „unerhörten Begebenheit"[4]

Im Frühjahr 1989 strömen Zehntausende von Aussiedlern aus Osteuropa, Tausende von Asylbewerbern aus vieler Herren Länder und Flüchtlinge und Übersiedler aus der DDR in den Westen Deutschlands und damit auch in den Westen Berlins. Niemand ist darauf vorbereitet. Das Notaufnahmelager Marienfelde ist überfüllt. Am 23. Mai 1989 – in Bonn tagt die Bundesversammlung zur Wiederwahl des Bundespräsidenten Richard von Weizsäcker, die rot-grüne Koalition in Berlin ist gerade zwei Monate alt – erörtert der Senat mit Blick auf die „voraussehbaren jährlichen Zugangszahlen von Aussiedlern, Zuwanderern und anerkannten Asylbewerbern die Möglichkeiten der Bewältigung etwaiger künftiger Probleme der Stadt unter Berücksichtigung des finanziellen Spielraumes, der flächenmäßigen Reserven und sonstiger Ressourcen" und beschließt, in einer Klausursitzung nach der Sommerpause darüber zu beraten.

Am 8. August müssen die Ständige Vertretung der Bundesrepublik Deutschland in Ost-Berlin, am 13. August die (West-)Deutsche Botschaft in Budapest, am 23. August die (West-)Deutsche Botschaft in Prag wegen Überfüllung durch DDR-Fluchtwillige schließen. Am 4. September findet mit 1.200 Teilnehmern die erste Montagsdemonstration in Leipzig statt. Am 11. September öffnet Ungarn die Grenze nach Österreich für DDR-Bürger. Am 30. September erlaubt die DDR die Ausreise der Flüchtlinge aus der Botschaft in Prag. Am 1. Oktober fährt der erste Zug über Dresden in den Westen.

Streitbare rot-grüne Koalition pflegt Zweistaatlichkeit

Als „Tabubruch" verpönt hatte die Berliner SPD nach der Wahl vom 29. Januar 1989 eine Koalition mit der Alternativen

Liste gebildet. Walter Momper, seit dem 16. März 1989 Regierender Bürgermeister, pflegte zusammen mit prominenten Genossen der Berliner SPD das deutsch-deutsche Nebeneinander, zögerte vor dem Miteinander, die AL sowieso. Sie glaubten sich auf der Höhe der Zeit. Wie überhaupt die rot-grüne Koalition fast alles anders und alles besser machen wollte. Da gab es eine Menge zu tun, neben der beabsichtigten Geschwindigkeitsbegrenzung auf der AVUS etwa auch die angestrebte Begrenzung der Zahl der Flugbewegungen in Tempelhof und Tegel. Das Ladenschlussgesetz sollte verschärft, ein zusätzlicher Grenzübergang in Lichtenrade zum Schutz der Umwelt verhindert werden, die Aufforderung an die westlichen Schutzmächte ergehen, sie mögen doch ihre Rechte mit mehr Rücksicht auf die Bedürfnisse der Berliner ausüben und vieles mehr, was die Stadt „voranbringen" sollte. In ihrer Koalitionsvereinbarung versprachen sie sich und den Berlinern aber noch mehr, nämlich einen anderen Politikstil: Eine „streitbare Zusammenarbeit". Meist legen ja Koalitionspartner bis kurz vor der nächsten Wahl Wert darauf, ihre volle Übereinstimmung zu betonen. Hier schien es zur neuen Polit-Kultur zu gehören, die Gegensätze und Unterschiede als Vorteil für die gemeinsame Arbeit zu idealisieren. Offenbar war jetzt zusammengekommen, was nicht zusammenpasste. Daran haben sich beide Partner bis zum bitteren vorzeitigen Ende gehalten. Es gab kaum noch eine Senatssitzung, in der nicht „die Fetzen flogen" und Walter Momper nur mit der Drohung, wenn man sich nicht einige, könne man sich „die Karten legen", was heißen sollte: dann sei die Koalition am Ende, den Laden zusammenhielt. Polit-taktisch unbedarfte Überzeugungstäterinnen trafen auf ausgebuffte Profis. Immer öfter ging es auch um Grundsätzliches. Feste eigene Ansichten zu haben, auch wenn sie den bisherigen Mehrheitsmeinungen nicht entsprachen, war schließlich ein ehrenwerter Grund, auf die Landespolitik Einfluss nehmen zu wollen. Man war doch seinen Wählern einiges schuldig.

Als wollte man zu Ende des ersten Jahres den Windschatten des Mauerfalls nutzen, der die volle Aufmerksamkeit des Regierenden Bürgermeisters und der meisten Berliner erforderte, begann kurz danach ein zehn Wochen währender, von GEW und ÖTV organisierter Streik der Angestellten der Kindergärten mit dem Ziel eines Tarifvertrages über Personalschlüssel und Gruppengrößen. Die Senatorin für Schule, Berufsbildung und Sport, Sybille Volkholz, bis zu ihrer Wahl als Senatorin stellvertretende Berliner GEW-Vorsitzende, stand zusammen mit ihren Kolleginnen Anne Klein und Michaele Schreyer von der AL auf der Seite der Streikenden. So vermengten sich Gewerkschaftspositionen und Arbeitgeberfunktionen, vermischten sich gegenteilige Aufgaben und verwischten sich die Grenzen von Gesamt- und Gruppeninteressen. Walter Momper und die Senatsmitglieder der SPD weigerten sich, das Budgetrecht des Parlaments durch ein Mitbestimmungsrecht von Gewerkschaften unterlaufen zu lassen. Bei aller Aufbruchsstimmung – das Arbeitsklima im Senat war von Anfang an gespannt. Die Tränen der immer mal überstimmten AL-Senatorinnen hatten – wer immer aus den vertraulichen Senatssitzungen geplaudert hatte – sogar im „Spiegel"[5] Mitleid erregt. Zwei Wochen später, am 19. Juni 1990, stimmten die Senatorinnen der AL gegen den Staatsvertrag über die Währungs-, Wirtschafts- und Sozialunion. Auch Grenz- und Parteigrenzen überschreitende Bündnisse gab es, seitdem es in Ost-Berlin einen demokratisch gewählten Magistrat gab. Eva Kunz (SPD), Stadträtin für Gleichstellungsfragen im Magistrat, forderte gemeinsam mit Anne Klein (AL), Frauensenatorin des Senats, die Beteiligung von mehr Frauen an den deutsch-deutschen Staatsvertragsverhandlungen. Beide machten ihre Zustimmung von einer stärkeren Verankerung der Rechte von Frauen im Vertragswerk abhängig.

„Eine europäische Friedensordnung wird es in überschaubarer Zeit nur mit zwei gleichberechtigten und miteinander kooperierenden deutschen Staaten geben können, die ihre Existenz nicht gegenseitig in Frage stellen. Es gilt, bei fortdauernder Zweistaatlichkeit so viel an Zusammenarbeit wie möglich zu schaffen. Wir wollen den europäischen Grenzen ihren trennenden Charakter nehmen... Berlin wird eine unbequeme Stadt für beide Seiten bleiben." Er werde in einem noch im Jahre 1989 zu führenden Gespräch mit Erich Honecker darauf hinweisen, „daß jeder Schuß, der an der Mauer abgegeben wird, eine Bedrohung für die weitere Entspannung und Verbesserung der Kooperation in Europa und Deutschland ist" – so Walter Momper in seiner Regierungserklärung im Jahr zuvor, am 13. April 1989. Tatsächlich formulierte er diesen Gedanken in dem am 19. Juni stattfindenden Gespräch noch zurückhaltender: „...der Schußwaffengebrauch an der Berliner Sektorengrenze störe den Prozeß der Entwicklung einer guten Nachbarschaft."[6] Zuletzt war ein Flüchtling am 5. Februar erschossen worden. Der letzte tödlich endende Fluchtversuch geschah am 8. März 1989.

Ein „Verbrechen" wollte die neue Koalition und der von ihr gebildete Senat das Erschießen von Flüchtlingen nicht mehr nennen. Und sie wollte zur Erfüllung einer alten Forderung Erich Honeckers beitragen, eine künftige Strafverfolgung der Täter unmöglich zu machen. Für Honecker war die dafür in Salzgitter bestehende „Zentrale Erfassungsstelle der Landesjustizverwaltungen" mit dem Auftrag der Sammlung von Materialien über Unrechtsurteile in der DDR und Tötungsdelikte an der Grenze ein Hindernis bei der Verbesserung der deutsch-deutschen Beziehungen. Willy Brandt hatte im Herbst 1961 unter dem Eindruck des Mauerbaus eine Idee des Hamburger CDU-Vorsitzenden Erik Blumenfeld dazu aufgegriffen und sich für deren Umsetzung stark gemacht. Am 40. Jahrestag der Verkündung des Grundgesetzes, dessen erster Satz die Würde des Menschen als „unantastbar" beschreibt, stieg West-Berlin als sechstes sozialdemokratisch regiertes Land aus. Das Justizressort unter der Senatorin Jutta Limbach entledigte sich damit eines Auftrages aus der rot-grünen Koalitionsvereinbarung. Kein Bedarf für künftige Strafverfolgung. Täter können nichts für das Fehlverhalten der Opfer. Auflösung wird empfohlen.

Außer den Regierenden Bürgermeistern von Weizsäcker und Diepgen und wenigen Beamten der Senatskanzlei waren die engen Kontakte von Berliner SPD-Funktionären zur SED-Spitze seit Beginn der 80er Jahre abseits der amtlichen Gespräche des Senats kaum bekannt. Man müsse mit dem Gegner reden, um etwas zu verbessern, war die Begründung für diese Kontakte der Parteien. Als dann die Regierungsübernahme bevorstand, hatte sich Harry Ristock[7] für die Koalitionsverhandlungen bei einem Abteilungsleiter des SED-Zentralkomitees ein „Non paper" mit Vorschlägen für die Verbesserung der DDR/West-Berlin-Beziehungen erbeten. Das wurde ihm, nach Abstimmung mit Moskau und im SED-Politbüro, am 9. Februar in zwei Exemplaren übergeben. Das Doppel war ausdrücklich für den Bürgermeister-Kandidaten bestimmt. Folgt man den Recherchen des damaligen für die Ost-West-Politik zuständigen Abteilungsleiters der Senatskanzlei, dann waren die Beziehungen der Berliner SPD zur SED besser und intensiver als zu Senat oder Bundesregierung. Wie sonst sollte man den Satz „Die DDR begrüßt den Standpunkt des Landesvorsitzenden und des Landesvorstandes der SPD zur Stellung Berlins als Hauptstadt der DDR. Positionen, ‚ganz Berlin' sei deutsche Metropole und ‚Hauptstadt der Nation' sind damit unvereinbar"[8] verstehen. Gerhard Kunze jedenfalls zitiert Ristock mit den Worten, dies sei „ein Dokument von historischer Bedeutung und ein unglaublicher Akt des Vertrauens der SED gegenüber der Westberliner SPD".[9]

Dabei litt die SED-Führung keineswegs unter Mangel an Partnern bei westdeutschen Politikern aller Parteien, die sich bei Erich Honecker zum Gespräch anmeldeten.

Seit dem Treffen des Regierenden Bürgermeisters Richard von Weizsäcker mit Erich Honecker im September 1983 in Berlin-Pankow war ja auch Ost-Berlin als Ort der Begegnung kein Tabu mehr. Ministerpräsidenten, die etwas auf sich hielten, gaben sich im Staatsratsgebäude in Ost-Berlin beinahe die Klinke in die Hand. Allein im ersten Halbjahr 1989 empfing dort Erich Honecker aus Schleswig-Holstein Björn Engholm (SPD), aus Baden-Württemberg Lothar Späth (CDU), aus Hamburg Henning Voscherau (SPD) und aus Niedersachsen Ernst Albrecht (CDU). Johannes Rau (SPD) aus Nordrhein-Westfalen traf Honecker in Leipzig, Hans-Jochen Vogel, Vorsitzender der SPD-Bundestagsfraktion, reiste in die Schorfheide. Hätte der Staatsratsvorsitzende und SED-Generalsekretär mehr Sinn für Humor gehabt, als man ihm jedenfalls als uneingeweihter Beobachter zutraute, hätte er sich doch über diese Pilgerfahrten köstlich amüsieren können. Vielleicht hat es ihm tatsächlich ein stilles Vergnügen bereitet, seine Gunst wohldosiert gewähren zu können.

Der Berliner Senat wertete inzwischen in der 17. Folge seines jährlichen Berichtes über die Praxis des Viermächte-Abkommens, hier für den Zeitraum vom Juni 1988 bis Mai 1989, „die Vielzahl von Begegnungen und politischen Gesprächen" als eine Voraussetzung dafür, dass sich die Beziehungen zwischen den beiden deutschen Staaten weiter entwickelt und in verschiedenen Bereichen zu Verbesserungen geführt hätten. „In den Gesprächen konnten auch sehr sensible Fragen angesprochen werden. Die Repräsentanten der SED stimmen zu, daß an allen Grenzen humanitäre Gesichtspunkte zu beachten sind. Dennoch mußte im Berichtszeitraum wieder Schußwaffengebrauch registriert werden."[10] Kein rosiges Bild zeichnete der Bericht vom Befinden der politischen Führung und von der Stimmung innerhalb der DDR. „Die Reiseverordnung[11] und die darin gleichzeitig getroffene Regelung für ständige Ausreisen haben bisher zu keiner merklichen Entspannung des innenpolitischen Klimas geführt. Mitbestimmend scheint dabei zu sein, daß sich die DDR-Führung den von der Sowjetunion ausgehenden Reformbestrebungen ideologisch und praktisch verschließt. Die Entwicklung in Polen und Ungarn bestätigt die DDR-Bewohner in dem Gefühl, von einem Weg zu mehr Demokratie und Fortschritt abgeschnitten zu sein."

Bei der ersten und einzigen Begegnung des Regierenden Bürgermeisters Walter Momper mit dem SED-Generalsekretär Erich Honecker[12] am 19. Juni 1989 kam man auch auf das Papier vom Jahresanfang zu sprechen. In den West-Aufzeichnungen über dieses Gespräch heißt es: „...GS verwies... auf die erheblichen Zugeständnisse der DDR für Verbesserungen. Grundlage hierfür seien die langjährigen Gespräche zwischen SPD und SED. Wenn der von der rot-grünen Koalition gebildete Senat seine Richtung beibehalte, seien weitere praktische Verbesserungen möglich. Wenn nicht, halte man sich an die Regeln der friedlichen Koexistenz."[13] Dieselbe Gesprächspassage liest sich in der Ost-Aufzeichnung wie folgt: „E. Honecker: Die heutige Zusammenkunft sei als Hilfe für den Senat in Berlin (West) gedacht. W. Momper: Wir sollten uns gegenseitig helfen. E. Honecker: Die Liste von Vorschlägen, die wir der Westberliner SPD zugeleitet haben, hätte Diepgen nicht erhalten. Wenn die Koalition Richtung halte, dann könne sie mit Offenheit unsererseits rechnen. Die langjährigen Kontakte zwischen der SED und der Westberliner SPD-Führung seien von Nutzen. Ein Rückfall in die alte Praxis im Verhältnis zur DDR dürfe demgegenüber nicht zugelassen werden."[14]

Diese Art von Umarmung könnte erklären, warum Walter Momper auch noch bis zum Ende des Jahres 1989 Schwierigkeiten mit dem Reizwort „Wiedervereinigung" hatte. Das galt aber ebenso für die gewendete CDU der DDR, die noch im Dezember 1989 in ihrem Programm diesen Begriff vermied, gleichwohl die Zehn Punkte[15] der Regierungserklärung von Helmut Kohl vom 28. November 1989 unterstützte. Momper meinte, „erst einmal die Probleme der Übergangszeit meistern" zu müssen.[16] Und so hatte er seine Empfehlungen an die DDR, sich den Veränderungen in der Welt nicht zu verschließen, damit „Gutwillige nicht irritiert" würden, in viel Watte verpackt. „Man wisse, dass eine Entwicklung in der DDR, die gegen den KSZE-Prozeß[17] verlaufe, eine Destabilisierung hervorrufen könne. Das sei die eigentliche Sorge. Das sei keine Einmischung, sondern Sorge um die Stabilität."[18] Wer es mit der SED so gut meinte, der mochte sich ein Ende der DDR noch nicht vorstellen. Es schien so, als sei man noch Lichtjahre von einer Annäherung beider Deutschlands und beider Berlins, die über Reiseregelungen hinausging, entfernt.

Für den Regierenden Bürgermeister ging es aber auch um den Zusammenhalt der Koalition mit einer AL, der die ganze Richtung nicht passte, die aber dennoch Vielem zustimmen musste. Differenzen zwischen den Partnern hatten sich beispielhaft an der Weigerung der Vizepräsidentin des Abgeordnetenhauses, Hilde Schramm von der AL, gezeigt, die sich im Mai 1989 geweigert hatte, die Abgeordnetenhaussitzung mit den seit 1955 gesprochenen Worten, mit denen der Wille zur Wiedervereinigung der geteilten Stadt bekundet wurde, zu eröffnen. Dabei war die Begründung nicht ungeschickt. Diese Bekundung sei geheuchelt. Alle Welt ginge doch von der dauerhaften Zweistaatlichkeit aus. Als am 18. Januar 1990 über die Abschaffung dieses Eröffnungsrituals abgestimmt wurde, war auch Walter Momper dafür – Taktik oder Überzeugung? Der Zufall des Zusammentreffens zweier voneinander unabhängiger Entwicklungen hatte es bewirkt, dass genau in dem Zeitpunkt, in dem die Chancen für ein Zusammenfinden von Ost und West zunahmen, in West-Berlin eine in dieser Frage tief gespaltene Koalition regierte. Noch vor Ende des folgenden Jahres zerbrach dieses Bündnis – allerdings unter dem Vorwand einer nicht abgesprochenen Polizeiaktion der Gesamtberliner Landesregierung gegen Hausbesetzer im Bezirk Friedrichshain.

FRIEDFERTIGE DEMONSTRANTEN VERUNSICHERN DIE SED

In der Welt rumorte es. Gerade gefasste Überzeugungen gerieten in Zweifel, eben noch für wichtig Gehaltenes verlor an Bedeutung, neue Fragen drängten sich in den Vordergrund. Was jetzt geschah, war eine von der Öffentlichkeit völlig unbemerkte Sensation ersten Ranges. Die Politik anerkannte, dass sich die Realität nicht nach den Wünschen von Parteien richtet, sondern dass sich die Politiker den Realitäten zu stellen haben. Die im Mai beschlossene Arbeitsgruppe zur Vorbereitung auf unbekanntes Neues fiel in den Aufgabenbereich meiner Abteilung Innere Politik. Um völlige Klarheit über den mit dem erteilten Auftrag verbundenen Spielraum zu erlangen, ohne Kenntnis der tatsächlichen Beziehungen zwischen der Berliner SPD und der SED-Führung, machte ich dem Chef der Senatskanzlei Dieter Schröder einen Vorschlag zur Arbeitsweise dieser Arbeitsgruppe. Alle möglichen Zielkonflikte sollten benannt werden, „um eine Art ‚Inventur' zu machen und die weiteren ‚Geschäftsaussichten' der Stadt beurteilen zu können. Um es am Stichwort Aus- und Übersiedler zu verdeutlichen: Wenn Menschen nach Berlin kommen wollen, aber keinen Platz finden, dann nicht (nur) überlegen, wie hindern wir sie am Herkommen oder wie werden wir sie wieder los, sondern (auch) fragen, was macht uns so attraktiv, können wir das ausbauen und für alle Berliner nutzbar machen und prüfen, ob diese Zuwanderung nicht auch Vorteile für die Stadt bringt?" Seit Juni fanden fünf intensive Arbeitssitzungen mit je einem Abteilungsleiter aller Senatsverwaltungen in sehr kollegialer und trotz der zu lösenden Schwierigkeiten entspannter Atmosphäre statt. Es kommt ja in Verwaltungen nicht so häufig vor, dass eigenes Denken gefragt ist. Meist lautet der Auftrag von vorgesetzten Politikern doch nur, nach einem Weg zu suchen, eine politisch schon längst entschiedene Absicht verwirklichen zu können. Schließlich war ja, wenn nicht gleich ein Partei-, dann doch wenigstens ein Wahl-Programm umzusetzen. Hier aber waren selbst die in mühsamen Verhandlungen erzielte Koalitionsvereinbarung und die noch fast druckfeuchte Regierungserklärung kein Tabu.

Innerhalb weniger Monate deutete sich an, worauf Jahrzehnte lang gewartet worden war: Konkreter Anlass für die Hoffnung, dass die Mauer auch von Ost nach West durchlässig würde. Walter Momper pflegte in dieser Zeit besonders intensiv seine Kontakte nach Ost-Berlin und in die DDR. Diese Termine erschienen nicht auf seinem täglichen Terminzettel. Kenntnis von diesen Kontakten mit der SED und seinen Besuchen bei Oppositionellen aller Schattierungen unter diversen, nicht immer ganz dichten Kirchendächern erhielt ein kleiner Kreis immer dann, wenn Dieter Schröder, als Chef der Senatskanzlei sein ständiger Wegbereiter und -begleiter, den über so viel Weltläufigkeit und Tatendrang staunenden Staatssekretären am Montagmorgen in der Staatssekretärskonferenz berichtete, wie sich die Welt inzwischen gedreht hätte und was vermutlich an Sensationen in der beginnenden Woche bevorstand.

Ging es doch vor allem auch darum, immer ein wenig *vor* den Ereignissen zu erfahren, was sich im Ostteil der Stadt gerade zusammenbraute, damit man im Westen nicht völlig unvorbereitet war. Dabei konnten immer weniger die „Genossen" und immer mehr die unterschiedlichen Oppositionsgruppen helfen. Die West-Berliner Opposition bemühte sich redlich, ebenfalls Kontakte zu knüpfen oder auszubauen. Nicht zu gelingen schien es aber, sich „westsolidarisch" mit der SPD zu ergänzen und auszutauschen. Das eingeübte Rollenspiel war doch zu verfestigt. Schlimmstenfalls warf man sich gegenseitig vor, mit „den Falschen" zu reden.

Das war doch mal etwas wirklich Neues. Da treffen in Berlin-West, wie seit langem geplant, die Chefs der Staats- und Senatskanzleien der (west-)deutschen Länder zu ihrer Jahreskonferenz zusammen und der Gastgeber, Staatssekretär Professor Schröder, hat keine Zeit, die Konferenz zu eröffnen. In Ost-Berlin bereitete man sich auf die Feiern zum 40. Gründungstag der DDR vor. Es sollte eine Jubelfeier mit Aussicht werden. Von der Stasi wurden Bürgerproteste vor laufenden West-Kameras befürchtet. Aber anstatt die noch überschaubare Zahl von Spielverderbern als vermeintliche „Rädelsführer"[19] festzunehmen und auszuweisen, schloss man vertragswidrig die Grenze für Westbesucher. Da musste etwas unternommen werden. So war der Chef der Senatskanzlei – ganz gegen seine Art – unpünktlich. Dafür fühlten sich die Gäste aus Westdeutschland wenigstens indirekt inmitten des Weltgeschehens, von dem sie in Stuttgart, Mainz oder Kiel sonst nicht so berührt wurden. Mancher wird gedacht haben: Berlin ist schon eine merkwürdige Stadt, gehört die wirklich zu uns? Aber es sollte bald noch „schlimmer" kommen.

Bemerkenswert ist die Einschätzung des deutsch-deutschen Gemütszustandes in diesen Monaten, die mein für die Berlin- und Deutschlandpolitik zuständiger Kollege in der Senatskanzlei, Gerhard Kunze, formulierte. „Die sich 1989 rapide verändernde innenpolitische Lage der DDR hatte zunächst keine spürbare Auswirkung auf das Verhältnis zwischen beiden Teilen Berlins, wenn man davon absieht, daß zwischen dem 4. und dem 8. Oktober 3.625 West-Berlinern die Einreise nach Ost-Berlin verweigert wurde. Erst nach dem Ende der Feierlichkeiten zum 40jährigen DDR-Jubiläum und nach Protesten von West-Alliierten, Bundesregierung und Senat wurden ab 9. Oktober keine Einreiseverweigerungen mehr verhängt. Nicht nur Honecker, sondern auch die Politiker im Westen Deutschlands und Berlins schlossen ebenso wie ihre Beamten aus den Fluchtwellen und den Aktionen der Bürgerrechtler nicht auf das so nahe bevorstehende Ende der SED-Diktatur. Die Beziehungen und Kontakte liefen bis zum Herbst 1989 in den eingefahrenen Gleisen."[20] Er hatte von allen Beamten der Senatskanzlei den besten Einblick in die Psyche der Verhandlungsgegner bzw. -partner, traute aber wohl, Jurist und ehemaliger Dresdener, der DDR eine derartige Wandlungsfähigkeit nicht zu.

Das gewohnte Zeremoniell der Feiern zum Gründungstag der DDR war in Anwesenheit des nur noch bedingt befreundeten sowjetischen Parteichefs Gorbatschow auch noch am 40. Geburtstag als Staatsschauspiel aufgeführt und abgespult worden: Fackelzug der FDJ, Militärparade, Staatsakt, Volksfest, Festempfang im Palast der Republik. Am sechseckigen Tisch war die Politprominenz des Ostblocks versammelt, Kulturprogramm vom Feinsten von Ludwig Güttler bis zum Thomaner-Chor. Draußen am Alexanderplatz und vor dem Staatsratsgebäude führte bereits die Opposition die Regie. Ob Galgenhumor oder doch mehr in Katerstimmung? „Neues Deutschland" zog am Montag nach den Feiertagen mit seinem zweizeiligen Aufmacher eine äußerst doppeldeutige Bilanz: „Die Entwicklung der Deutschen Demokratischen Republik wird auch in Zukunft das Werk des ganzen Volkes sein". An diesem 9. Oktober erfolgte die Antwort in Leipzig noch am selben Abend siebzigtausendfach: „Wir sind das Volk!" Die „ND"-Redaktion mag das anders gemeint haben.

Allenthalben herrschte die Angst vor der Revolution, auch bei denen, die sie herbeiführten. Sie fand statt! Keine Erstürmung eines Gefängnisses wie 1789 in Paris, kein Barrikadenbau wie 1848 in Berlin, kein Startschuss per Platzpatrone durch einen Panzerkreuzer wie 1917 in St. Petersburg, kein doppeltes Ausrufen verschiedener Republiken wie

1918 von den Balkons des Reichstages und des Schlosses. Statt dessen Demonstranten mit Plakaten und Kerzen. Zur Friedlichkeit ermahnt durch einen „Aufruf zur Besonnenheit" eines Kabarettisten, eines Theologen, des Gewandhauskapellmeisters, aber auch von drei Sekretären der Leipziger SED-Bezirksleitung. So blieb der Zusammenstoß der friedfertigen Siebzigtausend mit der hoch aufgerüsteten Staatsmacht aus. Noch vor zwei Tagen hatte Erich Mielke in Berlin nach dem Abflug von Gorbatschow verfügt: „Jetzt ist aber endlich Schluss mit dem Humanismus!" Sollte heißen: Ab jetzt wird draufgehauen! Nun zuckte der Einsatzleiter vor der Gewaltanwendung zurück, die Befehlshaber kniffen, waren nicht erreichbar, würden zurückrufen, meldeten sich erst, als nichts mehr zu retten war – Gott sei Dank! Alles war gerettet. Zwei Wochen später stimmte selbst Erich Honecker dem im Politbüro gestellten Antrag zu seiner Ablösung zu. Noch einmal überdeckte Einstimmigkeit die fortschreitende Auflösung.

Die Verfasser des „Kommunistischen Manifestes" vom Februar 1848 hatten den Niedergang der *herrschenden* Klasse als eine Voraussetzung für das Gelingen einer Revolution präzise beschrieben: „In Zeiten endlich, wo der Klassenkampf sich der Entscheidung nähert, nimmt der Auflösungsproceß innerhalb der herrschenden Klasse, innerhalb der ganzen alten Gesellschaft, einen so heftigen, so grellen Charakter an, daß ein kleiner Theil der herrschenden Klasse sich von ihr lossagt und sich der revolutionären Klasse anschließt, der Klasse, welche die Zukunft in ihren Händen trägt. Wie daher früher ein Theil des Adels zur Bourgeoisie überging, so geht jetzt ein Theil der Bourgeoisie zum Proletariat über, und namentlich ein Theil der Bourgeois-Ideologie, welche zum theoretischen Verständnis der ganzen geschichtlichen Bewegung sich hinaufgearbeitet haben."[21] Nicht vorhersehbar war für Marx und Engels, dass dies auch für das Ende des Sozialismus/Kommunismus gelten könnte. Und den Demonstranten und ihren Kontrahenten war wohl kaum bewusst, dass sie sich an das Drehbuch für einen ganz anderen Film hielten. Von nun an gab es eine andere DDR. Und ohne „Leipzig" hätte es sieben Monate später keinen Tino Schwierzina als Oberbürgermeister in Berlin gegeben.

Senat trifft Vorbereitungen für den „Ernstfall"

Bis zu der Beratung des Senats am 21. Oktober 1989 hatte sich die Situation seit Mai radikal verändert. Man stand noch unter dem Eindruck der Massenausreise von vielen Tausend Botschaftsflüchtlingen aus Prag in die Bundesrepublik Deutschland zu Anfang des Monats. Und im Gedächtnis blieb der zynische, von Honecker inspirierte Kommentar im SED-Zentralorgan, für den wohl niemand seinen Namen hatte hergeben wollen. Die Flüchtlinge „haben sich selbst aus unserer Gesellschaft ausgegrenzt. Man sollte ihnen deshalb keine Träne nachweinen."[22] Drei Tage vor der Sitzung war Erich Honecker zurückgetreten worden. Ich hatte eine Besprechungsunterlage zur Einführung in die aktuelle Lage vorbereitet. Dabei ging es mir um folgende Gedanken, die meinen damaligen Eindruck entsprachen: Insgesamt offenbare die derzeitige Situation ein generelles Dilemma westdeutscher Politik, nämlich das Unvermögen, sich wirkungsvolle Veränderungen in der DDR und in Osteuropa tatsächlich vorzustellen und – soweit die westliche Seite davon unmittelbar betroffen sei – darauf einzustellen. Mit der gleichen Festigkeit, mit der von der DDR Reformfähigkeit gefordert würde, hielte man an der eigenen Überzeugung fest, sie sei dazu gewiss nicht in der Lage. Die Überraschung bestehe nun – vereinfacht dargestellt – darin, dass vielfach herbeigesehnte Entwicklungen sich nicht innerhalb der DDR selbst abspielten, sondern spürbar auf die innenpolitische Situation der Bundesrepublik einwirkten, indem die Menschen unerwartet und insoweit auch ‚uneingeladen' in großer Zahl buchstäblich vor unseren Türen stehen würden. Unabhängig von den notwendigen Diskussionen um die Angemessenheit, Zumutbarkeit oder Unzweckmäßigkeit einzelner Maßnahmen müsse generelle Übereinstimmung über die Mitverantwortung und die sich daraus ergebende Herausforderung bestehen, nämlich der DDR und zugleich denen, die sie verlassen, wirksam zu helfen: innerhalb der DDR, um sie lebenswerter zu machen; außerhalb der DDR, um die Integration der ehemaligen DDR-Bewohner so reibungslos wie möglich zu gestalten. Aus einer zumindest in Teilen vorhandenen „Das Boot ist voll"-Mentalität, müsse die „Wir sitzen alle in einem Boot"-Einstellung werden.

Eine Klausurtagung des Senats darf man sich nicht wie ein Konklave zur Papstwahl vorstellen. Auch wenn mit dem Wort eine Art „geschlossene Gesellschaft" und Vertraulichkeit in klösterlicher Abgeschiedenheit assoziiert wird, war doch solchen Sitzungen nichts vom Abstand zur Tagespolitik und der Unabhängigkeit von akuter öffentlicher Wahrnehmung und Wirkung beschert, im Gegenteil. Schon vor Beginn standen zahlreiche Journalisten vor der Tür, vom Pressesprecher eigens dazu eingeladen. Jeder Teilnehmer maß seine Bedeutung an der Aufmerksamkeit, die ihm beim Betreten des Tagungsortes durch die Anzahl der Interview-Fragen und die Intensität der Blitzlichter zuteilwurde. Als höchste Auszeichnung galt es, vor einer Fernsehkamera zu einem 30-Sekunden-Statement gebeten zu werden. Dem konnte man durch offen gezeigte Bereitschaft zum Plaudern schon mal nachhelfen. Manchmal bereits zwischendurch und jedenfalls immer an deren Ende stand eine „improvisierte" Pressekonferenz, um Zwischen- oder Endergebnisse, noch bevor sie sich bei den Teilnehmern gesetzt hatten, durch den Verhandlungsführer öffentlich zu diktieren und somit festschreiben zu lassen. Oft bestand die Versuchung, das Protokoll nicht nach dem tatsächlichen Sitzungsverlauf und den eigenhändigen Notizen zu verfassen, sondern an der subjektiven Kurzfassung der Sitzungsleitung für die Presse zu orientieren. Denn diese schuf Fakten, während das Protokoll nur authentisch war. So geschah es denn auch gelegentlich, dass Kollegen aus den Ressorts beim Protokollanten anriefen, ob denn das nach mehreren Tagen zu ihnen gelangte Protokoll zuträfe, sie hätten doch vorher in der Presse eine andere Version gelesen.

Die Sitzung im Gästehaus des Senats in der Menzelstraße im Ortsteil Grunewald dauerte von früh bis in die Nacht. Man hatte sich nicht lange mit Vorreden aufgehalten. Allen war die besondere Situation bewusst, in der sich Berlin und sein Senat befanden. Man hatte die Stadt verändern wollen. Jetzt stand alles in Frage, was bis vor wenigen Monaten als unveränderbar gegolten hatte. Die Stadt wandelte sich ohne Zutun der örtlichen Politiker mehr als es diese je vermocht hätten. Jeder Zeit konnte eintreten, was in den Richtlinien der Regierungspolitik vom 27. April 1989 als Ziel formuliert, aber doch nicht in absehbarer Zeit für einlösungsbedürftig gehalten worden war: Den Grenzen den trennenden Charakter zu nehmen.

Das hatten gerade die polnische, die ungarische und die tschechoslowakische Regierung und der Ausreisedruck der DDR-Bewohner auf ihre eigene Regierung besorgt. Niemand ahnte ja, dass zweieinhalb Wochen später mit der Öffnung der Mauer genau das – und bald noch viel mehr – passieren würde. Noch konnte man sich auf theoretische Überlegungen beschränken, z. B., dass es keine Privilegierung von Aus- und Übersiedlern geben dürfe, weder bei der Arbeitsbeschaffung noch bei der Wohnungsversorgung. Der Regierende Bürgermeister stellte – so das Protokoll der Senatskanzlei – als Zwischenergebnis der Beratungen u. a. fest: „...die aktuelle Entwicklung in der DDR gebe keinerlei Anzeichen für eine Verminderung des Zustroms; schaffe die

DDR volle Reisefreiheit, würden sich die am Beispiel Polenmarkt[23] deutlich gewordenen Probleme vervielfachen. Außer durch eine rigorose Grenzschließung durch den Westen – was nicht diskutabel sei – sei der Zustrom nicht wesentlich zu verringern; Berlin bleibe eine offene Stadt. Aussagen der Koalitionsvereinbarung seien teilweise durch die in den letzten Monaten eingetretenen Ereignisse überholt worden. Die Grundsätze der Koalition müßten auch unter veränderten Umständen bewahrt und berücksichtigt werden; zusätzliche Ressourcen müßten durch Einsparung an weniger wesentlichen Projekten gewonnen werden."

Die Berliner Verwaltung, insbesondere die Senatskanzlei, war doch immerhin seit dem Frühjahr damit beschäftigt gewesen, sich auf Nebulöses vorzubereiten. Das war zwar nicht gerade lange, aber der Senat hatte, als es auch nur die leisesten Signale dafür gab, dass die Ost-West-Welt vielleicht doch noch zu einem erträglichen Miteinander finden könnte, mit Fantasie und Eifer nachzudenken begonnen, was das für die Stadt bedeuten könnte. Nicht zuletzt der Chef der Senatskanzlei, Dieter Schröder, hatte gedrängt, die Mitarbeiter sollten sich auf bisher Undenkbares einstellen. Das war aber im Frühjahr 1989 im äußersten Fall ein verstärkter Reiseverkehr. In seinen Erinnerungen räumt er auch – was ihm zur Ehre gereicht – unumwunden ein, man könne nicht behaupten, „daß wir auf der westlichen Seite damals schon erkannt hatten, vor welcher historischen Stunde wir standen."[24] Noch im Herbst, in einem Gespräch mit dem sowjetischen Botschafter Wjatscheslaw Kotschemassow am 27. Oktober, der unverklausuliert erklärt hatte, „auch Pläne zur Wiedervereinigung, einschließlich der Festlegung von Etappen, seien keine verbotenen Themen" mehr, traf der bei Momper und ihm auf eher ungläubiges Staunen. „Wir haben die Tragweite dieses Gesprächs nicht gleich voll erfaßt. Drei Jahrzehnte sowjetischer Deutschlandpolitik hatten auch uns geprägt... Der sowjetische Botschafter hatte damals offenbar schon eine Lagebeurteilung, aus der folgte, daß die DDR nicht mehr lange zu halten war, es ging für seine Seite nur noch um einen geordneten Rückzug."[25]

Die einst gut gefüllten Schubladen, in denen man die Pläne für einen „Tag X" der Wiedervereinigung erst wegen Aussichtslosigkeit hatte verschwinden lassen, waren seit vielen Jahren wegen vermeintlicher Traumtänzerei leer geräumt. Mit so nutzlosem und weltfremdem Material, das noch dazu den Osten wegen Einmischung in dessen innere Angelegenheiten erzürnen könnte, wollte sich niemand belasten. Längst, seit fünfzehn Jahren, war ja auf Bundesebene die Arbeit des „Forschungsbeirates für Fragen der Wiedervereinigung" eingestellt worden. Der war am 24. März 1952, zwei Wochen nach der legendären Stalin-Note zur Deutschland-Frage an die Westmächte, beim Bundesminister für gesamtdeutsche Fragen gegründet worden. Die Bundesregierungen in den fünfziger und sechziger Jahren und auch noch zu Beginn der Neuen Ostpolitik von Willy Brandt wollten, was ja nicht unvernünftig, sondern höchstens weitsichtig und äußerst optimistisch war, für alle Fälle vorbereitet sein. Wegen der „Erkenntnis, daß sich im Falle einer Wiedervereinigung Mitteldeutschlands mit Westdeutschland infolge der seit 1945 sehr verschieden gelaufenen Entwicklung beider Gebiete eine Fülle von Problemen ergeben würde, die zu erkennen und voraus zu bedenken zwingende Notwendigkeit sei."[26] Die graue Pappe des Einbandes der Broschüren hatte ihnen in der DDR den bedrohlich klingenden Beinamen „Grauer Plan" eingebracht. Mit den Vorworten der Bundesminister für gesamtdeutsche Fragen von Jakob Kaiser (CDU) über Erich Mende (FDP) bis Herbert Wehner (SPD) waren sie jeweils der Öffentlichkeit vorgestellt worden, alles andere als Geheimdokumente. Aber das Interesse war in der Bundesrepublik eher bescheiden. Auch in meinem Keller lagen sie wohlverwahrt. Ich hatte sie mir zur Lektüre für die Zeit des Ruhestandes aufgehoben. Tatsächlich gelesen wurden die Berichte wohl eher von ausgewählten Partei- und Wirtschaftsfunktionären in der DDR. Als Vorbereitung einer Aggression umgedeutet wurden sie von den Propagandaexperten.[27] Zu vielen Themen, die sehr viel später von großer Bedeutung waren, enthalten sie bedenkenswerte Vorschläge.[28] Sie waren einfach zu früh gekommen und deren Verfasser sind dafür vom späteren Leben nicht belohnt worden.

Der intellektuelle und emotionale Zustand in Deutschland ähnelte in etwa dem Grübeln eines Kindes, das sich etwas wünschen soll, ohne es genau zu kennen. Und wenn es zu lange dauert, kann man sich über die Erfüllung des Wunsches gar nicht mehr so richtig freuen. Das Wünschen war zu einem Ritual verkümmert. Die immer mehr verblassende Hoffnung wurde durch die vernünftig klingende Einsicht überlagert, das Gewünschte gäbe es gar nicht, der Wunsch sei weltfremd und unerfüllbar. Besonders Schlaue nannten ihn gar unanständig. So waren allmählich die Textbausteine mit den Pflichtpassagen zur Wiedervereinigung selbst aus den Sonntagsreden gestrichen worden. Niemand wollte als Träumer gelten, wo doch die betonharten Tatsachen keinen Anhaltspunkt für Bewegung boten. Auch innerhalb der CDU hatte sich 1988 eine Arbeitsgruppe unter deren Generalsekretär Heiner Geißler an die Arbeit gemacht, das Parteiprogramm von „ideologischem Sperrmüll"[29] zu entrümpeln und dabei den Eindruck erweckt, die bis dahin verfolgte Absicht und geschürte Hoffnung auf Einheit für auf unabsehbare Zeit nicht erreichbar zu erklären. Ein Beschluss darüber kam allerdings nicht zustande. Schließlich hieß es doch wieder: „Solange die Einheit in Freiheit nicht erreicht ist, muß die deutsche Frage rechtlich und politisch offengehalten werden."[30]

2. Im glücklichen Monat November war's

In Grünheide bei Berlin wird am 10. September 1989 der Gründungsaufruf für das Neue Forum veröffentlicht, am 7. Oktober wird in Schwante bei Berlin die SDP gegründet. Erich Honecker verliert am 18. Oktober alle Partei- und Staatsämter. Egon Krenz wird sein Nachfolger als SED-Generalsekretär und spricht von „Wende". Am 4. November versammeln sich ca. 500.000 Menschen auf dem Alexanderplatz in Berlin mit der Forderung nach radikalen Reformen, nach Presse- und Versammlungsfreiheit. Am 7. November tritt der DDR-Ministerrat, am 8. November das SED-Politbüro zurück. Egon Krenz wird vom SED-Zentralkomitee als Generalsekretär bestätigt, Hans Modrow wird in das Politbüro gewählt und soll Ministerpräsident werden. Um 18.53 Uhr des 9. November teilt das alte und neue Politbüromitglied Günter Schabowski auf einer direkt übertragenen Pressekonferenz aus dieser Tagung die Absicht mit, "sofort, unverzüglich" Reisefreiheit zu gewähren. Ein Wintermärchen.

„Wahnsinn!" – Schabowski macht das Tor auf

Helmut Kohl ahnte nicht, dass es sein letzter „Bericht zur Lage der Nation im geteilten Deutschland" war, als er am 8. November 1989 an das Rednerpult des Deutschen Bundestages im Bonner Wasserwerk[31] trat. Noch ganz unter dem Eindruck der Ereignisse der letzten Wochen und Tage in der DDR und des 4. November in Ost-Berlin, lobte er den Freiheitswillen „unserer Landsleute". Sie hätten der ganzen Welt „vor Augen geführt, daß die Teilung unseres Vaterlandes widernatürlich ist – daß Mauer und Stacheldraht auf Dauer keinen Bestand haben können." Also doch wieder die gewohnte Kalte-Kriegs-Rhetorik? Aber Kohl fuhr fort, die Ostdeutschen brauchten keine Belehrungen. Er sei sicher, „wenn sie die Chance erhalten, werden sie sich für Freiheit und Einheit entscheiden." Selbstbestimmung für alle Deutschen bleibe das Ziel. „Einen grundlegenden politischen und wirtschaftlichen Wandel in der DDR zu fördern, ist unsere nationale Aufgabe. Freizügigkeit und Zusammenarbeit werden dazu führen, dass die Teilung Europas überwunden wird. Dann wären auch die Tage der Mauer in Berlin gezählt. Dieses abstoßende Symbol der Unmenschlichkeit muß verschwinden." Als endlich Bewegung in die deutsch-deutsche Verkrampfung geriet, mahnte der Bundeskanzler zur Besonnenheit. „Vergessen wir nicht, daß die Lösung der deutschen Frage nicht die Deutschen allein angeht. Hüten wir uns vor der Annahme, eine Lösung der deutschen Frage mit einem Drehbuch und einem Terminkalender in der Hand vorherbestimmen zu können. Die Geschichte hält sich nicht an Kursbücher. Historische Entwicklungen laufen nicht nach festen Fahrplänen ab." Und er hätte getrost hinzufügen können: Aber (ost-)deutsche Revolutionäre stellen sich nicht in der Schlange an, um – wie Lenin gespottet hatte – eine Bahnsteigkarte zu kaufen, bevor sie einen Bahnhof besetzen. Sie umstellten ihn mit brennenden Kerzen.

Kein Bundeskanzler, kein anderer Westdeutscher und kein Ostdeutscher, niemand konnte sich vorstellen, dass das Signal zur deutschen Einheit binnen 36 Stunden auf „Grün" wechseln und der Zug dorthin ganz allmählich, zögernd, aber dann unaufhaltsam, Fahrt aufnehmen würde.

Am Morgen des 9. November 1989, einem Donnerstag, war im Rathaus Schöneberg die übliche Besprechung der Abteilungsleiter mit dem Chef der Senatskanzlei. Die Themen hatten sich im Laufe der letzten Tage immer mehr verschoben, West-Berlin war nicht mehr mit sich selbst beschäftigt. Auch an diesem Tag war das erste Thema, wie die Ereignisse in Ost-Berlin auf den Westteil einwirken.

Was wird beispielsweise aus dem gewünschten zusätzlichen Übergang für den Besucherverkehr in die DDR am Schichauweg in Lichtenrade: Weiterplanen, aber nichts investieren! Berichtstermin für alles in einer Woche.

Der Anruf aus dem Vorzimmer des Regierenden Bürgermeisters kam am späteren Abend, erreichte mich aber nicht. Der Senat trete um 22.00 Uhr zu einer Sondersitzung zusammen, um über die Lage nach Öffnung einiger Grenzübergänge innerhalb der Stadt zu beraten. Ich sollte daran teilnehmen. Aber gerade diese Senatssitzung – eine der wenigen in meiner Dienstzeit – habe ich nicht miterlebt, hatte aber ein unvergessliches Erlebnis, das mich dafür mehr als entschädigte. Mit dem damals schon üblichen „Mehrfachberechtigungsschein zum Empfang eines Visums" hatte ich mich nach meiner Büroarbeit im Rathaus Schöneberg auf den Weg an die Grenze gemacht, um meine Mutter in Potsdam-Babelsberg zu besuchen. Da es seit der Reisefreiheit der Polen am Übergang Drewitz immer besonders lange dauerte, benutzte ich den Übergang Waltersdorfer Chaussee und befand mich bereits auf der Landstraße zwischen Mahlow und Teltow, als ich im Autoradio die Übertragung der Pressekonferenz zur Tagung des SED-Zentralkomitees und die fahrige Mitteilung von Günter Schabowski über die Erteilung von Ausreisevisa, am nächsten Morgen? „Das tritt nach meiner Kenntnis... ist das sofort... unverzüglich" hörte. Ab sofort? Oder unverzüglich? Ohne Vorliegen eines besonderen Antragsgrundes? Noch begriff ich nicht, was das für eine Bedeutung und welche umstürzende Wirkung diese gestotterte Ankündigung haben würde.

Günter Schabowski hatte eine schlechte Kritik, wie das oft passiert, wenn ein Stück dem Publikum gefällt, aber die professionellen Kritiker herummäkeln. „Neues Deutschland" berichtete zwar am nächsten Tag auf Seite 1 von der neuen Reiseregelung und auch von der Pressekonferenz. Die entscheidenden Sätze wurden aber auf der zweiten Seite zu einem Parteibürokratendeutsch verstümmelt, das die abendliche Atmosphäre nicht mehr erkennen ließ: „Der Sekretär des ZK teilte den Journalisten mit, daß eine Empfehlung des Politbüros aufgegriffen worden sei und neue Reiseregelungen in Kraft gesetzt würden." So wenig galt der Prophet in seinem Lande. Weltweit war er der Mann dieses Tages und der folgenden Nacht!

Was andere, die einen Trabi besaßen, verstanden hatten, merkte ich kurz nach Mitternacht am Grenzübergang. Die Zufahrtstraße, die sonst um diese Zeit an einem Wochentag gespenstisch menschenleer war, stand voller Autos mit DDR-Kennzeichen, die in Richtung West-Berlin wollten. Es bewegte sich kaum etwas. Ich wusste nicht, dass innerhalb Berlins schon Menschenmassen mit und ohne Auto die Sektorengrenze überquert hatten, und glaubte noch, die hier würden wohl alle wieder umkehren müssen, das Durcheinander würde noch zunehmen. So traute ich meinen Augen nicht, als die ersten Autos die vorderste Kontrollstelle passierten. Es konnte nur ein Irrtum sein, aber gab es solche „Irrtümer"? Dann näherte sich ein Uniformierter, der den wartenden Fahrern irgendwelche Hinweise gab. Dabei entdeckte er in der Schlange ein Auto, das irgendwie aus dem Rahmen fiel, mit einem durch vielfach bittere Grenz-Erfahrung wohlerzogenen Fahrer, der seine Papiere schon in der Hand bereithielt. Sein Gesicht hellte sich auf. Endlich in diesem Chaos etwas Gewohntes, ein West-Berliner mit ordentlichen Dokumenten! Sofort regelte er den nahezu ruhenden Verkehr, lotste den „Normalfall" aus diesem Chaos zu dem äußersten Kontrollhäuschen, an dem alles wie gewohnt zuging, eine Ausreise für West-Berliner im Besuchs- und Reiseverkehr einschließlich der Zöllner-Fragen nach Waren und Geschenken und verbliebenen DDR-Mark-Beträgen aus dem Zwangsumtausch von West- in Ostmark, die wie immer in die Kindersparbüchse der Familie gewandert waren. Ich durfte losfahren. Noch bevor sich die vielen Spuren zu der nach Berlin führenden Straße verengten, standen einige Fahrer neben ihren Autos und rätselten miteinander, welcher Weg wohl zum Kurfürstendamm führte. Einen Stadtplan hatte niemand, West Berlin bestand ja auf solchen Karten der DDR nur aus weißer Fläche und S-Bahnhöfen der DDR-verwalteten Deutschen Reichsbahn[32]. Der Weg war schnell beschrieben: Mindestens fünf Minuten auf der B 179 immer geradeaus, dann kämen Wegweiser nach links zum Zoo.

Frohsinn und Trübsinn. Hier und da gemischte Gefühle

Der erste Besucher am nächsten Morgen im Rathaus Schöneberg kam aus Ost-Berlin. Er erkundigte sich, wo er eine Arbeitserlaubnis für West-Berlin beantragen könne. Der „Wahnsinn" der vergangenen Nacht wich nüchterner Überlegung. Die morgendliche Besprechung beim Chef der Senatskanzlei um 8.30 Uhr hielt sich ebenfalls nicht mit tiefschürfendem Gedankenaustausch über „Alles Vergängliche" auf; eher galt: „Das Unbeschreibliche, hier ist's getan". Die Mauer, auch wenn sie noch stand, war aus ihren Fugen geraten. Alles drängte, den Tag zu organisieren, während der Regierende Bürgermeister – im Turnus der Bundesländer an der Reihe – in der ersten Sitzung im November in Bonn mit der Übernahme der Präsidentschaft Berlins die Sitzung des Bundesrates eröffnete.

Mein dagegen bescheiden gefüllter Kalender hatte zunächst nur für 10.00 Uhr die übliche Besprechung der Abteilung für die kommende Senatssitzung vorgesehen. Nun kamen für 13.00 Uhr eine Sitzung des Rates der Bürgermeister, für 14.00 Uhr eine Sitzung des Ältestenrates des Abgeordnetenhauses, zu dem ich regelmäßig eines der Senatsmitglieder begleitete, und für 16.00 Uhr eine Sondersitzung des Abgeordnetenhauses, schließlich für den frühen Abend eine Kundgebung vor dem Rathaus Schöneberg hinzu.

Der „Rat der Bürgermeister"[33] ist eine monatliche Versammlung der Bezirksbürgermeister mit dem Regierenden Bürgermeister. Die wurde hier von seiner Vertreterin, Bürgermeisterin Ingrid Stahmer, geleitet, die zunächst über die vor-abendliche Senatssitzung informierte, dann aber vor allem zu den Themen kam, die das Wochenende bestimmen würden: Auszahlung des Begrüßungsgeldes, Unterbringung von eventuellen Flüchtlingen, trotz Zuständigkeit des Bundes. Das Lager Marienfelde war längst überflutet. Also ging es um Notfallpläne für die Bezirke. Dort würden die Menschen vor den Rathäusern stehen, nein – sie standen bereits seit dem frühen Morgen dort. Konnte man Schulen frei räumen? Gab es leerstehende Gebäude, in denen die Asbestsanierung bereits abgeschlossen war? Stimmte es, dass andere Schulen leer standen, obwohl die Messergebnisse keine Belastung ergeben hatten? – Diese monatliche Abstimmungsrunde zwischen dem Senat und den Bezirken hatte oft den Eindruck gemacht, Verwaltung könne tatsächlich so umständlich sein, wie sie in Karikaturen dargestellt wird. Jetzt spürte man, die Herausforderung würde angenommen. Schon nach einem Monat bestand auf der Ebene der Bezirke zwischen Ost und West eine enge Zusammenarbeit. Patenschaften der West- mit den Ost-Bezirken führten zu persönlicher Bekanntschaft und auch zu viel praktischer und auch materieller Hilfe.

Weniger gewachsen zeigte sich in dieser historischen Stunde das Parlament. Schon im Ältestenrat, der die kurzfristig angesetzte Sitzung des Plenums vorberaten sollte, gab es Streit, auf einem Niveau, das wenig mit Altersweisheit zu tun hatte. Anders nämlich als der Begriff suggeriert – hier sitzen nicht die Ältesten oder Besonnenen des Parlaments zusammen, sondern tonangebend sind die Manager der Fraktionen, die dort die Geschäfte und hier das Wort führen. Da geht es um Taktik, Vorteil und Wirkung, nicht um Würde, Ansehen oder Stil. Präsident Wohlrabe (CDU) kündigte einen

Vorschlag für eine gemeinsame Resolution an, lehnte aber zugleich einen schriftlich vorliegenden Wunsch des Regierenden Bürgermeisters Momper (SPD) zur Abgabe einer Erklärung ab, obwohl dessen Recht dazu die Verfassung sichert. Um einen Eklat zu vermeiden, versprach der SPD-Fraktionsgeschäftsführer, seinem Genossen diesen Wunsch auszureden; es sollte die „Stunde des Parlaments" sein. Wäre sie es doch nur geworden! Immerhin verständigte man sich auf die Rednerreihenfolge für die nach der Sitzung vorgesehene Kundgebung: Wohlrabe, Momper, Genscher, Brandt, Kohl.

Wie nach diesem Vorspiel zu befürchten war: Die Beratung der Abgeordneten am selben Nachmittag war in Anbetracht des Anlasses ihrer Zusammenkunft wahrlich keine Glanzstunde des Parlamentarismus. Die Regierungsfraktionen waren gespaltener Meinung hinsichtlich des Textes für eine gemeinsame Resolution. Der CDU-Vorschlag, taktisch gut gewählt, indem er auf den Brief von Bundeskanzler Brandt zu den Ostverträgen Bezug nahm, wäre von der SPD akzeptiert worden, enthielt der AL aber zu viel „Einheit". Der CDU wiederum war der SPD/AL-Kompromiss nicht einheitsfreundlich genug. Sie und die Republikaner stimmten dagegen. Das ließ nichts Gutes für die Zukunft ahnen. War „Politik" wirklich nur *so* möglich? Sah so das überzeugende Gegenteil zur SED-Diktatur aus, die sich gerade in Selbstauflösung befand? Aber es stimmte nun mal, die Ansichten über das, was die vergangene Nacht gebracht hatte, gingen weit auseinander. War es für die einen der erste Schritt zur Wiedervereinigung, bedeutete es für andere den Anfang einer besseren und damit stabileren DDR.

Längst war nicht einmal mehr unter den demokratischen Parteien des Westens Einigkeit über das, was das jetzt Angemessene und Richtige war. Die innenpolitischen Kontrahenten von damals haben später aus dem Erlebnis dieses Tages ihr Fazit gezogen. „Im Rückblick ist an diesem Tag fast alles schiefgegangen...Es war eine Blamage und ein Skandal. Das Berliner Parlament konnte sich nicht auf eine gemeinsame Resolution verständigen,"[34] so Eberhard Diepgen. „In der ersten wichtigen Entscheidung nach der Öffnung der Mauer war die rot-grüne Koalition schon zerstritten – ein Menetekel für die ganze spätere Entwicklung des rot-grünen Regierungsbündnisses in Berlin, das nicht stabil und flexibel genug war, um der historischen Herausforderung letztlich gerecht werden zu können. Im Grunde hätte man es damals schon beenden müssen, doch eine andere Mehrheit war im Parlament nicht möglich,"[35] so Walter Momper. In einem historischen Augenblick gesellten sich CDU und Republikaner im Streit um Worte auf der einen, während ein zerstrittenes und auseinanderdriftendes SPD/AL-Bündnis auf der anderen Seite den Ton angab. Auch die Tatsache, dass die nachfolgende Kundgebung zwar von dem Parlamentspräsidenten (CDU) initiiert, zugleich aber von seiner eigenen Parteizentrale zu einer Konkurrenzveranstaltung aufgerufen worden war und alle „rechtgläubigen" CDU-Anhänger zum Breitscheidplatz strömten, anstatt den John-F.-Kennedy-Platz zu füllen, war ein Zeichen tiefen gegenseitigen Misstrauens.

Die Teilnahme an der dortigen Kundgebung gehörte nicht mehr zu den Dienstpflichten, war vielmehr ganz persönliches Bedürfnis. Bei dem Versuch aber, das Rathaus rechtzeitig in Richtung Vorplatz zu verlassen, scheiterte ich vor der vorletzten Tür nach draußen. Dort staute sich bereits die Prominenz und deren Tross hinter dem Rednerpult auf dem Treppenabsatz. So erlebte ich diese – bei aller Freude über ihren Anlass – wegen lautstarker Störungen klägliche und blamable Veranstaltung von der Rückseite. An ihrem Ende scheiterte der nach Kräften unternommene Versuch, einer von vielen Tonarten, in der das Deutschland-Lied angestimmt worden war, zum Durchbruch zu verhelfen. Nie hatte der Wunsch nach Einigkeit und Recht und Freiheit solchen Missklang, eine jämmerliche Replik auf den kraftvollen Abgeordnetengesang in der Nacht zuvor im Bonner Wasserwerk. Die Fotos in den Zeitungen am nächsten Morgen zeigen griesgrämige Gesichter, verblüffend ähnlich der Mimik der Figuren auf dem Marx-Engels-Forum unweit vom Berliner Rathaus. Aber die hatten an diesem Tag wirklich Grund dazu.

Bei all der Spannung und in den voraus gegangenen unüberhörbaren Dissonanzen war mir offenbar ein Satz in der Rede von Willy Brandt entgangen, der allerdings auch am nächsten Morgen nicht in den Zeitungen zu finden war, sondern erst später, als sei er an diesem Abend gesprochen, zu lesen war[36] und der dann noch oft als Fazit der Rede vom 10. November zitiert wurde: „Jetzt wächst zusammen, was zusammengehört." Dies war die sprichwörtliche Ausnahme von der Regel. Von nun an galt offensichtlich das „ungesprochene Wort" als authentisch.

Mit diesen beiden mehr oder wenigen gelungenen Versammlungen in Schöneberg und Charlottenburg war es aber an diesem Abend nicht getan. „Neues Deutschland", Zentralorgan der Sozialistischen Einheitspartei, hatte in seiner Ausgabe vom 10. November den Aufruf zu einer Kundgebung der SED-Bezirksleitung am selben Abend im Lustgarten im Bezirk Mitte verbreitet und als Hauptredner den Generalsekretär des ZK der SED, Egon Krenz, angekündigt. Der hatte in seiner Antrittsrede nach dem Sturz Erich Honeckers am 18. Oktober vor den Genossen den Begriff „Wende"[37] benutzt. Die massenhaft-haushohe Überlegenheit des Sozialismus wurde nun erneut bewiesen: 150.000 Mitglieder und Kandidaten der SED hatten sich – so das „ND" vom folgenden Tag – versammelt, um Egon Krenz zu lauschen. Der versprach einen besseren Sozialismus und sprach davon, die SED werde sich dafür einsetzen, dass freie Wahlen stattfinden würden und die SED sei für „radikale Reformen". Dabei war doch das Zwangs-Abonnement für die SED-Vorherrschaft durch das Volk längst gekündigt, wenn auch noch nicht rechtskräftig. Der Wechsel von Erich zu Egon konnte ja nicht einmal als Schönheitsreparatur verstanden werden, schon gar nicht bedeutete diese „Wende" eine Umkehr. Für die Verwaltung und so auch für die Innenpolitische Abteilung der Senatskanzlei begann der Ausnahmezustand. Bis zum Ende des Monats hatte sich dies auch bis in die Personalabteilung herumgesprochen. Jetzt wurden die Abteilungsleiter informiert, dass die Ereignisse der letzten Wochen den Mitarbeitern der Senatskanzlei weitere Arbeitsbelastungen – wahrscheinlich auch für die Zukunft gebracht hätten. Da die angesammelten Gleitzeitguthaben deshalb in den nächsten Monaten kaum abzubauen seien, werde die Streichung der die 1.800 Minuten-Grenze übersteigenden Guthaben im Einvernehmen mit dem Personalrat bis zum Ablauf des nächsten Jahres zurückgestellt. Revolution ist, wenn die Verwaltung Überstunden macht!

Am ersten Wochenende nach der Maueröffnung hatten noch Banken und Sparkassen das vom Bund finanzierte „Begrüßungsgeld", 100 D-Mark einmalig an jeden DDR-Bewohner, ausgezahlt. Eine Woche später sollte das auch in den Rathäusern möglich sein, um dem erwarteten Andrang zu entsprechen. Im Rathaus Schöneberg im großen Sitzungssaal direkt hinter der Eingangshalle saßen also am Sonnabend und am Sonntag jeweils viele Mitarbeiter zwischen 7.00 und 20.00 Uhr, manche bis zu 8 Stunden, an vielen Tischen, vor denen die Besucher Platz nehmen konnten, und zahlten gegen Vorlage des DDR-Reisepasses das Geld aus. Walter Momper nutzte die Gelegenheit, seine Popularität zu festigen, und reichte höchstpersönlich die Hundertmarkscheine einigen Ost-Berlinern zu. Ich hatte mich für die Frühschicht von 7.00 bis 13.00 Uhr am Sonnabend entschieden.

Wenn die Besucher sich dem jeweiligen Tisch näherten, den sie sich aussuchen konnten, solange der Verkehr nicht wegen zu hohen Andrangs an der Eingangstür geregelt wurde, hatten sie die erste Überraschung schon hinter sich, ganz abgesehen von dem „Wahnsinn", so einfach aus der DDR herausgelassen worden zu sein. Gänzlich ohne Kontrolle und Passierschein in ein Rathaus zu spazieren, waren sie nicht gewohnt. Kaum einer hatte wohl je einen 100 DM-Schein besessen, jetzt hatte man so viel Geld, mehr als eine Monatsrente, für viele ein halbes Monatseinkommen, wenn man es in DDR-Mark umrechnete. Die Prozedur war einfach, es hatte sich herumgesprochen, dass der Ausweis gestempelt würde. Kaum jemand äußerte sich deshalb besorgt. Trotz Stempel – es wurde natürlich betrogen. Viele werden es als zulässiges Schummeln betrachtet haben, es traf ja keinen Armen. Viele haben aber auch bald danach die doppelt kassierte Summe zurückgegeben.

Eineinhalb Jahre später lag der Bericht des Rechnungshofes mit seiner harschen Kritik an den unvollkommenen Modalitäten der Auszahlung und Abrechnung vor, der Ausnahmezustand in korrektem Beamten-Deutsch: „Der Rechnungshof verkennt nicht, daß die beteiligten Stellen in der Zeit vom 9. November bis zum 31. Dezember 1989 wegen des unvermuteten und sehr großen Andrangs von Besuchern aus der DDR und Ostberlin erheblichen Belastungen ausgesetzt waren. Er weist jedoch darauf hin, daß die festgestellten Mängel nur zum Teil auf diesen Umstand zurückzuführen sind. So sind einerseits die Abrechnungsfehler schon vor 1989 vorgekommen, andererseits erfolgten Abrechnung mit den Kreditinstituten und Belegübergabe erst im Jahr 1990."[38] Würde die Revolution nicht mehr Verluste verursachen – man hätte zufrieden sein können.

GEMEINSINN. SENAT BERÄT CHANCEN UND NEBENWIRKUNGEN

Am 26. November, „Totensonntag" stand auf dem Kalender, fand die nächste Senatsklausur statt. Die Sitzung war am 7. November beschlossen worden, um eine Inventur nach der Besprechung vom Oktober vorzunehmen. Eine Woche später hatte man die Themen der neuen Lage nach dem 9. November angepasst und alle Senatsverwaltungen beauftragt, „jeweils die Probleme aus ihrer Sicht aufzulisten, mit Verfahrens- und Lösungsvorschlägen zu versehen und Prioritäten zu setzen, die kurz-, mittel- bzw. langfristig durch die aktuelle Entwicklung in der DDR für Gesamt-Berlin beeinflußt werden. Dabei ist auch auf entsprechende Aussagen in der Koalitionsvereinbarung bzw. der Regierungserklärung vom 13. April 1989 hinzuweisen."

Zur Vorbereitung auf die Sitzung lag dem Regierenden Bürgermeister eine Arbeitsunterlage für die Gesprächsführung mit Beschlussempfehlungen vor, die aus den unterschiedlich brauchbaren, unterschiedlich pünktlich eingegangenen und unterschiedlich abgestimmten Beiträgen der einzelnen Verwaltungen erarbeitetet worden waren. In der Sitzung mahnte der Regierende Bürgermeister, durchaus vorausschauend, „die Akzeptanz von Maßnahmen und Entwicklungen durch die Berliner auch nach der anfänglichen Begeisterung zu erhalten. Die DDR stehe insbesondere vor dem Problem, dass die Lücken in der Versorgung durch die Fluchtwelle demnächst noch spürbarer werden, ohne dass die demokratische Entwicklung bereits gesichert sei." Senatorin Stahmer hielt es für erforderlich und fand dafür Zustimmung, das Notaufnahmeverfahren zu verändern und „die Anspruchsmöglichkeiten von Bewohnern der DDR und Ost-Berlins nach entsprechenden Bundesgesetzen zu überprüfen, ohne dabei die grundsätzliche Frage der einheitlichen Staatsangehörigkeit zu berühren." Gleichzeitig plädierte Senatorin Martiny dafür, durch entsprechende Eintrittspreisregelung den Ost-Besuchern den Zugang zu den kulturellen Einrichtungen des Westteils Berlins möglichst umfangreich zu erhalten. Senator Nagel empfahl „aus Gründen der Stimmungslage der Berliner, deutlich zu machen, dass Sondervergünstigungen für Besucher auf Dauer nicht finanzierbar" seien. Senator Meisner äußerte sich ebenfalls generell zur politischen Situation mit dem Hinweis, „dass öffentlich geäußerte ‚Anschlussgedanken' bezüglich des Verhältnisses zwischen Bundesrepublik und DDR unter Berücksichtigung der Situation in der Sowjetunion ein ‚Spiel mit dem Feuer' seien. Die Position von Gorbatschow werde noch schwieriger, wenn zu dem Ausbleiben von wirtschaftlichen Erfolgen der Reformpolitik aus der Sicht von deren Gegnern ein zusätzliches Sicherheitsproblem komme."

Behutsamkeit war angesagt. Sie galt es, in mehrere Richtungen aus gänzlich unterschiedlichen Gründen zu beherzigen. Der Vorwurf der damaligen CDU-Opposition, der Senat wolle gar keine Einheit, war ebenso reflexhaft wie letztendlich neben der Sache. Richtig war: Es gab Bremser und Verhinderer. Es war bedauerlich, dass es offenbar keinerlei ernsthafte inhaltliche Kontakte zwischen SPD und CDU in der Stadt gab, so schien es wenigstens. Öffentliche Anschuldigungen als Politikersatz. Zuerst einmal musste ja die Euphorie der ersten Tage, die kein Dauerzustand bleiben würde, allmählich zu einer beständigen positiven Grundstimmung verändert werden, um die unausbleiblichen Unbequemlichkeiten, auch wenn sie gänzlich anderer Art als die nach dem Mauer*bau* waren, nun auch nach der Mauer*öffnung* akzeptabel zu machen. Deshalb z. B. das Thema öffentlicher Toiletten als Gegenstand einer Senatserörterung, deshalb die vorsichtige Andeutung, nicht alle während der Zeit der Trennung gewährten Erleichterungen für die wenigen Besucher aus der DDR würden für immer für alle gelten können.

Bei der jetzt angesagten Behutsamkeit ging es auch darum, die Ost-Berliner Gesprächspartner nicht zu überfordern, denn noch hatte man es mit Funktionären der Honecker-Ära zu tun, sei es nun Modrow oder Krack. So schien diese bedächtig wirkende, in Wahrheit ja in kürzester Zeit auf eben noch unvorstellbare Veränderungen reagierende Politik dem Zustand der Stadt angemessen. Aber die Aussage des SPD-Fraktionsvorsitzenden Ditmar Staffelt klang zumindest zweideutig, der aus einer Klausurtagung seiner Fraktion berichtete. Dort sei man davon ausgegangen, „dass die Deutschen in Ost und West stark von Einheitsgedanken geprägt seien, insofern jede zu starke Betonung der Zweistaatlichkeit problematisch sei; vielmehr müsse der Prozesscharakter der in Gang befindlichen Entwicklung betont werden. Bei Betonung des Selbstbestimmungsrechtes ergebe sich von selbst, dass das Ergebnis der Entwicklung offen sei." War „das Volk" vielleicht schon weiter als die zaudernden Politiker, die sich um die Stabilität der DDR sorgten? Es war die Zeit der verantwortungsbewusst daherkommenden Eiertänze, der rhetorisch weiträumigen Umfahrungen des heißen Breis; Kassandra hatte Saison. Und alles hatte seine eigene Berechtigung.

Das Protokoll der Sitzung hielt Einvernehmen in vielen Einzelfragen fest. Dringend waren verkehrserleichternde Maßnahmen bzw. Klärungen, u. a. Freigabe aller Übergänge für alle Verkehre im Transit; Fortsetzung der Vorarbeiten für die Öffnung eines Übergangs Schichauweg; Fortsetzung der Arbeiten an der Luftverkehrskonzeption des Bundes mit der DDR; Berücksichtigung eines ansteigenden Reiseverkehrs im Falle der Aufhebung des Zwangsumtausches bei allen verkehrsplanerischen Überlegungen; Priorität im S-Bahnausbau für die Verlängerung nach Potsdam und Oranienburg und der Verknüpfung im Bereich Bornholmer Straße; Prüfung der Konditionen für den evtl. M-Bahnabriss[39] hinsichtlich der dem Bund zu erstattenden Beträge im Vergleich zu andernfalls erforderlichen Ersatzbauten zur Wiederinbetriebnahme der U-Bahnlinie Pankow-Krumme Lanke. Senator Pätzold kündigte eine Regelung für die Benutzung des Flughafens Schönefeld[40] bei Dienstreisen in osteuropäische Länder an.

Der Chef der Senatskanzlei berichtete über die in der Senatskanzlei angestellten Überlegungen einer „Initiative zur

Direktwahl des Deutschen Bundestages in Berlin (West), zur Einführung des vollen Stimmrechts Berlins im Bundestag und Bundesrat, zur Bildung eines Ausschusses für die Region Berlin zur Erarbeitung von Empfehlungen für die politischen Instanzen unter Beteiligung von Vertretern Ost- und West-Berlins sowie der DDR und der Bundesregierung". Letzteres wurde bald darauf in einem Papier des Magistrats von Berlin mit dem Titel: „Zusammenarbeit zwischen dem Magistrat von Berlin und dem Senat von Berlin (West)" vom 19. Dezember 1989, das die Ergebnisse der Gespräche des Regierenden Bürgermeisters mit dem Ost-Berliner Oberbürgermeister Erhard Krack vom 5. Dezember und mit dem Ministerpräsidenten Hans Modrow am 12. Dezember zusammenfasste, für die nächsten Tage in Aussicht genommen.

Der Regierende Bürgermeister, der in seinen Erinnerungen[41] dieser Senatsklausur die ihrer Bedeutung für die Weltpolitik angemessenen drei Sätze widmet, skizzierte am Ende der Sitzung für das Protokoll den Klärungs- und Handlungsbedarf als auf vier Ebenen notwendig. Erstens gehe es um die mit den Alliierten direkt oder indirekt zusammenhängenden Fragen, z. B. der Berlin-Initiative in Verbindung u. a. mit einem deutsch-deutschen Luftverkehrsabkommen, Fragen von Rechtshilfe-Abkommen, Fragen der Wirtschafts- und Währungspolitik (Kontrollratsgesetze, Berlin-Abkommen) und um alle mit der Staatsangehörigkeitsfrage zusammenhängenden Themen. Zweitens gehe es um die Ausfüllung des von Ministerpräsident Modrow[42] gewählten Begriffs der ‚Vertragsgemeinschaft' im deutsch-deutschen Verhältnis. Die dritte Ebene beträfe Fragen des Verhältnisses von Berlin (West) zum Bund, wobei es nun auch um die Regelung bisher nicht erfüllter Wünsche der engeren Bindungen gehe, also etwa um volles Stimmrecht und Direktwahl. Viertens gäbe es eine Fülle von Einzelfragen im Verhältnis von Berlin (West) zu Ost-Berlin bzw. zur DDR, die nunmehr *mit* der – und nicht *gegen* die – DDR zu regeln seien, wozu u. a. die Einrichtung des Regionalausschusses diene. Und richtig war wohl auch die Einschätzung der Senatorin Pfarr, dass Berlin zu vielen Themen die Probleme benennen, aber zugleich auch Lösungen anbieten müsse, da im Bund dazu nichts parat sei.

Von der aktuellen Lagebeurteilung durch die Bundesregierung konnte sich der Senat wenige Tage nach der Senatsklausur zum ersten Mal ein genaueres Bild machen. Dabei musste, wer unvoreingenommen aus Berlin in die Provinz reiste, anerkennen, dass die Kollegen in Bonn nicht schlecht waren. Die Bonner Berlin-Vertretung hatte die betroffene Abteilung des Kanzleramtes und diese hatte den Bundeskanzler gut präpariert. Der hatte alle Themen „drauf".

3. GESPRÄCHSBEDARF IN DEN DEUTSCHEN HAUPTSTÄDTEN

Seit Juni 1945 steht Berlin, die Reichshauptstadt, unter Viermächte-Verwaltung. Seit 1949 ist Bonn die provisorische Hauptstadt der Bundesrepublik Deutschland, der Ostteil Berlins wird zur Hauptstadt der Deutschen Demokratischen Republik erklärt. „Berlin" gibt es nur in der Erinnerung und als Hoffnung. Berlin (West) ist politisch und wirtschaftlich ein Bestandteil der Bundesrepublik mit - aus Gründen des Viermächte-Status für ganz Berlin - eingeschränkten Rechten. Das Viermächte-Abkommen über Berlin vom 3. September 1971 bestimmt, dass der Bund in Berlin (West) keinerlei Amtshandlungen vornehmen dürfe, also weder Bundestag, Bundesrat oder Bundesregierung in Berlin tagen dürften. Nach Öffnung der Mauer, der Bildung zahlreicher Parteien und einem ersten Regierungswechsel unter Beteiligung von Vertretern der oppositionellen Gruppen, wird am 18. März 1990 zum ersten Mal eine Volkskammer frei und geheim gewählt. Zwei Monate nach der Vereinigung, am 2. Dezember 1990 findet die erste Wahl zum Deutschen Bundestag in ganz Deutschland statt, auch in West- und Ost-Berlin. Deutsche Hauptstadt ist Berlin noch lange nicht.

BONN: DIE ABNEIGUNG KOHL/MOMPER IST GEGENSEITIG

Die originellste Einleitung zu einem kurzen Dialog und einmalig in der Geschichte der Nationalen Volksarmee der DDR dürfte die Meldung vom 13. November 1989 gewesen sein, als ein Oberstleutnant auf dem Potsdamer Platz den über die Grenzlinie in die Hauptstadt spazierenden Bundespräsidenten Richard von Weizsäcker nach einer korrekten Ehrenbezeigung mit den Worten begrüßte: „Herr Bundespräsident, ich melde: Keine besonderen Vorkommnisse."

Ein Händedruck und ein kurzes Gespräch folgten.[43] Da war es denn auch bald kein besonderes Vorkommnis, wenn einen Monat später der Bundespräsident in einem Interview des DDR-Fernsehens die Deutschen in beiden Teilen des Landes zu Besonnenheit mahnte. Jetzt gelte es, die erstrittene Freiheit verantwortlich zu gebrauchen. Oder dass er ganz einträchtig mit dem DDR-Ministerpräsidenten Hans Modrow und dem neuen Staatsratsvorsitzenden Manfred Gerlach in der Potsdamer Nikolaikirche dem vorweihnachtlichen Chorsingen lauschte.

In seiner ersten regulären Sitzung nach Öffnung der Grenze, am 14. November 1989, war sich der Senat schnell darüber einig geworden, dass das Gespräch mit dem Bundeskanzler gesucht werden müsse. Auch wenn das Ereignis in Berlin stattgefunden hatte, konnte keine damit verbundene Frage von Berlin allein gelöst werden. Der Auftrag an die Abteilung lautete, dem Regierenden Bürgermeister ein Schreiben an den Bundeskanzler vorzulegen, mit dem um ein solches Gespräch gebeten wurde und auf das der Kanzler nur positiv antworten konnte, auch wenn sein Verhältnis zu Berlin im allgemeinen und nun gerade erst zu Walter Momper nicht das beste war. Nicht bekannt war mir, dass dies schon seit Wochen, ohne Ergebnis, von den für „Bundesangelegenheiten" zuständigen Kollegen versucht worden war. In dem Schreiben vom 15. November, das von der Senatorin für Bundesangelegenheiten unmittelbar dem Bundeskanzleramt zugeleitet wurde, hieß es deshalb u. a. etwas salbungsvoll, aber durchaus wahrheitsgemäß: „Die Öffnung der Grenzen durch die DDR-Führung ist ein von allen Deutschen langersehntes und überaus erfreuliches Ereignis, das unsere Herzen bewegt und unser Verstand kaum zu fassen vermag. Zugleich stehen wir alle vor zahlreichen ganz praktischen Fragen und vor einer Fülle schnell und gemeinsam zu lösender Probleme. Für den Senat von Berlin bitte ich Sie deshalb um die Gelegenheit einer möglichst kurzfristig anzusetzenden gemeinsamen Beratung mit der Bundesregierung über alle damit zusammenhängenden Themen, die akute Sofortmaßnamen ebenso wie mittel- und langfristige Überlegungen und Handlungen einschließen." Der Regierende Bürgermeister bedauere, die Bundesregierung wegen der Bestimmungen des Viermächte-Abkommens nicht nach Berlin einladen zu können.

Das Antwortschreiben des Chefs des Bundeskanzleramtes, Bundesminister Rudolf Seiters, erreichte die Senatskanzlei einen Tag nach der Klausurberatung des Senats. Es enthielt eine Einladung zum Freitag derselben Woche. Am selben Tag bestätigte der Chef der Senatskanzlei den Termin, nannte die Berliner Teilnehmer und unterbreitete eine Liste von Gesprächsthemen. Jetzt lief die Apparatur auf vollen Touren, vor allem, um die selbstverständliche Zusage des Schreibens einzulösen, Berlin werde bemüht sein, zur Vorbereitung der Sitzung kurzfristig erläuternde Unterlagen zu übermitteln. Aber es war gut vorgearbeitet worden.

Mit der Abendmaschine startete die Delegation von Tegel nach Köln/Bonn, der Flug war überbucht. Eine Stewardess versuchte erfolglos, Senatorin Schreyer einen Platz in der Business-Class anzubieten, um noch einen anderen Passagier unterzubringen. Die weigerte sich aber mit dem Hinweis, sie wolle nicht am nächsten Tag in der Zeitung lesen, sie hätte einen Luxus-Flug gebucht. So saß sie, die Standhafte, in der hintersten Reihe auf einem Platz für nicht im Dienst befindliches Personal. Und das ausgerechnet bei einer solchen Dienstreise!

Am Morgen des 1. Dezember 1989 gruppierten sich die Zehn aus Berlin auf der einen Seite des Tisches im Bundeskanzleramt zur Rechten und Linken des Regierenden Bürgermeisters. Nach und nach trafen die Bundesminister und einige Beamte des Kanzleramtes ein. Anwesend war auch der Parlamentarische Staatssekretär Günter Straßmeir, den Berlinern aus seiner Zeit als CDU-Generalsekretär bekannt. Jetzt war er der Bevollmächtigte des Bundes in Berlin. Sechs Bundesminister, darunter Genscher, Schäuble, Blüm und Zimmermann, nahmen seitens des Bundes an der Besprechung teil. Der Senat war durch den Regierenden Bürgermeister, Senatorin Stahmer für Soziales, Senatorin Pfarr für Bundesangelegenheiten, Senatorin Schreyer für Stadtentwicklung und Umweltschutz, die Senatoren Meisner für Finanzen, Mitzscherling für Wirtschaft, Wagner für Arbeit, Verkehr und Betriebe, den Chef der Senatskanzlei, Dieter Schröder, und den Sprecher des Senats, Werner Kolhoff, vertreten.

Der Bundeskanzler trat wie eine Kreuzung aus Wirbelwind und Dampfwalze in den Sitzungssaal, machte eine schnelle Runde um die Berliner Seite des Tisches und begrüßte jeden mit Handschlag, ohne dabei jemanden wirklich anzusehen, als handele es sich um Fans am Rande seines Weges zur Kundgebungstribüne, die wenigstens einen Windhauch des vorbei rauschenden geschichtsträchtigen Mantels spüren sollten. Keine Chance, sich etwa mit seinem Namen vorzustellen. Dieser überfallartige Auftritt war dennoch der Beginn von wohlwollenden Gesten gegenüber Berlin, mit denen er in den nächsten eindreiviertel Stunden nicht geizte.

Man kam nach einigen freundlichen Begrüßungsworten schnell zur Sache der zahlreichen Themen, gelegentlich stichwortartig Einvernehmen feststellend, bisweilen diese detaillierter erörternd und Einzelheiten erfragend. Beim Begrüßungsgeld strebe man eine Lösung über einen Devisenfonds für die DDR an. Beim Bundestagswahlrecht für Berlin versicherte der Bundeskanzler, „es bestehe volle Einigkeit zwischen Bundesregierung und Senat, dass man es wolle." Zu den Überlegungen Berlins für einen Regionalausschuss erteilte der Kanzler seine Zustimmung. Er sprach sich für ein Überdenken der Gesamtverkehrsplanung mit stärkerer Betonung der historischen Ost-West-Ausrichtung aus und dabei für einen verstärkten Bahnausbau. Bei der Kostenbelastung Berlins bei Verkehr, Kultur und sonstigen Infrastruktureinrichtungen verwies der Bundeskanzler auf notwenige Gespräche Berlins mit dem Finanzminister. Blieben dabei Differenzen zurück, müssten diese auf den Tisch. Einigkeit bestand hinsichtlich des Überprüfungsbedarfes von Leistungsgesetzen, die unter gänzlich anderen Bedingungen erlassen worden seien.

Bei näherem Prüfungsbedarf für ein Thema erteilte der Bundeskanzler sehr bestimmt Aufträge an die Ressortminister und erneuerte am Ende der Besprechung seinen einleitend unterbreiteten Verfahrensvorschlag, über alle Arbeitsergebnisse Ende Januar erneut zu beraten. Der Regierende Bürgermeister bedankte sich für gezeigte Solidarität des Bundes mit Berlin. Von dem forschen Umgang des Kanzlers mit seinen Ministern hätte er, der ja gelegentlich auch recht ruppig sein konnte, wohl gern einiges für sein Berliner Kabinett übernommen, wie auch von dessen persönlicher und verfassungsmäßiger Richtlinien-Kompetenz.

Das blieb aber auch das Einzige, was er an Helmut Kohl bewunderte. Nach dem Mauerfall hatte er alles getan, um seine politischen Differenzen und seine persönliche Abneigung öffentlich zu machen. Zwar nannte er am nächsten Morgen bei seiner Antrittsrede als Präsident des Bundesrates in Bonn „die Deutschen das glücklichste Volk der Welt". Aber er ließ zugleich keine Gelegenheit aus, dem „Volk der DDR" – ein bis dahin ungebräuchlicher, von Momper jetzt bewußt gewählter Begriff – zu bescheinigen, es wolle Wieder*sehen*, aber nicht Wieder*vereinigung*. Bei einer Pressekonferenz am Sonntag nach dem 9. November warf er Kohl „eklatantes Versagen" vor, er rede an den Gefühlen der Menschen vorbei, „quatscht von Wiedervereinigung und nationaler Frage, [...]ohne auch nur einen praktischen Schritt zu unternehmen".[44] Genüsslich zitierte auch „Neues Deutschland" den Regierenden Bürgermeister, Kohl müsse etwas tun, statt Träumen aus den 50er Jahren von einer Wiedervereinigung nachzuhängen.

Die Meldung der Deutschen Presseagentur über das Ergebnis der Sitzung von Anfang Dezember trug die Überschrift: „Kohl und Momper nicht mehr verstimmt – Bundesregierung hilft Senat". Das war ein gutes Ergebnis, auch wenn die tatsächliche Stimmung damit keineswegs zutreffend beschrieben war. Die Anteile, die die Verwaltungsmitarbeiter am sachlichen Erfolg eines politischen Unternehmens haben, lassen sich wohl nicht berechnen. Im Zweifelsfall werden sie mit der Note „sie haben nicht geschadet" versehen. Als am nächsten Tag die Sitzungsunterlagen vom Regierenden Bürgermeister an die Abteilung zurückkamen, war ein kleiner Zettel angeheftet. In grüner Schrift stand darauf: „*III L Vielen Dank! Mo 1/12*"

Der Bundeskanzler hielt Wort, am 28. Februar 1990 kam es zur zweiten Begegnung. Bis dahin war in zahllosen Besprechungen innerhalb Berlins und zwischen Berlin und Bonn ein großer Teil der Probleme entschärft worden. Dennoch kamen täglich neue und andere hinzu. Bald schälte sich ein neuer Themenkatalog für die zweite Runde heraus, der wieder mit dem Bundeskanzleramt abgesprochen wurde. Neue Themen waren insbesondere Fragen der Fortsetzung der sogenannten Berlin-Bevorratung und eine eventuelle Olympia-Bewerbung beider Teile Berlins für das Jahr 2000 oder 2004.

Alles lag pünktlich vor, am 30. Januar wurden die Unterlagen dem Chef des Bundeskanzleramtes übergeben. Der Termin für die Besprechung war noch immer offen. Jetzt aber begann ein neuer, fast noch schwierigerer Teil. Die Themenauswahl hatte ergeben, dass der Teilnehmerkreis gegenüber dem ersten Gespräch verkleinert werden konnte und als Fachsenatoren nur Bedarf an der für Bundesangelegenheiten zuständigen Senatorin Pfarr und dem für Finanzen zuständigen Senator Meisner bestand. Dies hielt die AL-

Seite im Senat offenbar für einen Trick der SPD-geführten Senatskanzlei, wenn nicht gar des Regierenden Bürgermeisters höchstpersönlich.

In der Senatssitzung am 27. Februar 1990 probten einige Politiker den Aufstand. Einen Tag vorher hatte der Chef der Senatskanzlei in der Staatssekretärskonferenz den Gesprächstermin 28. Februar genannt. Jetzt erkundigte sich gespielt beiläufig und mit leicht gekränktem Unterton die Senatorin Schreyer nach den beabsichtigten Themen, worauf der Chef der Senatskanzlei Themen und Teilnehmer mitteilte. Nun entlud sich die Empörung über das Verfahren, ob davon betroffen oder nicht. AL- und SPD-Senatorinnen und -Senatoren äußerten heftige Kritik. Senatorin Volkholz (AL) bemängelte, dass im Senat nichts vorbesprochen worden sei, wurde dabei von Senatorin Limbach (SPD) unterstützt, denn sie sei schließlich für Verfassungsfragen zuständig. Senator Pätzold schimpfte, auch der Regierende Bürgermeister sei von der Unterrichtungspflicht über wichtige Vorgänge nicht ausgenommen und hätte eine ordentliche Vorlage einbringen müssen. Der SPD-Fraktionsvorsitzende Staffelt berichtete, auch die Fraktion sei in hohem Maße unzufrieden, er werde sich nicht mehr schützend vor den Senat stellen. Senatorin Schreyer machte schließlich klar, worum es vor allem ging: An einem Termin beim Bundeskanzler müsse eine AL-Vertreterin teilnehmen. Die eigentliche Erklärung für diesen Ausbruch von Gefühlen war einfach – der Chef war abwesend. Der Regierende Bürgermeister war am 25. Februar zu einem kurzen Besuch in die USA gereist. Hätte er selbst diese Sitzung geleitet – man konnte sich einige jetzt so wortstarke Kritiker vorstellen, die den anwesenden Regierungschef für die kluge Vorbereitung gelobt hätten. Der Chef der Senatskanzlei, seinerseits nicht zimperlich, ermahnte die erregte Runde, es sei auch eine Stilfrage, ob über den Regierungsstil des Regierungschefs in dessen Abwesenheit Beschwerde geführt werde. Im Übrigen wären doch alle Themen in der vorigen Sitzung angesprochen worden.

Am Abend des Tages der Senatssitzung, es muss eine der ersten Entscheidungen nach seiner Rückkehr von der USA-Reise gewesen sein, kam aus dem Sekretariat die Mitteilung, „um des lieben Friedens willen" solle Senatorin Schreyer an dem Kanzlergespräch am nächsten Vormittag teilnehmen. So konnte sie ihren Senatorinnenkolleginnen aus erster Hand berichten, wie wenig die Bundesregierung von der Luftfahrtpolitik des SPD/AL-Senats amüsiert war. Enge Lärmbestimmungen und die Verhinderung des Ausbaus von Tegel würden dessen Konkurrenzfähigkeit gegenüber dem DDR-Flughafen Schönefeld behindern.

Das Gespräch mit dem Bundeskanzler, den Ministern Seiters, Wilms und Engelhard sowie mit mehreren Staatssekretären, das der Regierende Bürgermeister, die Senatorinnen Pfarr und Schreyer und Senator Meisner sowie der Chef der Senatskanzlei führten, begleitet vom Sprecher des Senats und dem Protokollanten, dauerte von 16.00 bis 17.45 Uhr. Einleitend drückten beide Seiten übereinstimmend ihre Sorge über den inneren Zustand der DDR aus. Für den Fall, „dass die DDR kollabiert", so der Bundeskanzler, sollten Bundeskanzleramt und Senatskanzlei in ständiger Verbindung sein. Die Entwicklung habe im Übrigen ein Tempo, das die Zeitpläne immer wieder überhole. Dies sei außenpolitisch ein besonderes Problem, da man im Ausland die Dramatik der DDR nur schwer klarmachen könne. Wer Berlin nicht kenne, dem könne man die Situation schwer vermitteln. So schnell wie möglich nach dem 18. März sollten die Fragen geregelt werden, die sich mit den Begriffen Währungs-, Wirtschafts- und Sozialgemeinschaft beschreiben ließen. Bezogen auf die Menschen in der DDR müsse alles getan werde, was Hoffnung vermittele.

Bei der Wiedergabe dieser einleitenden Darstellung durch den Bundeskanzler weicht das von der Bundesregierung veröffentlichte Protokoll[45] am Ende von der Berliner Fassung ab. Ein solcher Satz wäre nicht überhört und wäre notiert worden, der sich um ein Vielfaches drängender als die Formulierung seiner Zehn-Punkte-Erklärung vom 28. November 1989 anhörte: „Er wolle deshalb die deutsche Einheit so schnell wie möglich."[46] Auch hier gilt für die Forschung das geschriebene, nicht das nicht gesprochene Wort.

Bei den Sachthemen herrschte viel Übereinstimmung. Der Regierende Bürgermeister bedankte sich für die erfolgreichen Finanzgespräche. Mit der Summe von ca. 410 Millionen DM seien die kostenträchtigen Sondertatbestände weitgehend abgedeckt. Im Luftverkehr nach Berlin drängte der Senat auf eine Zulassung anderer Gesellschaften durch die Alliierten. Bundesminister Seiters stellte dazu keine Meinungsverschiedenheiten im Vorgehen und im Ziel fest. Der Bundeskanzler formulierte als Ziel der Bundesregierung die Öffnung aller Flughäfen für alle Gesellschaften. Berlin brauche sowohl Tegel als auch Schönefeld. Die Lufthansa dürfe aber nicht einen Platz (Schönefeld) zu Lasten des anderen (Tegel) begünstigen.

Der Regierende Bürgermeister kündigte auf Grund der veränderten Bedrohungslage einen Vorschlag zur Aufhebung der Bevorratung für Berlin (West) an. In seiner Koalitionsvereinbarung vom März 1989 war bereits die „übermäßige Senatsbevorratung" für entbehrlich gehalten worden. Von der DDR erwarte er Aufstellungen dringend benötigter Güter, die – nach Klärung der Konditionen von Bundesregierung und Alliierten – zur Lückenfüllung in der Versorgung innerhalb der DDR bereitgestellt werden könnten. Der Bundeskanzler wollte sich um beide Fragen kümmern.

Ob in diesem Augenblick der Runde bewusst war, welche Haken die Geschichte der „Senats-Reserven", also der Bevorratung, in den zurückliegenden vierzig Jahren geschlagen und welche Schizophrenie dabei auf beiden Seiten geherrscht hatte? Entstanden aus der Erfahrung der sowjetischen West-Berlin-Blockade von Juni 1948 bis Mai 1949, sollten sie für eine befristete Zeit die allernötigste Versorgung der West-Berliner im Falle erneuter Transportbehinderungen sichern. Im Interzonenverkehr rollten seitdem die Waren aus Westdeutschland durch das sowjetisch besetzte Gebiet/DDR nach Berlin (West), mit denen die Wirkung einer künftigen Blockade unterlaufen werden sollte. Und damit die gelagerten Bestände nicht zu alt wurden, erfolgte in regelmäßigen Abständen der Austausch und die Konservendosen mit Schmelzkäse und Schmalzfleisch und vieles andere kamen als Sonderangebote in die Supermärkte. Zugleich lieferte die DDR selbst im Rahmen des Interzonen- bzw. des Innerdeutschen Handels u. a. Briketts nach Berlin (West), von denen sie genau wusste, dass sie zum Teil für einen Blockadefall eingelagert wurden. Als die geologischen Untersuchungen in den achtziger Jahren den Untergrund des Grunewaldes für speicherfähig erklärt hatten, wurden sowjetische Erdgaslieferungen in den Berliner Boden gepumpt, um für die Versorgungssicherheit nicht nur bei temperaturschwankungsbedingtem höherem Bedarf, sondern auch bei politischen Klimavereisungen gepolstert zu sein. Allgemein war die Vertragstreue der östlichen Lieferanten gelobt worden, die selbst bei Mängeln in der Eigenversorgung die vereinbarten Quoten einhielten. Aber die Vertragstreue, den politischen Gegner nicht durch Geiselnahme der Bewohner einer Insel zu erpressen, traute man demselben Partner nicht zu. Man nahm wochentags seine Lieferungen entgegen, ohne viel darüber nachzudenken, was man damit an Lebensgrundlage den sonntags bedauerten „Brüdern und Schwestern" entzog. Und nun überlegte der nicht mehr belagerungsbedrohte Westen, ob er mit den Lagerbeständen dem vor dem Ruin stehenden Osten aus großen Schwierigkeiten helfen könnte! So viel zum Thema „Ironie der Geschichte".

Die Runde debattierte die Zukunft der Berlin-Förderung. Der Regierende Bürgermeister ging dabei davon aus, dass auf lange Sicht und bei tatsächlichem Fortfall der Standortnachteile eine Änderung erfolge. Zu der Zeit aber waren beispielsweise die langen Wege der fernabsatzorientierten Berliner Industrie und die hohen Energiekosten unverändert. Der Bundeskanzler unterstrich die Richtigkeit einer Aussage von Bundesfinanzminister Waigel, der sich gegen eine aufkommende Angstdebatte gewandt hatte, wir könnten uns die Einheit nicht leisten. Niemand denke jedoch an den Abbau der Zonenrand-Förderung oder der Berlin-Förderung. Klar sei jedenfalls, dass auch der Übergang Geld kosten werde. Man könne nicht DDR-Hilfe anstelle von Berlin- und Zonenrand-Förderung setzen. Deshalb mache er die klare Aussage, diese bleibe wichtig, solange „die Anormalität nicht beseitigt" sei. Diese Zusage hielt nicht lange. Schon bald wurde die Berlin-Hilfe radikal gekürzt und bereits 1994 eingestellt. Auch der Nachfolger Walter Mompers, der Parteifreund Helmut Kohls, Eberhard Diepgen, konnte dies nicht verhindern. Walter Momper spricht deshalb in seinen Erinnerungen schlicht vom „gebrochenen Kanzlerwort"[47].

Mit dem Vorwurf des Wortbruchs sollte jeder Politiker eher zurückhaltend sein. Berlin erinnerte sich nur zu gut, dass Walter Momper nicht nur, als die Prognosen während des Wahlkampfes es noch als unmöglich erscheinen ließen, also kein Risiko bestand, eine Koalition mit der AL ausschloss. Noch am Wahlabend hatte er die AL für regierungsunfähig erklärt. Und obwohl er damit weitgehend Recht hatte, kam es bald darauf dennoch zu dieser Koalition.

Schwierigkeiten sahen beide Seiten für die gewünschte Direktwahl des Bundestages in Berlin (West). Der Bundeskanzler berichtete aus seinen Gesprächen mit Gorbatschow, die UdSSR fühlte sich insgesamt unter Zeitdruck gesetzt. Auf die direkte Frage des Regierenden Bürgermeisters, ob nach seiner Einschätzung die westlichen Alliierten ohne sowjetische Zustimmung die Direktwahl akzeptieren würden, antwortete er, dies würde lediglich *einer* der Verbündeten tun. Man müsse in dieser Frage „am Ball bleiben". Wenn es der Regierende Bürgermeister besser wusste, dass nämlich die Alliierten keine Einwände hatten, aber der Kanzler die Angelegenheit aus Sorge um die Mehrheiten hintertrieb, wie er es in seinen Erinnerungen[48] andeutet, dann hatte er es jedenfalls bei dieser Gelegenheit nicht erkennen lassen. Er selbst berichtete jedenfalls nur von der Zustimmung, die ihm der amerikanische Außenminister James Baker zu seinem Vorschlag zur Direktwahl und zum vollen Stimmrecht der Berliner Abgeordneten zwei Tage zuvor in Washington erteilt habe. Am Ende der Sitzung entstand eher der Eindruck, Berlin war mit dem Ergebnis recht zufrieden. Auch aus der Berichterstattung in der darauf folgenden Senatssitzung ergab sich nichts anderes. Tatsächlich aber waren die Dauerkonflikte zwischen Bonn und Berlin nur verdeckt.

Wer konnte sich schon vorstellen, dass ein Kleinkrieg zwischen Berlin und Bonn, noch dazu, wenn er von Berlin geschürt würde, erfolgreich ausgehen könnte. Persönliche Animositäten gegenüber dem Bundeskanzler konnte man noch nachempfinden, sein Politikstil war gewiss gewöhnungsbedürftig. Seinen Versprechungen von einer, durch seinen Regierungsantritt erfolgenden „geistig-moralischen Wende", die nichts anderes als der Koalitionswechsel der FDP zu seinen Gunsten war, war ein Tiefstand politischer Kultur gefolgt, nicht etwa, weil die Affären schlimmer als vorher gewesen wären, sondern weil sie mit so viel hohlem Pathos verbunden waren. Es erstaunte jedoch immer wieder, wie die Polit-Profis es nicht fertig brachten, in Fragen von nationaler Bedeutung sich mehr an der – gemeinsamen? – Sache zu orientieren, vielmehr ihre kleinlich wirkende Vorteilssuche fortsetzten – offenbar in der festen Überzeugung, damit die Bürger zu beeindrucken und für sich einzunehmen.

BERLIN ODER LEIPZIG: JEDER BRAUCHT JEDEN

Viel erfuhr der Senat nicht von den zahlreichen Kontakten des Regierenden Bürgermeisters mit Ost-Berliner Staats- und Parteifunktionären in diesen Wochen. Das eine oder andere konnte der Presse, gelegentlich besonders ausführlich den Ost-Berliner Zeitungen entnommen werden. Da war zum Beispiel sein Zusammentreffen mit dem Oberbürgermeister der anderen Stadthälfte, dem jeder seiner Amtsvorgänger bisher ausgewichen war. Kaum ein West-Berliner kannte seinen Namen, bevor er nach den „Kommunalwahlen" vom 7. Mai 1989 in Ost-Berlin öffentlich der Wahlfälschung bezichtigt und später auf Bewährung verurteilt wurde: Erhard Krack.[49] Walter Momper und andere SPD- und Senatsmitglieder waren am 30. Mai, ein Jahr vor der Wahl Tino Schwierzinas, seine Gäste im Ost-Berliner Schauspielhaus. Es war ein besonderes kulturpolitisches Ereignis. Die Berliner Philharmoniker gaben zum ersten Mal seit 1948 ein Konzert im Ostteil Berlins. Bei dem anschließenden Empfang kam es zu einem ersten Gespräch. Der Versuch Eberhard Diepgens zu einer persönlichen Kontaktaufnahme zwei Jahre zuvor war noch gescheitert. Krack hatte sich nicht zu mehr als einem Gruß in der Ost-Berliner Marienkirche herabgelassen, als die beiden konkurrierenden statt kooperierenden Stadtoberhäupter derselben Stadt im Rahmen der 750-Jahrfeier Berlins beinahe zusammengetroffen wären.

So wie diese erste „gesellschaftliche" Begegnung zwischen Momper und Krack noch auf „neutralem" Parkett stattgefunden hatte, so traf man sich für das erste politische Gespräch, die Mauer war bereits durchlöchert, weder in dem einen noch dem anderen Rathaus, sondern in *dem* Ost-Berliner Hotel „Stadt Berlin". Als wäre jetzt noch ein Büro in einem Amtsgebäude etwas Anstößiges, das der Begegnung eine andere statusrechtliche Qualität verleihen und die Chancen der Wiedervereinigung mindern oder dem Osten

Vorteile bringen würde. Es war der 5. Dezember 1989. Dabei ging es vor allem um die grenzüberschreitende Zusammenarbeit in Fragen des Verkehrs, der Stadtentwicklung, der Wirtschaft und der Kultur.

Bereits eine Woche später traf man sich erneut. Diesmal begleitete Erhard Krack den neuen DDR-Ministerpräsidenten Hans Modrow, zuvor SED-Chef im Bezirk Dresden, bei dessen Gespräch mit Walter Momper. Man traf sich im Gästehaus im Johannishof in der Friedrichstraße. Hier wurde der Provisorische Regionalausschuss endgültig besiegelt, der fortan verdienstvolle Arbeit leistete. Meinen Kollegen, die sich bisher um die Verbesserung der Besuchsvereinbarung gekümmert hatten, öffnete sich „ein weites Feld".

Die Sowjetunion unter Gorbatschow und dessen Reformbemühungen unter den Stichworten „Glasnost" und „Perestroika", also Transparenz und Umgestaltung, war bei Honecker in Ungnade gefallen. Der alte Spruch „Von der Sowjetunion lernen heißt Siegen lernen" galt nicht mehr. Man musste sich in der DDR nach neuen Vorbildern umsehen. Da konnte jetzt sogar der gestrige „Klassenfeind" dafür in Frage kommen, der keineswegs „von gestern" war. Das Gesprächsprotokoll der Senatskanzlei enthielt dazu eine bemerkenswerte Passage zu dem Gedankenaustausch über das Finanzwesen in den beiden Stadthälften. Krack erläuterte, „daß der Haushalt Ost-Berlins 7,6 Milliarden Mark/DDR betrage. 87% davon bestünden aus Staatszuweisungen (einschließlich Gewinnabführungen stadteigener Betriebe) und nur 6% aus Steuereinnahmen. Hieran anknüpfend betonte Krack das Interesse an einem Erfahrungsaustausch, wie eine Stadt zu mehr Finanzeinnahmen kommen könne." Es dauerte noch ein halbes Jahr, bis Senat und Magistrat sich intensiv über Haushaltsfragen unterhielten. Da hieß der Oberbürgermeister aber bereits Tino Schwierzina. Der Bundesanteil am Haushalt von West-Berlin betrug aber immer noch 50%.

Bei dieser Begegnung verständigte man sich auch im Grundsatz über eine repräsentative Meinungsbefragung des Emnid-Instituts in Zusammenarbeit mit der Akademie der Wissenschaften in ganz Berlin. Der Staatssicherheitsdienst der DDR, der immer ein ziemlich genaues Bild von der Stimmung in der Republik und ihrer Hauptstadt gehabt hatte, er war von der Volkskammer am 17. November 1989 nicht abgeschafft, aber in „Amt für nationale Sicherheit, AfNS", umbenannt worden. So bald nach dem Öffnen der Mauer auch die Ost-Berliner nach ihren Meinungen zu befragen, war schon ein mutiges Unternehmen, vor allem für die Befragten. Man traf aber auch harmlosere Verabredungen: Regierender und Ober-Bürgermeister wollten gemeinsam Weihnachtsmärkte in Ost- und West-Berlin besuchen. Zuvor hatte Walter Momper gegenüber Erhard Krack wie auch schon andernorts erklärt, dass der Senat mit Sympathie den Prozess der Demokratisierung und Erneuerung in Ost-Berlin und in der DDR verfolge. Seine Seite habe kein Interesse an instabilen Verhältnissen, die negative Auswirkungen auch auf die Verhältnisse in Berlin (West) haben würden.

Wenn man die Zusammenarbeit intensivieren und sich dabei je gegenseitig in seinen Amtsräumen besuchen wollte, musste man sich beeilen. Es dauerte auch keineswegs bis zur deutschen Einheit. Noch am 22. Dezember 1989 konstituierte sich im Rathaus Schöneberg der Provisorische Regionalausschuss mit Vertretern beider Stadthälften einschließlich beider Bürgermeister, beider deutscher Regierungen und der an Berlin grenzenden DDR-Bezirke. Es war der Tag, an dem das Brandenburger Tor geöffnet wurde und Kohl und Modrow, Momper und Krack von West nach Ost hindurchspazierten. Nun gab es immer mehr gemeinsame Antworten auf die uralte deutsche Frage. Das Eis, das bisher die praktische Zusammenarbeit in ganz handfesten Fragen des täglichen Miteinanders verhindert hatte, war gebrochen oder einfach geschmolzen. In dem schon erwähnten Papier vom 19. Dezember war dem Senat bescheinigt worden, die bisherigen Kontakte hätten in einer sehr angenehmen Atmosphäre stattgefunden, die von großer Sachlichkeit, Achtung der beiderseitigen Positionen und Konstruktivität geprägt sei. Das spiegele sich auch in den Reaktionen der Bürger gegenüber beiden Stadtoberhäuptern bei den gegenseitigen Besuchen der Weihnachtsmärkte wider.

Tatsächlich aber waren es die vereinbarten Partnerschaften zwischen den Bezirken beiderseits der Sektoren- bzw. Staatsgrenze, die vor allem West-Ost-*Patenschaften* waren, die für die Berliner ein sichtbares Zeichen der Zusammengehörigkeit setzten.[50]

Das Protokoll über das 2. Gespräch des Regierenden Bürgermeisters mit dem Vorsitzenden des Ministerrates der DDR, Hans Modrow, erhielt ich offiziell zur Kenntnis. Die Grenzen zwischen Kommunalpolitik und Ost-West-Beziehungen waren ins Rutschen geraten; man musste jetzt auch die Kollegen von der Innenpolitik in Dinge einweihen, die sie bisher angeblich nicht wissen mussten und von denen sie auch nichts verstanden. Das Protokoll trug, wie alles was ich bisher aus der Berlinpolitischen Abteilung der Senatskanzlei zur Kenntnisnahme oder zum Verbleib erhalten hatte, den Hinweis „VS-NfD". Das hieß im Klartext: Verschlusssache – Nur für den Dienstgebrauch. Es war die mildeste Form der Geheimhaltung – aber vor wem? Ich erinnere mich, bei Gerhard Kunzes „Grenzerfahrungen" gelesen zu haben, dass der DDR-Staatssicherheitsdienst sehr stolz gemeldet hätte, er habe einen Teil des Protokolls der gegnerischen Seite über das Gespräch des SED-Generalsekretärs mit dem Regierenden Bürgermeister erbeutet. Natürlich war es von wissenschaftlich-historischem Interesse, welche Nuancen erst die Protokollanten und dann die Verhandlungsführer dem tatsächlichen Gesprächsverlauf angetan hatten, den man ja nur kannte, wenn die Abhöranlagen voll funktionsfähig waren. Aber für die operative Arbeit, für die Geheimdienste nun einmal da waren, brachte dies doch wenig anwendbare Erkenntnisse – außer der Bestätigung der eigenen Tüchtigkeit.

Das Wechselspiel, mal mit dem Bundeskanzler und mal mit dem DDR-Ministerpräsidenten der teilweise gewendeten DDR zu sprechen, setzte sich bis in den März fort. Diesmal war Leipzig der Ort der Begegnung, die Stadt, die bald als die deutsche Hauptstadt der Protestbewegung von sich reden und Geschichte machen sollte. Als wollten „die Sachsen", die in der übrigen DDR und besonders in Ost-Berlin nicht gerade zu den beliebten Landsleuten gehörten und wegen ihres prominentesten Vertreters Walter Ulbricht geradezu in Sippenhaft genommen worden waren, am Ende alles gut machen: Wir sind das Volk!

Im Rahmen des Besuches der Leipziger Messe traf man sich am 11. März, eine Woche vor der Wahl zur neuen Volkskammer, im dortigen Gästehaus der DDR-Regierung. Hans Modrow hatte den Wunsch zu diesem Treffen mit Walter Momper geäußert. Es ging am allerwenigsten um Berliner Themen. Modrow schilderte die Versorgungslage innerhalb der DDR. Es klang wie 1961 vor dem Mauerbau. Im ersten Quartal 1990 seien von Bundesbürgern – bei offener Grenze und günstigem Wechselkurs – bereits Waren im Wert von einer Milliarde DDR-Mark eingekauft, also weggekauft worden. Das sei besonders in den südlichen DDR-Bezirken ein Problem. Als hätte Walter Momper großen Einfluss auf das geänderte Einkaufsverhalten der Bayern und Hessen. Eine Woche zuvor hatte aber bereits der Ministerpräsident von Hessen, Walter Wallmann, an die West-Deutschen appelliert, auf „Hamsterkäufe" von subventionierten Grundnahrungsmitteln in der DDR zu verzichten.[51]

Hauptsächlich ging es Modrow aber wohl um ein anderes Thema, über das er zuvor schon in einem Brief den Bundeskanzler unterrichtet hatte. Nun übergab er dem

Regierenden Bürgermeister ein außenpolitisches Dokument, als handele es sich bei seinem Partner um den dritten Regierungschef in Deutschland. Modrow sorgte sich um die Errungenschaften der ersten Nachkriegszeit, um die Enteignung des „Großkapitals" und der Nazi-Verbrecher und um die Bodenreform in der damaligen Ostzone. Nun forderte er Gorbatschow auf[52], bei den Verhandlungen um die Einheit „für die Sicherung der Eigentumsverhältnisse in der Deutschen Demokratischen Republik" einzutreten. Die gemeinsame Erklärung beider deutscher Regierungen „zur Regelung offener Vermögensfragen" vom 15. Juni 1990 wurde als Anlage III Bestandteil des Einigungsvertrages.

Und dann gab es da noch einen Dialog besonderer Art. Vertraulich. Inoffiziell. So „geheim", dass bald alle Welt davon erfuhr. Am 30. März hatte Bundespräsident Richard von Weizsäcker in seinem Berliner Amtssitz Schloss Bellevue den noch amtierenden DDR-Ministerpräsidenten Modrow zu einem Gespräch empfangen. Was folgte, war verkehrte Welt: Das Presseamt beim Ministerpräsidenten bestätigte auf Anfrage dieses Treffen mit dem Hinweis auf seinen vertraulichen Inhalt.[53] Als sei niemals gegen einen Aufenthalt des Bundespräsidenten in West-Berlin protestiert worden, als wären hier dem Bundespräsidenten wie allen übrigen Bundesorganen nicht Amtshandlungen nach dem Viermächte-Abkommen verboten. Aber anstatt sich über den Sinneswandel und die veränderten Zeiten zu freuen, wurde der Bundespräsident anstelle der DDR nun von der CDU/CSU-Bundestagsfraktion aus Bonn beschimpft, er wolle Modrow aufwerten und ihm zu einer „weißen Weste" verhelfen. Politisch hat dieses Gespräch weder Modrow genützt, er war nur noch wenige Tage im Amt, noch hat es den Menschen in Ost und West geschadet. Wenn schon nichts anderes mit diesem Ereignis zu verbinden bleibt, dann die Erkenntnis, dass Bonn weit entfernt war und mehr und mehr die deutsch-deutsche Musik in Berlin spielte.

Deutsche Debatte: Wer bleibt oder wird deutsche Hauptstadt

Um das Zusammenwachsen von Ost- und West-Berlin im politisch gesellschaftlichen Bereich zu fördern, war im Januar 1990 dem Regierenden Bürgermeister von mir vorgeschlagen worden, zu dafür geeigneten Veranstaltungen und Empfängen des Senats künftig auch Gäste aus Ost-Berlin einzuladen. Damit würde einerseits der Prozess der innerdeutschen und innerstädtischen Veränderungen verdeutlicht, andererseits das persönliche Kennenlernen der in Ost und West – bisher oft nebeneinander her – tätigen Fachleute usw. gefördert. Jedenfalls wäre es sowohl ein politisches Signal als auch eine praktische Gelegenheit, die Kontaktmöglichkeiten zu erweitern. Im Übrigen hielte ich die Verleihung der Ehrenbürgerwürde Berlins an den Bundespräsidenten für einen geeigneten Anlass, z. B. auch Ost-Berliner Kirchenvertreter dazu einzuladen. Der Regierende Bürgermeister stimmte alldem zu und schlug selbst Stolpe, Forck, Krusche, Masur und RA Vogel für die Teilnahme an der Verleihung der Ehrenbürgerwürde an Weizsäcker vor. Niemand ahnte, dass es nur wenige Monate dauern würde, bis Ost- und West-Berlin gemeinsam diese Ehrung beschließen und vollziehen würden. Die Gästeschar würde dann ganz selbstverständlich aus Ost und West in die Berliner Nikolaikirche strömen.

Je mehr man sich von Ost und West der deutschen Einheit näherte, desto unübersichtlicher wurde die Zukunft Berlins. Plötzlich gab es ganz viele in Bonn, die sich nicht mehr erinnern konnten, in einem Provisorium zu leben und zu arbeiten. Zugegeben, vierzig Jahre waren viel für eine Zwischenlösung, da hatte sich schon einiges verfestigt, was man nicht mehr hergeben wollte.

Als es dann so weit war, nutzte der Bundespräsident seine Dankesrede für die Ehrenbürgerschaft für ein vehementes Plädoyer zugunsten Berlins als künftige Hauptstadt des vereinten Deutschland. „Lediglich gegen die Stimmen der damaligen KPD hatte der Bundestag am 3. November 1949 beschlossen, dass die leitenden Bundesorgane ihren Sitz in die Hauptstadt Deutschlands Berlin verlegen, sobald allgemeine, freie, gleiche, geheime und direkte Wahlen überall durchgeführt sind – so der Wortlaut. Dieser Beschluss liegt lange zurück. Widerrufen wurde der nie. [...]Ich glaube, um der Geltung unserer Worte und um unseres eigenen Interesses willen haben wir Grund, dieses Vertrauen jetzt zu honorieren. Denn mit Berlin handelt es sich um etwas vom Wertvollsten, was auch die DDR in die Vereinigung einzubringen hat." Richard von Weizsäcker bekam für seine Worte von den Gästen viel Beifall. Aus Bonn wehte ihm eisiger Wind entgegen.

Für jeden deutschen Politiker mit Verstand und Gewissen hätte nach dieser Rede kein Zweifel mehr bestehen können: Das vereinigte Berlin würde die deutsche Hauptstadt mit dem Sitz von Parlament und Regierung sein. Aber weit gefehlt! Das ängstliche Zaudern und unwürdige Feilschen gingen erst richtig los, mit fadenscheinigen, allzu durchsichtigen Argumenten wurde versucht, der Stadt das vorzuenthalten, wofür sie die gesamte Nachkriegszeit gelitten hatte. Wortbruch? – Aber das konnte doch niemand so ernst genommen haben. Die Situation sei doch jetzt ganz anders. Und was das alles kosten werde! Selbst ein ehemaliges Senatsmitglied und ein späterer Kandidat für das Bürgermeisteramt stimmten gegen Berlin. Hochkonjunktur für Rabulistik der absonderlichsten Art, um den Vorwurf der jahrzehntelangen Täuschung zu entkräften. Deutschland bot eine peinliche Debatte und kleinliche Nabelschau, während die Welt sich auf nichts anderes als auf Berlin als Hauptstadt einstellte.

„Vorsehung, warum fließt der Rhein nicht durch Berlin?" So haderte einst Alfred Kerr[54] mit dem Schicksal der Hauptstadt, die nicht wie andere europäische Metropolen an einem machtvollen Strom von einiger Bedeutung wie Donau, Seine, Themse oder wenigstens Tiber liege. Die Antwort auf diese Frage steht noch immer aus. Berlin muss sich vorläufig weiterhin mit Havel, Spree und Panke begnügen. Niemand hat die Absicht, den Rhein umzulenken. Überzeugungsgegnern Berlins – hätten sie diesen Stoßseufzer aus den letzten Monaten des 19. Jahrhunderts gekannt – wäre auch dies ein Argument für den Verbleib in Bonn gewesen.

In einem gemeinsamen Schreiben hatten sich der Regierende Bürgermeister und der Oberbürgermeister Ende Juni an den Bundeskanzler gewandt mit der Bitte um Gelegenheit, „Ihnen persönlich die Auffassung Berlins zur Frage der deutschen Hauptstadt vortragen zu können... Bei einer solchen Besprechung könnten gewiß auch weitere Fragen der Zusammenführung beider Teile der Stadt und der Angleichung der rechtlichen und tatsächlichen Lebensverhältnisse innerhalb Berlins und zwischen Berlin und den übrigen Teilen Deutschlands erörtert werden, die uns bei aller Freude über die bevorstehende Vereinigung doch zum Teil auch Sorge bereiten." Über ein Gespräch des Chefs der Senatskanzlei mit dem Kanzleramtsminister Rudolf Seiters eine Woche danach kam die Angelegenheit nicht hinaus. Auch „Trialoge", die nicht zustande kommen, können äußerst aussagekräftig sein.

In Ost-Berlin, das sich ja nahezu ununterbrochen seit 1871 als deren Bestandteil oder als Hauptstadt immer irgendeines deutschen Staates erlebt hatte, war das Unverständnis vollkommen. Niemand dachte daran, die Einheit mit dem Verlust der Hauptstadt zu bezahlen. Fairerweise muss eingeräumt werden: West-Berlin hatte in den zurückliegenden Jahren, regiert von einer Koalition aus CDU und FDP, auch den Mut verloren, planerische Vorsorge für eine in der Ferne liegende Aufgabe zu treffen. Schlimmer. Die bisher weitgehend brachliegenden, bis zur Zerstörung hauptstädtisch genutzten Flächen wurden noch in den 80er-Jahren anders verplant. So sah der „Flächennutzungsplan ´84" das südliche Tiergartengelände, einst wegen der dort angesiedelten zahlreichen Botschaften als „Diplomaten-Viertel" bezeichnet, weitgehend als Grünfläche aus, als solle über diesen Teil der Stadtgeschichte nun endgültig Gras wachsen. Glücklicherweise hatte der 1990 amtierende Bausenator Nagel (SPD) die darauf beruhende Einzelplanung im Februar gestoppt, während die Senatorin für Stadtentwicklung von der AL daran festhielt. Im August 1990 fand eine erste Erörterung des Themas im Senat statt. Diese wurde vom Finanzsenator angestoßen, bei dem sich inzwischen zahlreiche Regierungen aus aller Welt gemeldet hatten, um sich nach Grundstücken für ihre Botschaften zu erkundigen.

Was in Bonn noch für völlig ausgeschlossen gehalten wurde, was in Berlin noch viele gerade erst zu hoffen wagten, war in den Hauptstädten der Welt bereits eine Selbstverständlichkeit. Am 1. März 1990 hatte sich Schweden nach dem möglichen Rückerwerb des Grundstücks Tiergartenstraße 36 erkundigt, am 7. März fragte der Chef der Militärmission von Norwegen wegen des Grundstücks Rauchstraße 11 an. Ägypten, Indien und Tansania, Südafrika und Venezuela – sie alle hatten die Entwicklung in Deutschland als eine auf ein einheitliches Deutschland mit Berlin als Hauptstadt hin verstanden, wie denn anders![55] In der provisorischen Bundeshauptstadt Bonn am Rhein herrschte Panik. Dort orientierte sich die Politik auf die Turmspitze des Bonner Münsters, mit 81 Metern nur von begrenzter Weitsicht. Anders die Mitglieder der Stadtverordnetenversammlung der Immer-noch-DDR-Hauptstadt. Im Vorspruch zu der von ihnen am 11. Juli 1990 beschlossenen Verfassung für Ost-Berlin formulierten sie den „Wunsch, daß Berlin Hauptstadt eines geeinten Deutschland bleibt." Auch wenn sie mit Erstaunen und ungläubig die plötzliche Infragestellung einer jahrzehntelangen Beschwörung Berlins als deutsche Hauptstadt verfolgt hatten – für sie bestand kein Zweifel, dass dies eines baldigen Tages dazu kommen würde.

Wie in Berlin niemand in Frage stellte, dass der Regierungssitz der Landesregierung nur das Berliner Rathaus in

Berlin-Mitte sein würde. Und so erfolgte denn auch 1991 der Umzug der Senatskanzlei von Schöneberg nach Mitte, wurde Abschied genommen von Wochenmarkt und Standesamt. Dass es „so lange" gedauert hatte, war allein durch den Ablauf der nötigsten Bauarbeiten im Roten Rathaus bedingt. Über Jahrzehnte hatten sich das Bezirksamt von Schöneberg einschließlich Bezirksbibliothek, der Regierende Bürgermeister und seine Senatskanzlei, die Verbindungsoffiziere der drei Westmächte, der Präsident des Abgeordnetenhauses und das Parlament mit seinen drei bis fünf Fraktionen in einem Haus gedrängelt. Hier befand sich das Pressezimmer für die Rathausjournalisten, die Parlamentsberichterstatter und Horchposten für die Regierungszentrale zugleich waren. Hier waren Ratskeller, Abgeordneten-Casino und Mitarbeiter-Kantine. In diesem Haus konnten sich jeder Zeit Regierungschef, Oppositionsführer und Parlamentspräsident im Treppenhaus oder im Paternoster treffen. Mancher Journalist hat dank dieser Konzentration der Nachrichtenproduktion bei einer zufälligen Begegnung mit einem Politiker, einem Ausschussassistenten oder einem Fraktionsmitarbeiter auf dem Rathausflur mehr aufgeschnappt, als er je in einem regulär verabredeten Interview hätte erfahren können. Man kannte sich. Es war das Rathaus der kurzen Wege.

Rathaus Schöneberg, das war die Kulisse der Trauerfeier für die Opfer des 17. Juni wie für die Rede von Präsident Kennedy zehn Jahre später. Weit sichtbar erinnert die Landesflagge auf dem Turm, weit hörbar erinnert täglich die Freiheitsglocke im Turm des Schöneberger Rathauses an die vielen Jahre, in denen hier das politische Herz von West-Berlin stellvertretend für die geteilte Stadt geschlagen hatte. Das Provisorium hatte seine Aufgabe erfüllt.

4. Rot-schwarze Politik im Roten Rathaus der DDR-Hauptstadt

Am 18. März 1990 findet die erste freie Wahl einer Volkskammer der DDR statt. Am 6. Mai 1990 folgen die Kommunalwahlen, die auch im Ostteil Berlins durchgeführt werden. Im DDR-Durchschnitt wählen 35 Prozent CDU, 20 Prozent SPD und 13 Prozent PDS. In Ost-Berlin dagegen erhalten die SPD 34,03%, die PDS 29,99%, die CDU 17,69%, Bündnis 90 9,87% der Stimmen von 70,62% der Wahlberechtigten. Da keine Sperrklausel existiert, sind sechs weitere Parteien und Gruppen mit einem bis vier Mandaten in der Stadtverordnetenversammlung vertreten. Diese ist mit 138 Stadtverordneten gleichgroß wie das Berliner Abgeordnetenhaus. SPD und CDU verständigen sich, letztlich ohne Bündnis 90, auf eine keineswegs üppige und keinesfalls „große" Koalition. Der Vertrag wird am Morgen des 30. Mai 1990 unterschrieben.

Mit vereinten Kräften: Starthilfe aus Schöneberg

Berlin-Mitte am 30. Mai 1990, 10.00 Uhr, Mittwoch in der Woche vor Pfingsten. Ich saß auf einem der Zuschauerplätze im Großen Saal, dem Sitzungssaal der Stadtverordnetenversammlung im Berliner Rathaus, als Abteilungsleiter der Senatskanzlei aus West-Berlin, in Potsdam geboren, 1961 nach West-Berlin geflüchtet, seit 1983 Beamter des Landes Berlin. Auf der Tagesordnung stand die Wahl des Oberbürgermeisters und der Mitglieder des Magistrats. Jedes Ereignis für sich war eine kleine Sensation. Es war die erste Wahl eines Oberbürgermeisters für diesen Teil Berlins durch eine frei gewählte Stadtverordnetenversammlung seit über 40 Jahren. Und dennoch machte diese Wahl die Teilung der Stadt noch einmal überdeutlich: Welche Stadt hatte schon *zwei* frei gewählte Oberbürgermeister! Es begann die aufregendste Zeit meines Berufslebens, vor allem aber: Es waren spannende Monate der über 750-jährigen Geschichte der Stadt Berlin, die jetzt ein zweites Mal in dieser Dimension zusammenwächst.

Wie mühsam die verwaltungsmäßige Zusammenführung der Stadt Berlin mit sieben anderen Städten, 59 Landgemeinden und 27 Gutsbezirken durch das von der Preußischen Landesversammlung 1920 beschlossene „Gesetz über die Bildung einer neuen Stadtgemeinde Berlin" war, lässt sich nachlesen.[56] Jetzt, 1990, würden die gleichen Probleme wie damals zu lösen sein, die von einer einheitlichen Besoldung in der ganzen Stadt bis zu der Zusammenführung der für Busse, Straßenbahn und U-Bahn verantwortlichen Verkehrsgesellschaften reichten. Aber die allgemeine Stimmung war unvergleichlich besser als vor 70 Jahren. Fast alle *wollten* in *einer* Stadt leben! Das Gesetz über „Groß-Berlin" war am 1. Oktober 1920 in Kraft getreten. Es hatte praktische Wirkungen bis in die Nachkriegszeit und bildete die Grundlage für die Viermächte-Verwaltung. Der Begriff „Groß-Berlin" fand sich in Artikel 4 der bis zur Wiedervereinigung geltenden Verfassung Berlins. „Berlin umfaßt das Gebiet der bisherigen Gebietskörperschaft Groß-Berlin mit den Grenzen, die bei Inkrafttreten der Verfassung bestehen." Die Ersatz-Verfassung für Ost-Berlin vom Juni 1950 trug den Titel „Hauptsatzung für die Verwaltung von Groß-Berlin". Die Ost-Berliner Autokennzeichen begannen in der Zeit von 1948 bis 1953 mit den Buchstaben „GB" für Groß-Berlin. Die Aufforderung des Oberbürgermeisters vom 12. August 1961 an die „Bürger des demokratischen Berlins", die bisher in West-Berlin gearbeitet hatten, sie sollten sich zur Arbeit in Ost-Berlin melden, trägt die Unterschrift „Ebert. Oberbürgermeister von Groß-Berlin". Jetzt sollten *zwei* Teile, die vor langer Zeit schon einmal 25 Jahre zusammengehört hatten, wieder zusammengefügt werden. „Beitritt" war dafür ein denkbar ungeeigneter Begriff.

Die Rechtslage des geteilten Berlin war kompliziert. Dass einige Wenige sie kannten und davon Gebrauch zu machen verstanden, war für das Überleben nicht ganz unwichtig. Das Interesse der Berliner in Ost und West an solchen Fragen und Antworten lag allerdings auch damals im Promillebereich, war etwas für Experten, deren feinsinnige Status-Dispute niemand wirklich ernst nahm. Nach west-deutscher Verfassungslage galt das Grundgesetz, so dessen Artikel 23, bereits seit 1949 in „Groß-Berlin". Das Genehmigungsschreiben der Alliierten Militärgouverneure vom 12. Mai 1949 verwies jedoch auf den Artikel 144. In dessen zweitem Absatz war von Ländern die Rede, in denen ganz oder teilweise die Anwendung des Grundgesetzes Beschränkungen unterliege. Dies galt zweifelsfrei für Groß-Berlin, dessen Ostteil seit 1949 faktisch – trotz Viermächte-Status der Gesamtstadt – Bestandteil der DDR war. Aber auch wichtige Aussagen der Verfassung für West-Berlin hatten die Westmächte suspendiert. Mit ihrem Genehmigungsschreiben vom 29. August 1950 war die Geltung zweier Kernsätze „zurückgestellt". So war Berlin eben doch *kein* Land der Bundesrepublik Deutschland. Die Geltung des Grundgesetzes war eingeschränkt. In Berlin musste also im Rahmen der deutschen Wiedervereinigung eigens ein Weg gefunden werden, auf dem beide Seiten aufeinander zugehen konnten.

Bevor in ganz Berlin wieder hauptsächlich und möglichst hauptstädtische Kommunalpolitik betrieben werden konnte, was vor allem in meiner Abteilung geschah, war noch eine Menge zu leisten. Mit viel Kasuistik mussten in dem verwirrenden Vertragswerk und in den verworrenen variantenreichen Rechtsauffassungen von den Beamten Konstruktionen gefunden werden, bei denen die Kollegen in London, Moskau, Paris und Washington kein Haar in der Suppe fanden, sondern ihrerseits ihren Chefs guten Gewissens empfehlen konnten: Ja, so kann man es machen.

Am 10. Mai hatte mich der Chef der Senatskanzlei mit einem Gast, dem Ost-Berliner SPD-Kandidaten für das Amt des Oberbürgermeisters, bekannt gemacht. Man sollte sich mal unterhalten, denn die Senatskanzlei werde bald intensiv im Ostsektor zu tun haben. Die Abteilung Innere Politik müsse sich insbesondere um die Arbeit des Magistrats im Berliner Rathaus kümmern. Da saß ich nun, Abteilungsleiter West, in meinem Büro im Rathaus Schöneberg Tino Schwierzina, designierter Oberbürgermeister für Ost-Berlin, gegenüber. Wir waren uns vom ersten Moment an sympathisch, ohne sonst irgendetwas voneinander zu wissen. Das war eine gute Voraussetzung für die mehr als sieben Monate dauernde enge Zusammenarbeit unter außergewöhnlichen Umständen. Schnell entstand der Eindruck, er wusste, was er tun wollte, und er wusste, was er fragen und erfahren wollte. Vor allem ging es um administrative, um organisatorische, um technische, aber auch um Stil-Fragen: Wie machen die das im Westen bisher? Aber zugleich wurde auch klar, dass er durchaus eigene Vorstellungen von der Arbeit seines Magistrats hatte, wenn er denn zustande gekommen sein würde. Noch deutlicher spürte man dieses „Wir wissen ganz gut allein, was wir wollen" bei Knut Herbst, dem jungenhaften und selbstbewussten, durchsetzungsfähigen und aufgeschlossenen Vorsitzenden der SPD-Fraktion, der bald zu den neuen gelegentlichen Gesprächspartnern zählte. Ohne ihn ging nichts. Von Tino Schwierzina war aus den Presseberichten bekannt, dass er in diesen Tagen Koalitionsgespräche sowohl mit der CDU als auch mit dem Bündnis 90 und den anderen Gruppierungen führte. Eine Beteiligung der PDS an der Magistratsbildung lag für ihn jenseits jeder Vorstellung.

Bald darauf gab es eine längere Besprechung beim Chef der Senatskanzlei, an der mehrere Kollegen aus verschiedenen Abteilungen teilnahmen. Es ging um die künftigen Aufgaben in oder für Ost-Berlin ab Ende Mai. Bereits Anfang

März hatte Walter Momper mit dem Ostberliner Interims-OB Christian Hartenhauer, dem vormaligen Stadtrat für Kultur, je eine Leitstelle beschlossen, die die Zusammenarbeit der Verwaltungen vorbereiten sollten. Die richtige Idee wurde bald ein Schulbeispiel für die Koordination der Koordinatoren: Als die beiden Leitstellen eingerichtet waren, gab es auch bald einen Ober-Leiter für die beiden, und wie selbstverständlich –warum eigentlich? – war dies der Verwaltungsleiter aus dem Westteil. Alle erhielten jetzt einen ersten Überblick über das, was sie dort im Rathaus vorfinden würden und darüber, was zuerst zu tun sein würde. Die Abteilung Innere Politik betraf vor allem die Magistratsarbeit unmittelbar, aber auch der Aufbau einer veränderten Bürgerberatung. Dazu sollten drei Kolleginnen und Kollegen aus dem Bürgerreferat die dort tätigen fünf Mitarbeiter unterstützen bzw. selbst erst einmal beraten. Mitte Juni machten sich die Drei aus dem Westen auf den Weg nach Ost-Berlin.

Wer wann den Begriff „Magistratskanzlei" zum ersten Mal genannt hatte, ist nicht überliefert. Bisher war dieses Wort in der Ost-Berliner Kommunalverwaltung, die sich ja ebenso von der der 14 DDR-Bezirke wie von der Regierung eines westdeutschen Stadtstaates wesentlich unterschied, nicht gebräuchlich. Aber er passte so gut, wenn man sich nun am West-Berliner Vorbild orientieren und eigentlich keine Stadt, sondern ein Land sein wollte. Und so redeten bald alle davon und sie hatte einen designierten Chef, noch bevor sie richtig existierte. Etwa 50 Mitarbeiter waren bisher im Bereich des „OB" tätig. Ein Teil im Umfeld des Oberbürgermeisters würde für eine weitere Verwendung wohl ausfallen, so etwa die „Instrukteure" oder die Mitarbeiter der „Kontrollgruppe". Dagegen werde man wohl die Mitarbeit der Kader- und der Organisationsabteilung, des Justitiariats und der Plankommission gut gebrauchen können, so die Einschätzung aus West-Berlin. Schließlich kam es aber etwas anders. Der Chef der Magistratskanzlei wollte die

Kontrollgruppe mit dem westlichen Bürgerreferat zusammenspannen. Das glückte tatsächlich nur zum Teil. Instrukteure und Kontrollgruppe passten doch nicht in die gründlich veränderte politische Landschaft. Deren bisheriges Arbeitsgebiet wäre mit dem klassischen Verwaltungskürzel „kw", d. h. „kann wegfallen", nicht ausreichend beschrieben. „Revolutionshalber erledigt" wäre zutreffender gewesen. Kollegen aus der bisherigen Rechtsabteilung erwiesen sich als zu perfekt für ihre bisherige Position geeignet. Sie hatten das sozialistische Rechtssystem zu sehr verinnerlicht. Auch nach Auswendiglernen des „Schönfelder"[57] waren sie für die neuen Aufgaben keine Hilfe.

Besprochen wurden auch die Probleme einer beratenden Begleitung des Magistrats durch die Abteilung, die innerhalb des Senats für den Regierenden Bürgermeister die Prüfung der von den einzelnen Verwaltungen angemeldeten Vorlagen vornahm. Das würde aber nur gelingen, wenn die Orts- und Sachkunde von Ost-Berliner Kollegen zu Rate gezogen werden könnte. Es würde viel Besprechungsbedarf geben. Aber dazu musste man vor allem wissen, mit wem man es zu tun haben würde. Die Plankommission war in Wirklichkeit als Bezirksplankommission für die Hauptstadt wohl doch mehr ein Stab von Fachleuten, von denen viele in der folgenden Zeit – einige davon auch noch nach zwanzig Jahren in der Senatskanzlei tätig – unersetzlich für das allmähliche Wissen voneinander und für das Zusammenführen der Stadthälften und ihrer Verwaltungen waren.

Voraussetzung für eine störungsfreie und Vertrauen schaffende Zusammenarbeit auf unbekanntem Terrain waren ein „entwanztes" Rathaus, also die Sicherheit vor unbefugten Mithörern in den Büroräumen einschließlich des Telefonverkehrs, die Zugänglichkeit der Räume und so weiter und so weiter. Dafür wurde eine Gruppe von Kollegen bestimmt, die sich dieser und unzähliger anderer technischer und organisatorischer, in jedem Falle heikler Fragen annahm. Bald konnte man die Ergebnisse von deren wundersamer Tätigkeit bei den halbtägigen Aufenthalten, die nun zum normalen Tagesablauf gehörten, im Rathaus bewundern und genießen. Die „Wanzen" waren im Übrigen eher aufgefunden und verschwunden als die biologisch real existierenden Kakerlaken, die erst mit den gründlichen Renovierungs- und Umbauarbeiten im Jahre 1991 beseitigt werden konnten. Noch weit darüber hinaus aber reichten die Vorräte an Toilettenpapier – man konnte es mit seiner stabilen Qualität für zerkleinerte Rollen der begehrten Raufasertapete „Typ Erfurt" halten – und die Putzmittel mit der DDR-weit typischen Duftnote.

Der Auftrag des Chefs der Senatskanzlei lautete, den Entwurf für eine erste Tagesordnung und die ersten Beschlüsse des Magistrats vorzulegen, vor allem also die Entlassung der seinerzeitigen Amtsinhaber und die dringendsten Organisationsfragen vorzubereiten. Die für diesen Auftrag geeigneten Mitarbeiter, der Leiter der Geschäftsstelle des Senats, Peter Hamann, und sein Vertreter, Dietrich Strübind, zögerten nicht, denn nun wurde klar, Beamte waren auf das Wohl des Landes Berlin vereidigt, auch wenn es auch noch aus zwei Teilen bestand. Es war doch auch immer erklärt worden, die Verfassung von Berlin schließe den Ostteil mit ein. Es war ja auch von 20 Bezirken die Rede, auch wenn es inzwischen drei mehr geworden waren. Noch keine zwei Jahre war es her, da war der Kollege Werner Kuba, der Leiter der Geschäftsstelle des Senats, in den Ruhestand verabschiedet worden. Der hatte schon 1948, als das Rathaus noch Ruine war, im Neuen Stadthaus im Ostsektor gearbeitet und mit seiner keineswegs handlichen Schreibmaschine unter dem Arm vor den von der SED bestellten Rowdies die Flucht nach Berlin-Charlottenburg mitgemacht und war dann im Rathaus Schöneberg als ein vorbildlich genauer Beamter fast „zu Hause" gewesen. Er hatte oft davon erzählt. Jetzt wurde die Annäherung der getrennten Stadthälften vorbereitet.

Da traf es sich gut, dass ich in diesen Tagen wieder einen Anruf aus dem Berliner Rathaus erhielt. Was sich jetzt so selbstverständlich anhört, war, als es passierte, eine der vielen kleinen Sensationen, wie sie nun immer öfter vorkamen. Der Leiter des Büros des Magistrats, Horst Hanisch, kündigte seinen Besuch an, um das eine oder andere im Blick auf den bevorstehenden Wechsel zu besprechen. Man verabredete sich für den kommenden Montag um 16.00, im Rathaus Schöneberg. An diesem Tag würde sich die neugewählte Stadtverordnetenversammlung im Berliner Rathaus konstituieren. Zum ersten Mal hatte ein Besuch am 15. März stattgefunden, noch vor der Wahl zur Volkskammer. Keiner von uns beiden hatte die Absicht, die große Politik zu diskutieren, sondern das Handwerkliche zu besprechen. Schnell stellte man fest, dass manche Abläufe sich sehr ähnelten, wenn sie auch anders bezeichnet wurden, nicht zu reden von den unvergleichbaren Legitimationen und Inhalten. Der Besucher nahm regelmäßig an den Sitzungen des Magistrats teil. Seine Tätigkeit, für DDR-Maßstäbe hoch dotiert, ähnelte aber doch mehr der eines westlichen Referats- als der eines Abteilungsleiters, auch wenn im Einzelnen seine Befugnisse erheblich weiterreichen mochten. Denn ein Pendant zu der Abteilung in der Senatskanzlei mit den sogenannten Spiegelreferaten, in denen die Politik der einzelnen Verwaltungen beobachtet und ggf. beeinflusst wird, gab es im Berliner Rathaus nicht. Ob die Institution „Sekretär des Magistrats" eine solche oder eine ähnliche Funktion hatte oder so nicht gebraucht wurde, war jetzt nicht zu erfahren. Dr. Hanisch erklärte seine und die Arbeit seiner Kolleginnen und Kollegen.

Schnell wurde klar, dass der neue Magistrat keine „Luftnummern" beschließen durfte. Es musste sich darum gekümmert werden, dass sich einer darum kümmert, dass nämlich die Beschlüsse des Magistrats, wenn sie zustande gekommen waren, auch Realität wurden. Es musste ein Apparat existieren und funktionieren, der die Ausführung in Gang setzte. Es war ja schon so mancher Umsturzversuch daran gescheitert, dass markige Beschlüsse ins Leere liefen, weil die Loyalität derer, die sie durchführen sollten, bei den früheren Herren lag. Allein das bisherige, neu ausgerichtete „Büro des Magistrats" konnte dafür garantieren, dass alles funktionieren würde.

Jetzt, zwei Tage davor, ging es um die konkrete Vorbereitung der Sitzung am 30. Mai. Die West-Helfer würden alles Erforderliche mitbringen, wenn er nur im Rathaus den Sitzungsraum und alles andere vorbereite und sicherstelle, dass die gefassten Beschlüsse an die richtigen Adressen gelangen würden. Er hatte noch ein „Gastgeschenk" mitgebracht, das vor allem, weil es in wenigen Tagen nur noch antiquarischen Wert haben würde, mit Bedacht ausgewählt worden war. Woher wusste er, dass er mir damit eine Freude machte? Es war die „Geschäftsordnung des Magistrats von Berlin. Beschluß des Magistrats Nr.003/89 vom 09.01.1989 Dienstsache".

Ein kurzer Blick genügte, um nun ganz sicher zu sein, dass der künftige Magistrat wenig würde damit anfangen können, ganz unabhängig davon, dass hier die Arbeitsweise einer Stadtverwaltung und nicht die einer Landesregierung, und das wollte der neue Magistrat ja sein, geregelt wurde. Ziffer I.1. beschrieb den wirklichen Unterschied: „Der Magistrat arbeitet nach einem Arbeitsplan, der auf der Grundlage der Arbeitspläne des Sekretariats der Bezirksleitung Berlin der SED, des Ministerrates der DDR und der Stadtverordnetenversammlung von Berlin erarbeitet wird." Von einer Ermächtigung wie der in Ziffer II.5. konnte ein Regierender Bürgermeister allerdings nur träumen. „Der Oberbürgermeister ist berechtigt, Entscheidungen, die der Beschlußfassung durch den Magistrat bedürfen, vorab zu treffen, wenn dies zur Verwirklichung der Aufgaben des Magistrats unumgänglich ist. Er hat unverzüglich die erforderliche Zustimmung des Magistrats einzuholen." Ungeregelt blieb übrigens, was passierte, wenn diese Zustimmung nachträglich nicht erteilt werden würde. Aber das musste im System des „demokratischen Zentralismus" wohl nicht befürchtet, also auch nicht ausdrücklich geregelt werden.

Eine neue Regierung korrekt in ihr Amt zu bringen, das war für die Kollegen meiner Abteilung keine besondere Herausforderung. Bisher war seit den fünfziger Jahren nie fraglich gewesen, dass die rechtliche und politische Legitimation dafür vorlag. Das bedeutete, ein Regierender Bürgermeister war zurückgetreten oder es hatte Wahlen zum Abgeordnetenhaus gegeben. Dann trat die bisherige Regierung gegenüber dem neugewählten Abgeordnetenhaus zurück. So entsprach es gutem Stil. Sie amtierte auf Aufforderung des Parlamentspräsidenten ohnehin bis zur vollständigen Wahl des neuen Senats. Der von der parlamentarischen Mehrheit designierte Kandidat, und sei es der frühere Amtsinhaber, stellte sich zur Wahl und wurde von den Abgeordneten mit der vorgeschriebenen Mehrheit gewählt. Nach der damals geltenden Verfassungsregel machte er dann als Regierender Bürgermeister einen mehrheitsfähigen Vorschlag zur Wahl der übrigen Mitglieder des Senats. Erst dann trat die Senatskanzlei in Aktion, abgesehen von vorausgegangenen Briefträgerfunktionen und Amtshilfen gegen über den erfolgreichen Parteien bzw. Fraktionen und den Vorbereitungen für die konstituierende Senatssitzung.

Jetzt, im Mai 1990, war doch einiges anders, die „Nachbarschaftshilfe" in der eigenen Stadt sowieso. Alle Kollegen in West und Ost machten etwas zum ersten Mal, unterschiedlich begeistert, mitwirken zu können oder sich möglicherweise dreinreden lassen zu müssen. Und trotz aller Kontakte war der Grad der gegenseitigen Kenntnis von den Vorgängen, gemessen an deren Bedeutung, mangelhaft. So ganz genau wusste man im Westen doch nicht über das Bescheid, was sich in der anderen Stadthälfte ereignete und nach welchen Spielregeln dort gespielt wurde, wie weit vergleichbar war, was sich ähnlich anhörte.

Schon im Februar hatte die „Berliner Zeitung" mit einem hörbaren Seufzer ihren Bericht über eine Sitzung der Stadtverordnetenversammlung, die „in grauer Vorzeit ‚gewählt' wurde", eingeleitet: „Die Lage in Berlin verändert sich täglich."[58] Am Vortag war Sensationelles passiert. Der Oberbürgermeister der Hauptstadt, Erhard Krack, seit 1974 im Amt und gleichzeitig hoher Würdenträger als Mitglied des SED-Zentralkomitees und des DDR-Ministerrates, war vor der Stadtverordnetenversammlung zurückgetreten. Das war politisch höchst bemerkenswert. Trotzdem konnte man sagen: Soweit so üblich, nämlich Rücktritt vor dem Gremium, das den Amtsinhaber, mal „einstimmig", mal mit in der Presse nicht genannter Mehrheit gewählt, jedenfalls aber nach den ortsüblichen Spielregeln zur Amtsführung beauftragt hatte. Am selben Tag war Christian Hartenhauer als Nachfolger von einer lustlosen Versammlung[59] mit 82 Stimmen bei 40 Gegenstimmen und sieben Enthaltungen gewählt worden.

Als am 28. Mai die am 6. Mai gewählte Stadtverordnetenversammlung zum ersten Mal zu Beginn einer neuen Zeitrechnung zusammentrat, war nach dem Kenntnisstand im Rathaus Schöneberg Christian Hartenhauer unstrittig im Amt. Aber die Tagesordnung dieser Sitzung sah keineswegs die Verabschiedung des alten Systems vor, also: Rücktrittserklärung des Oberbürgermeisters. Der saß in der ersten Reihe der Ehrengäste, als wäre er nicht unmittelbar Betroffener, sondern Premierengast bei der Uraufführung eines irgendwie exotischen Volksstückes. Soviel konnten wir am nächsten Morgen, dem Tag vor der vorgesehenen Wahl des Oberbürgermeisters und der Mitglieder des neuen Magistrats, in der Presse aus dem Ostteil Berlins lesen. Die richtigen Schlussfolgerungen daraus zu ziehen, war trotzdem nicht ganz leicht, denn wer wollte in dieser Situation schon etwas falsch machen! Aber so richtig Zeit, in aller Ruhe darüber nachzudenken, welcher Fall hier eigentlich vorlag und wie er ohne Beschädigung irgendjemandes Ansehens gelöst werden könnte, hatte niemand. Ich auch nicht.

Ungewöhnlich war die schließlich gewählte Lösung schon, aber deshalb musste sie ja nicht falsch sein. Vielleicht war sie sogar die einzig richtige, der Situation angepasste, denn vielleicht gab es ja doch irgendwo im Berliner Rathaus ein Rücktrittsschreiben an die Stadtverordnetenversammlung, von dem wir nichts wussten. Aber dann wusste auch die Vorsteherin der Stadtverordnetenversammlung nichts davon. Die hätte es wissen müssen. Sie aber begrüßte bei der Eröffnung der zweiten Sitzung zwei Tage darauf, in der der neue Magistrat gewählt werden sollte, neben Walter Momper und Mitgliedern des Senats von Berlin als Gäste auch „den Oberbürgermeister von Berlin, Herrn Dr. Hartenhauer".[60] Selbst wenn der Gedanke richtig war, dass durch die bevorstehende Wahl eines neuen Oberbürgermeisters und neuer Mitglieder des Magistrats die bisherigen automatisch ersetzt würden, verfuhr man nach dem Motto, im Zweifel hält doppelt besser. So wurde für die Sitzung des Magistrats ein Beschluss mit dem Titel „Abberufung der bisherigen Magistratsmitglieder" vorbereitet, wie vom Chef der Senatskanzlei in Auftrag gegeben, aber auch in voller Kenntnis, dass in parlamentarischen Systemen Regierungen sich nicht gegenseitig absetzen. "Normal" waren die Verhältnisse auch danach noch längst nicht.

Im Übrigen war das grobe Raster der Tagesordnungspunkte einfach, hier halfen die „Muster" für Senatsneubildungen. Aber was tun, wenn z.B. für den Sitzungsablauf keine Regeln bestehen, weil keine Geschäftsordnung des Vorgängers einfach durch Beschluss wenigstens vorläufig übernommen werden kann? Also sollte beschlossen werden, die in der Sitzung verteilte Geschäftsordnung des Senats „vorläufig sinngemäß anzuwenden mit Ausnahme der

Vorschriften, die erkennbar für die Arbeit des Magistrats nicht anwendbar sind". Bei der Berufung des Verwaltungschefs konnten wir statt des Namens nur Punkte vorsehen. Erst am Nachmittag des 30. Mai, wenige Stunden vor der konstituierenden Magistratssitzung, wurde ich Peter Thömmes vorgestellt, der kurz danach Chef der Magistratskanzlei wurde.

Bei politisch unübersichtlichen Themen, etwa der Zusammensetzung der Personalkommission zur Vorbereitung wichtiger Personalentscheidungen oder dem vorgesehenen Auftrag an den Stadtrat für Inneres zur Vorlage einer Liste „der noch im Dienst befindlichen Kader und Mitarbeiter des Magistrats, deren Position und Funktion in der Nomenklatur festgelegt war, einschließlich deren Stellvertreter", wurde um Vorgaben des Chefs der Senatskanzlei gebeten oder der Rat von Kollegen im Hause gesucht, die auf der Parteiebene Kontakte zur Ostberliner SPD-Führung hatten.

Am Dienstag, dem 29. Mai, kam der Senat zu seiner regelmäßigen Sitzung zusammen. Der Beginn verzögerte sich aus zunächst unbekannten Gründen. Offenbar kam die Vorbesprechung bei der SPD nicht rechtzeitig zum Ende. Wie in der letzten Zeit häufiger, stand das Spannendste nicht auf der schriftlichen Tagesordnung, weil sich der Behandlungsbedarf erst nach deren Redaktionsschluss ergeben hatte. So war es auch an diesem Tag. Walter Momper kündigte dem Senat den Besuch zweier Gäste an, den frisch gewählten Ost-Berliner SPD-Fraktionsvorsitzenden und den Oberbürgermeister-Kandidaten der SPD. Dieser habe einen Vorschlag zu machen, den er unterstütze.

Tino Schwierzina schlug dem Senat von (West-)Berlin nicht mehr und nicht weniger als die Beteiligung dreier seiner Mitglieder an der Bildung des Magistrats von (Ost-)Berlin vor. Der diesbezügliche, etwa eineinhalbstündige Teil der Sitzung ist in dem regulären Protokoll nicht festgehalten, die während der leidenschaftlichen Diskussion notierten Stichworte existieren jedoch. Hier lief unvorbereitet und spontan eine Grundsatzdebatte zur deutschen Einheit, als Ost-West- und ebenso als West-West-Kontroverse, auch wenn es vordergründig um Koalitionstreue, Arbeitsökonomie und Symbolwirkung ging. Die der SPD angehörenden Senatsmitglieder unterstützten den Vorschlag, wenn auch mit ganz unterschiedlichen Argumenten, einhellig. Aber zum Bruch der Koalition mit der Alternativen Liste wollte man es nicht kommen lassen. Die war wegen eines grundsätzlich anderen Verfassungsverständnisses der West-Berliner Rechtslage zu einer Zustimmung nicht bereit. Während die Mehrheit des Senats sich auf die Geltung der Verfassung von Berlin in der ganzen Stadt berief – der Anspruch war politisch nie aufgegeben worden – bestritt die Minderheit genau dies. Und außerdem: Wer weiß, ob das dem Bündnis 90 recht ist. Und außerdem sei das mit dem Artikel 23 des Grundgesetztes auch nicht der Weisheit letzter Schluss. Und außerdem: Das ginge doch alles gar nicht, wenn erst Ost-Berlin eine eigene Verfassung habe. Auch der Hinweis eines SPD-Senators, der Wunsch nach Zusammenarbeit komme schließlich aus dem Ostteil, verfing nicht.

Unverhofft und eher unbeabsichtigt schienen der Ost-Berliner CDU-Vorsitzende Eberhard Engler und die West-Berliner AL-Fraktionsvorsitzende Renate Künast einer Meinung: Berlin/DDR dürfe nicht von West-Berlin aus regiert werden; der West-Berliner Senat dürfe nicht in Ost-Berlin regieren. Es könne nicht sein, dass der Wählerwille „so ausgelegt wird, dass nun der West-Berliner Senat auch in Ost-Berlin regiert", zitierte die „Neue Zeit", das DDR-CDU-Parteiblatt, ihren Vorsitzenden der Hauptstadt. Der West-Berliner CDU-Vorsitzende Eberhard Diepgen verschleierte seine parteipolitischen Interessen nur dürftig: „Die SPD versucht, durch die Hintertür eine Koalition SPD/CDU auf die AL auszudehnen", auch 15 Jahre später nicht. So Diepgen: „Gegen eine Übertragung von Rot-Grün auf Ostberlin hatte auch ich erhebliche Bedenken, keine dagegen gegen Sozialdemokraten in der Doppelfunktion."[61] Das konnte er auch schlecht, denn auch er plante einen West-Export in die DDR-Hauptstadt, nämlich den seinerzeitigen wirtschaftspolitischen Berater der DDR-Regierung und früheren Senator für Wirtschaft, jetzt Mitglied des Abgeordnetenhauses, Elmar Pieroth, der Stadtrat für Wirtschaft werden sollte.

Wenigstens hatte Engler nichts dagegen, einen West-Berliner Ex-Senator im Ostteil Berlins mitregieren zu lassen, wenn schon keinen aktiven aus einer anderen Partei. Um das Außergewöhnliche der Lage und das dabei leicht entstehende Bild von den „verkehrten Fronten" zu vervollständigen, sei daran erinnert, dass der DDR-Ministerpräsident Lothar de Maizière erst im April darauf verzichtet hatte, denselben Elmar Pieroth zum DDR-Wirtschaftsminister zu ernennen, weil sein Koalitionspartner, die neue DDR-SPD, keinem Kandidaten zustimmen wollte, der nicht Staatsbürger der DDR sei.[62]

Eigentlich war es ganz einfach, oder doch noch viel komplizierter. Dachte in diesem Moment eigentlich niemand an die Russen, die im Ostteil Berlins doch immer noch „ein Wörtchen mitzureden" hatten? Würden die sich nicht zu Wort melden müssen, wenn der Westen direkt nach der Macht in der DDR-Hauptstadt griff? Ich erinnerte mich an eine Notiz des Chefs der Senatskanzlei für den Regierenden Bürgermeister über ein Gespräch, das er mit dem sowjetischen Gesandten Anfang Februar 1990 über den inneren Zustand Ost-Berlins geführt hatte. Gegenstand waren Eventualplanungen zur Aufrechterhaltung der notwendigsten öffentlichen Dienste, über die er auf dessen Bitte mit dem Beauftragten des DDR-Ministerpräsidenten sprechen werde. Die Stadt war tatsächlich voller Sensationen, meist ohne sich dessen bewusst zu sein! Der sowjetische Gesandte Igor Maximytschew habe erklärt, dass bei der im Falle des Falles notwendigen Hilfe des Senats alles vermieden werden müsse, das nach außen wie ein Staatsstreich wirke. Der Senat solle nicht demonstrativ als Organ für ganz Berlin auftreten. Der Regierende Bürgermeister solle nicht als der Oberbürgermeister von Berlin wirken, und andere spektakuläre Gesten sollten unterlassen werden.[63] Jetzt, im Mai 1990, herrschte ja kein „Notstand". Ost-Berlin war im Gegenteil auf dem Weg zu neuen geordneten Verhältnissen, so dass der befürchtete Zustand nicht eingetreten war.

Aber es hätte auffallen müssen, dass es um eine grandiose Idee ging, bereits am 30. Mai 1990 den Wunsch nach einem einheitlichen Berlin durch eine solche Personalunion zu manifestieren. War das nicht genau im Sinne der CDU? Doch der Gedanke kam von der falschen Seite. Die Reflexe der Parteitaktiker, die sich selbst – aber kaum jemandem sonst – so clever vorkamen, reagierten nun mal so. Und so waren sich auch West-CDU und West-AL ebenbürtig im Verkennen der Lage, wenn auch aus gegensätzlichen Gründen.

Der nicht um seinen Rat gefragte Beobachter der Szene war zum Schluss vor allem wegen der unsäglichen Gegenargumente fast geneigt, dem Vorschlag einen gewissen Charme abzugewinnen. Wer immer aber die Idee dazu gehabt hatte[64] hatte nichts zu ihrer halbwegs professionellen Umsetzung getan, so dass Tino Schwierzina am Ende im Regen stand, ganz ohne Schirm, aber auch in dieser Situation mit viel Charme. Man könne nicht gegen den Wind Klavier spielen, hatte er schnell die vordergründigen Grundregeln des Politik-Gewerbes verstanden.

Da der Chef der Senatskanzlei verständlicherweise an diesem Nachmittag viel zu tun hatte, wobei Krisenmanagement vor Routine gehen musste, überließ er dem Abteilungsleiter, wie schon öfter, die nach jeder Senatssitzung vorgesehene Unterrichtung der Alliierten Verbindungsoffiziere über die Ergebnisse der Beratungen. Offenbar war wenigstens dafür gesorgt worden, dass die Alliierten den Plan nicht aus der Lektüre der Bild-Zeitung erfahren mussten.

Die drei Vertreter der Besatzungs- bzw. Schutzmächte waren längst keine Militärs, sondern kamen aus den jeweiligen Außenministerien, wurden aber von den Stadtkommandanten eingesetzt. Seit 1945, seit es die Viersektoren-Stadt Berlin gab, waren sie zunächst zu viert bei Magistrat, Stadtverordnetenversammlung und den Bezirksämtern tätig. Auf einem Foto von einer Sitzung der Stadtverordnetenversammlung Ende 1946 sind die uniformierten Paten hinter den Plätzen der Magistratsmitglieder zu sehen.[65] Mit der Spaltung der Stadt hatten sich Zahl und Aufgaben auf die drei im Westteil mit Sitz im Rathaus Schöneberg begrenzt. Bis zuletzt im Herbst 1990 hatten sie dort ihre Büros und reservierte Plätze vor den Zuhörerreihen des Plenarsaales. Alle Mitteilungen der Berliner Behörden an die Alliierte Kommandantur liefen über sie.[66] Sie waren diesmal besonders an der Senatsberatung zum Thema West-Senatoren im Ost-Magistrat interessiert. So konnte ihnen erklärt werden, warum der Senat keine rechtlichen Bedenken gesehen hatte. Und die fachlich zuständigen Beamten der Senatskanzlei waren vorsichtshalber mit der Frage nicht befasst worden. Die Verbindungsoffiziere machten eifrig Notizen, stellten einige Nachfragen, waren aber Diplomaten genug, um in diesem Moment das Thema nicht zu vertiefen, als sie darauf aufmerksam gemacht wurden, dass zwischen den Parteien gerade ein heftiger Streit ausgebrochen war.

Am Abend dieses Tages, wenige Stunden vor der Wahl des Magistrats, trat um 21.00 Uhr der Senat erneut zusammen, genauer gesagt, er setzte seine um 14.30 unterbrochene Sitzung fort, um den Plan endgültig zu beerdigen. Die Grundlage sei, so die Botschaft, wegen der Weigerung der Ost-CDU entfallen. Dann verständigte sich der Senat noch auf den 12. Juni als Termin für eine gemeinsame Sitzung mit dem Magistrat im Berliner Rathaus. Wieder saßen die

Beamten dabei, um diese außergewöhnliche Sitzung zu protokollieren. Es war für alle ein langer Tag. Kurz nach 7.00 Uhr hatte ich die erste Besprechung begonnen. Auf dem Heimweg hatte niemand das Gefühl, der Einheit in diesen 15 Stunden näher gekommen zu sein. Eher war eine weitere Lektion zum Thema „Gut gemeint ist..." erlebt worden.

Die Mitarbeiter in der Senatskanzlei wurden am nächsten Morgen vor allem deshalb nervös, weil das Schreiben an die Vorsteherin der Stadtverordnetenversammlung fertig gestellt werden musste, mit dem der gewählte Oberbürgermeister die Kandidaten für die einzelnen Stadtratsposten zur Wahl vorschlagen sollte. Der Presse war zu entnehmen, dass kurz vor dem Ziel Bündnis 90 Skrupel entdeckt hatte, gemeinsam mit der Blockpartei CDU zu regieren, in dieser Erkenntnis kräftig von West-Berlin aus unterstützt. In einer Presseerklärung der Alternativen Liste vom 21. Mai 1990 hatten Renate Künast und Harald Wolf[67] folgende Lagebeschreibung gegeben: „Die Sozialdemokratie von Berlin/DDR hat sich nun endgültig für eine Koalition mit der dreimal gewendeten Blockpartei CDU entschlossen, die sich binnen kurzer Zeit von einer SED-Vasallin zu einer Marionette der Bonner Regierung entwickelt hat."

Premiere ohne Generalprobe: Magistrat im Rampenlicht

Am Morgen des 30. Mai wurde das Koalitionsabkommen von SPD und CDU durch deren Vorsitzende unterzeichnet. Danach gab es einen hastig gekritzelten Zettel, von Dieter Schröder autorisiert, mit den 14 Namen. Kurzfristig war noch die auf SPD-Ticket vorgesehene Nominierung des Stadtverordneten Sebastian Pflugbeil aus der Fraktion Bündnis 90 zurückgenommen worden. Nach diesem Zwischenspiel konnte man nicht mehr ganz so sicher sein, dass die Harmonie zwischen der neugegründeten SPD und der jüngst aus der SED-Blockpolitik ausgeschiedenen CDU über die volle Amtszeit Bestand haben würde. Der Ton war plötzlich rauer geworden, als wollten beide Seiten noch vor der Unterschrift wissen lassen, dass es sich um eine rechnerisch notwendige, aber keinesfalls wegen großer Sympathie oder vieler politischer Gemeinsamkeiten angestrebte Verbindung handele. Später erwies sich die zwar unterschiedlich erlebte, aber doch gleichermaßen prägende DDR-Erfahrung als ausreichender politischer Kitt, von den kollegial-menschlichen Formen der Zusammenarbeit ganz abgesehen.

Jetzt also: Sitzung der Stadtverordneten-Versammlung. Elmar Pieroth scheint sich nicht ganz sicher, ob er tatsächlich auf der richtigen Veranstaltung ist. Kurz vor Beginn der Sitzung hatten wir einen kurzen Kontakt, jeder versicherte dem anderen, dass er nicht träume. Bei der überraschend beantragten Vorstellung der Kandidaten macht Pieroth eine gute Figur. Auf die Frage eines im Protokoll nicht namentlich genannten Stadtverordneten, ob er DDR-Bürger sei, antwortete er kurz und knapp: „Nein, ich bin Deutscher." Der Fragesteller hatte ja die Ironie der Geschichte richtig erkannt. Ein westdeutscher Unternehmer – das war schon „schlimm" genug. Aber ein West-Berliner Parlamentarier inmitten der „Spitzenfunktionäre" der DDR-Hauptstadt – ja geht denn das!?

Tino Schwierzina wurde schließlich mit 74 Stimmen gewählt. Das waren drei oder vier mehr als die Koalition selbst hatte. Diese Geste war mehr als ein Geburtstagsgeschenk für ihn. Vermutlich stammten die 42 Gegenstimmen von der PDS. Und obwohl deren Gegenkandidat Peter Zotl erst am 10. Oktober seinen 46. Geburtstag feierte, erhielt auch er eine Stimme zusätzlich. Vier Mitglieder der Versammlung fehlten, wohl auch eines der Koalitionsfraktionen.

Dann folgte die Wahl der Mitglieder des Magistrats, neun der SPD, fünf der CDU. Der Vorschlag des Oberbürgermeisters hatte seine endgültige Fassung erreicht. Man kannte die knappen Ergebnisse bei Wahlen von Senatoren in West-Berlin. Hier aber passierte etwas Ungewohntes. Die Kandidatin für das Amt der Stadträtin für Gleichstellungsfragen, Eva Kunz, erhielt mit 126 Stimmen bei 4 Gegenstimmen und 2 Enthaltungen ein Traumergebnis. Alle Kandidaten erhielten mehr als die eigenen Stimmen der Koalition. Das soeben stattgefundene Ereignis meldete die „Berliner Zeitung" am nächsten Tag in angemessener Form auf Seite eins über drei Spalten mit einem Foto des kompletten Magistrats: „Seit gestern 11.36 Uhr ist Schwierzina Oberbürgermeister".

Der Magistrat war gewählt, alle hatten die Einladung zur ersten Sitzung erhalten, die politischen Paten aus West-Berlin zogen sich zurück, nicht aber diejenigen, die noch für Praktisches gebraucht wurden. Zusammen mit dem neugewählten Bürgermeister und seinem künftigen Kanzleichef ging ich zum ersten Mal durch die Korridore des Rathauses vom Sitzungssaal der Stadtverordnetenversammlung zum Oberbürgermeistertrakt. Kurz vor dem Eingang zum Vorzimmer weitet sich der Flur nach links, dort stand ein kleiner Tisch. Der Oberbürgermeister musste gerade in sein Blickfeld geraten sein, da erhob sich hinter diesem Tisch plötzlich kerzengerade ein Volkspolizist und salutierte. Niemand war darauf vorbereitet. Man war offenbar im engsten Sperrkreis administrativer Macht der Hauptstadt angelangt. Tino Schwierzina, inzwischen wahlkampferfahren kontaktfreudig, gab ihm leutselig die Hand. Was mag dieser anonyme Vertreter der Staatsmacht dabei gedacht haben? An seine eigenen Empfindungen hat sich Tino Schwierzina wenige Wochen danach so erinnert: „Es ist schon ein Gefühl eigener Art, als Berliner plötzlich im Roten Rathaus zu arbeiten und dies auch gleich als Oberbürgermeister von Berlin."[68]

Peter Thömmes, das merkte man ihm an, hatte Lampenfieber. Aber das ging auch denen so, die mit einer weit weniger wichtigen Rolle als die des Chefs der Magistratskanzlei betraut waren. Tino Schwierzina wirkte ganz ruhig und schien zugleich irgendwie aufgeregt. Er begab sich in wenigen Minuten auf ein glattes Parkett, auf dem er nicht gewohnt war, sich sicher zu bewegen. Er würde allein im Mittelpunkt und ebenso oft im Schatten seines Westkollegen stehen, der sich zu inszenieren verstand. Da half nur Selbstvertrauen und Lebenserfahrung, vor allem aber der eiserne Wille, vor keiner Schwierigkeit zu kapitulieren. Über all dies verfügte der nunmehr erste Mann der Hauptstadt. Er würde es jedenfalls nicht als Doppelgänger von Momper versuchen, wollte ohne roten Schal auf sich aufmerksam machen. Und er hatte feste Überzeugungen.

Der erste Blick nach Betreten des Magistrats-Sitzungssaales war beruhigend. Inzwischen waren die Sitzungsunterlagen auf alle Plätze verteilt worden und an gesonderten Tischen am Ende des Saales hatten die Kollegen Platz genommen. Neben Peter Hamann und Dietrich Strübind saßen Horst Hanisch vom Büro des Magistrats und eine weitere Kollegin, die ich nach der Sitzung kennenlernte. Es herrschte so etwas wie ausgelassene Klassenzimmeratmosphäre, obwohl der „Lehrer" bereits anwesend war. Als Tino Schwierzina zu reden anfing und die Sitzung eröffnete, wurde es ganz schnell ganz still. Bevor es ganz offiziell wurde, waren einige Erklärungen erforderlich. Links von ihm saß Peter Thömmes, der zwar den SPD-Stadträten, nicht aber jedem aus dem CDU-Teil des Magistrats bekannt war. Rechts neben ihm saß ein Fremdling aus dem Westen, den niemand außer Elmar Pieroth kannte. Meine Rolle beschrieb er kurz als die eines ihm von Dieter Schröder empfohlenen begleitenden Helfers aus der Senatskanzlei in West-Berlin, der mit seinen hinten sitzenden Kollegen die nun beginnende Arbeit unterstützen würde.

Die Vorbereitung der Sitzung war gut gelungen, wenn man die Unwägbarkeiten der Situation, die Probleme der Kommunikation zwischen Ost- und West-Berlin und auch berücksichtigt, dass sie ja genau genommen nach dem „Stille-Post"-Prinzip erfolgt war. Es zeigte sich aber auch schnell, dass hier eine diskussionsfreudige Versammlung tagte, die mit großem Selbstbewusstsein an ihre Arbeit ging – wenn es sich nicht gerade um das gegenseitige Abtasten handelte, denn man kannte sich noch nicht lange. Mit Tagesordnungspunkt 3, „Festlegung des Sitzungstages", sollte dem Regierenden Bürgermeister vorgeschlagen werden, die Sitzungen von Magistrat und Senat künftig gemeinsam durchzuführen. Hier entspann sich eine lebhafte, in Kenntnis des Vorlaufs allerdings absurde Debatte: Der erste Schritt müsse noch stärker vom Magistrat ausgehen, also müsse konkret eine Einladung zu einer ersten gemeinsamen Sitzung ausgesprochen werden. Es müsste aber auch weiterhin möglich bleiben, gesondert zu tagen. Das war ein typisches Muster für eine Diskussion, wie sie in den folgenden Monaten noch oft zu erleben war: Der Osten wollte die Urheberrechte für Annäherung und Tempo zur Einheit dokumentiert wissen, zugleich aber seine Eigenständigkeit jeder Zeit wieder zurückholen können. Das war verständlich, machte es aber komplizierter. Aber wer hätte denn auch gedacht, dass es einfach sein würde, wieder zusammenzufinden. Schließlich war jetzt nach der Generation, die die Teilung erlebt und erlitten hatte, eine ganz andere tätig, die auf beiden Seiten der Grenze jahrzehntelang eigene Wege gegangen war. Der Magistrat verständigte sich auf eine Einladung an den Senat zu einer gemeinsamen Sitzung am 12. Juni, bei der dann das weitere Verfahren für gemeinsames und getrenntes Beraten beschlossen werden sollte.

Bei einem anderen Thema zeigten sich vor allem die Parteiinteressen innerhalb des Magistrats. Der Beschlussentwurf zur Einsetzung einer Personalkommission hatte zwar den Segen des Chefs der Senatskanzlei, der sich seinerseits mit dem OB-Kandidaten verständigt hatte, aber es war uns Mitarbeitern, die wir die Ressortaufteilung unter den Parteien nicht gekannt hatten, entgangen, dass nur der SPD angehörende Stadträte vorgesehen waren. Der CDU-Seite war es aufgefallen. So reklamierte einer ihrer Stadträte die Ergänzung der Liste um die Stadträte für Soziales und für Jugend, Familie und Sport. Nun war ja der Magistrat mit insgesamt 15 Mitgliedern groß genug, um auch noch eine Gruppierung von 7 Mitgliedern für einen Ausschuss bzw. eine Kommission gelten zu lassen. Die SPD-Seite wollte aber nur einem CDU-Vertreter zustimmen, selbst wenn dadurch bei einer geraden Mitgliederzahl im Streitfall die Mehrheitsentscheidung schwieriger würde. Der Stadtrat für Soziales, Wolfgang Sparing, machte das Rennen.

Heftigen Streit gab es bereits bei Nummer 4 der Tagesordnung, dem Vertretungsplan der Magistratsmitglieder. Die CDU-Seite hatte zur Stellvertretung für den Oberbürgermeister andere Erinnerungen an mündlich getroffene Absprachen bei den Koalitionsverhandlungen als die SPD. Nicht nur Thomas Krüger, Stadtrat für Inneres von der SPD, sondern auch Hartmut Hempel, für Jugend, Familie und Sport zuständiger Stadtrat von der CDU, sollte als Zweiter die Stellvertretung innehaben. Das wurde vom SPD-Fraktionsvorsitzenden heftig bestritten. Wenn es so war, dass es kein unstrittiges Protokoll gab, dann war das zwar sympathisch, zugleich aber doch recht unbedarft und nur mit der Gutgläubigkeit gemeinsamer Gegnerschaft gegen das frühere DDR-Regime erklärbar.

Seit der ersten zaghaften Montagsdemonstration am 4. September 1989 in Leipzig waren achteinhalb Monate vergangen. Damals gab es in der DDR weder eine SPD noch hatte sich die als Blockpartei etablierte CDU daran beteiligt, vielleicht einzelne ihrer damaligen bzw. jetzigen Mitglieder. Die Revolution mit Kerzen war längst in eine Phase der hell erleuchteten Bühne gewechselt, das Heimliche war jetzt offiziell, die Runden Tische waren schon wieder die Möbel von gestern. Spontaneität und Gemeinsamkeit waren von

Tagesordnungen, Protokollen und Vorbesprechungen der konkurrierenden Gruppen abgelöst worden. Verständlich, dass das Wort „unbürokratisch" als Synonym für „praktisch, einfach, unverfälscht, ohne Bedenkenträgerei" einen hohen Kurswert hatte. Nie wieder komplizierte Vorschriften! Die Unsicherheit war aber noch keineswegs gewichen. Sehr gewieft wirkte die CDU-Mannschaft trotz erfolgter Entwicklungshilfe der West-Berliner CDU jetzt jedenfalls nicht, was den von der West-SPD intensiv beratenen Ost-Sozialdemokraten sicher schnell aufgefallen sein dürfte. Es wurde also schon in der ersten Stunde gemeinsamer Magistratsarbeit mit schwerem Säbel gefochten. Der Streit wurde in den Koalitionsausschuss überwiesen. Die Unsitte von westlichen Koalitionsregierungen, ihre ureigensten Angelegenheiten, sobald Parteiempfindlichkeiten berührt waren, nicht selbst zu entscheiden, sondern sich in Parteigremien rückzuversichern, hatte die Staats- bzw. Sektorengrenze in Windeseile überquert. Als brauchte man die Weisungen eines Politbüros.

In der folgenden Sitzung am 5. Juni gaben die „Roten" grünes Licht für den „schwarzen" 2. Stellvertreter des Oberbürgermeisters. Auch wenn er diese Funktion tatsächlich in diesen wenigen Monaten nie ausgeübt hat und in der später, am 11. Juli 1990, von der Stadtverordnetenversammlung beschlossenen Verfassung[69] doch wieder nur *ein* Stellvertreter des Oberbürgermeisters vorgesehen war, war es für die Anfangs-Atmosphäre ein wichtiger Punkt. Und alles in allem haben die beiden Seiten harmonisch zusammen gearbeitet, deutlich sachbezogen und weit weniger in ständiger parteipolitischer Konkurrenz, als es Rot-Grün nebenan oder jede andere Kombination im Westen fertig gebracht hatte.

Jetzt war auch die Zeit, das Ambiente des Sitzungssaales wahrzunehmen. Trotz oder gerade wegen der Intarsiendarstellung von Staatsoper und Stalinallee an der Wand gegenüber der Fensterfront fiel zuerst dessen Schlichtheit auf. War dies der aktuelle DDR-Geschmack oder der konservierte Mangel aus der frühen Nachkriegszeit, in der das zerstörte Rathaus wieder aufgebaut worden war? Im Westen war man 1987 von einem Extrem in das andere gefallen, als der ebenso schmucklose Senatssitzungssaal, der als Provisorium 1949 ausgesucht worden war, gegen den prunkvoll renovierten „Goldenen Saal", den Sitzungssaal des Magistrats der 1920 eingemeindeten Stadt Schöneberg, eingetauscht worden war. Der war verziert durch aktuelle Wandgemälde von Matthias Koeppel, auf denen sich die bis 1989 handelnden, auch danach stadtbekannten Persönlichkeiten bei jeder Sitzung noch eine Weile selbst bewundern konnten. Am Ende des folgenden Jahres, als die Senatskanzlei des wiedervereinigten Berlin dort Einzug gehalten hatte, konnte man feststellen, dass der Umbau im Berliner Rathaus etwas für unmöglich Gehaltenes erreicht hatte – der Raum war, vor allem durch Einbau einer ebenso scheußlichen wie meist defekten Klimaanlage, erheblich verhunzt worden.

Das aber war der Schnee von übermorgen. Jetzt ging es um die Erledigung der Tagesordnung, die Fixierung der Ergebnisse und die anschließende Niederschrift des Protokolls. Der Senat hatte, wie nach Feiertagen üblich, für den Dienstag nach Pfingsten keine Sitzung vorgesehen. Der Magistrat hatte seine nächste Sitzung für Dienstag, den 5. Juni 1990, beschlossen. Hätte es keine Neuwahlen gegeben, dann hätte er nach der vorliegenden Planung am 4. Juni über Maßnahmen zur Sicherung der Brennstoff- und Energieversorgung für die Bevölkerung und die Wirtschaft im Winter 1990/91 beraten. Eine Woche darauf wäre es um eine Konzeption zur Entwicklung der geordneten Mülldeponien 1991 bis 1995 und am 18. Juni um die Bewahrung und Pflege des kulturellen Erbes der Stadt Berlin gegangen.[70] Das alles blieb auch wichtig. Und dennoch galten jetzt andere Prioritäten. Mit der Amtsübergabe durch seinen Vorgänger am nächsten Morgen wurde es für den „Neuen" ernst.

War das nun ein Tag, der das Etikett „historisch" verdiente? Unvergleichlich ärmer an Dramatik als der 9. November war dieser Tag sowieso. Aber reihte er sich im allgemeinen Gedächtnis wenigstens ein in die Berliner Ereignisse etwa vom 4. November 1989, als auf dem Alexanderplatz die SED-Herrschaft durch öffentlich ausgesprochene Wahrheiten und despektierlichen Witz verabschiedet wurde? Kam er an die symbolische Bedeutung der Öffnung des Brandenburger Tores kurz vor Weihnachten 1989 heran? War er vergleichbar mit dem 15. Januar 1990, als die Stasi-Zentrale geöffnet und zugleich vor Zerstörung und Vernichtung von Zeugnissen bewahrt wurde? Hatte er das Gewicht der ersten freien Kommunalwahl vom 6. Mai 1990, die die bisherigen 99-Komma-etwas-Ergebnisse von SED plus Blockparteien auf die tatsächliche Zustimmung zur SED von weniger als einem Drittel reduzierte? Da kein Zweifel an der Absicht des Oberbürgermeisters bestehen konnte, die Einheit Berlins „…sofort, unverzüglich" zu erreichen, ist der Tag seiner Wahl wie das, was zuvor geschah, mindestens ein merkenswertes Datum der Berliner Geschichte.

„Die Mühen der Ebenen"[71]: Bewährung im täglichen Chaos

Nach einer knappen Woche die zweite Sitzung. Zuvor schon fanden hinter den Kulissen erweiterte Kontakte zwischen Schöneberg und Mitte statt, insbesondere zum Büro des Magistrats, einerseits um die Technik der Herstellung und Verteilung der Sitzungseinladung zu erfahren, vor allem aber um nach dem Leiter und seiner Stellvertreterin nun auch die anderen Mitarbeiterinnen und Mitarbeiter kennenzulernen. Die Unsicherheiten hinsichtlich Zuverlässigkeit und Motivation blieben ohnehin. Was immer man bisher getan und gedacht hatte – es war ja nicht ganz einfach, sich auf die neue Situation einzustellen.

Das galt offenbar nicht nur für diejenigen in der zweiten Reihe und dahinter. Am Wochenende hatte es zuerst große Aufregung und dann eine erste ernsthafte Verstimmung gegeben. Am Tag vor den Pfingstfeiertagen hatte es in vielen Bäckerläden in Ost-Berlin kein Brot zu kaufen gegeben. Zufall? DDR-Schlamperei? Konterrevolution? Der alarmierte Oberbürgermeister hatte seinen für Wirtschaft zuständigen Stadtrat zu erreichen versucht, ohne Erfolg. Der hatte sich nicht vorstellen können, dass er so dringend gebraucht würde, vor allem aber nicht, dass er auch für Bäckerläden und deren Warenangebot, geschweige denn für die Menge von Brot und Schrippen, verantwortlich wäre. Irgendwann hatte er vielleicht in der ersten Sitzung beiläufig erwähnt: Ach, übrigens, am 1. Juni bin ich nicht in Berlin. Niemand hatte sich etwas dabei gedacht, wenn er es gehört hatte. Es war nicht einmal protokolliert worden. Was sollte schon passieren?

So begann die 2. Sitzung am 5. Juni mit einer Erklärung von Stadtrat Pieroth. Er habe in der 1. Sitzung mitgeteilt, dass er am 1. 6. nicht im Büro sei. Das wäre in seiner Verwaltung bekannt gewesen, der Stellvertreter sei informiert gewesen. Er verstehe die Aufregung nicht. Der Oberbürgermeister nahm dies zur Kenntnis und stellte den Zusammenhang mit der noch zu beschließenden Abwesenheits- und Urlaubsregelung her. Und so wurde kurz danach festgelegt: „Bei mehrstündiger Abwesenheit vom Arbeitsplatz ist die ständige Erreichbarkeit zu sichern und darüber das Persönliche Büro des Oberbürgermeisters zu informieren." Das war bei der damaligen Telefon-Situation selbst innerhalb Ost-Berlins nicht ganz einfach, auch nicht mit Hilfe der importierten tragbaren Funktelefone in Handkoffergröße. Dennoch wurde dieses Technikwunder stolz überallhin mitgeschleppt – eines der wenigen sichtbaren Symbole der neuen Bedeutung, die die Auserwählten vorübergehend erlangt hatten.

Dann wurde auch gleich die Urlaubsregelung erlassen. „Der Oberbürgermeister stellt das Einvernehmen des Magistrats fest, daß die Mitglieder des Magistrats in den Monaten Juni und Juli 1990 ihren Jahresurlaub nicht in Anspruch nehmen werden. Ausnahmen von dieser Regelung entscheidet der Oberbürgermeister...".

Dessen Ungeduld kam aber noch deutlicher in der folgenden Debatte über die Versorgungslage in der Stadt zum Ausdruck. Die Geschäfte seien leer wie vor der Währungsreform 1948. Die Bevölkerung erwarte, dass der Magistrat handele. Vor allem dürften keine weiteren Kaufhallen geschlossen werden. Dann beschloss der Magistrat, dass der Stadtrat für Wirtschaft beauftragt wird, „den Oberbürgermeister täglich bis 7.00 Uhr über die Versorgungslage in den Stadtbezirken zu unterrichten." Eine Woche später war das Thema Gegenstand der Fragestunde in der Stadtverordnetenversammlung. Ein Stadtverordneter vom Bündnis 90 verlangte Auskunft über die Maßnahmen des Magistrats, „das Angebot an in der DDR produzierten Waren des täglichen Bedarfs in den Kaufhallen stabil zu sichern?"[72] Der zuständige Stadtrat versicherte, er habe Weisung erteilt, zwei Wochen lang keine Renovierungen vorzunehmen, um die Kaufhallen offenzuhalten. Wenn seinen Mitarbeitern dazu wirklich nicht mehr eingefallen war, dann würde es noch schwierig werden, die Zeit bis zur Währungsunion zu überbrücken. Tatsächlich war aber eine wirksame Kleinigkeit geschehen. Einen Tag zuvor hatte Senator Pieroth die Gewerbeämter der Stadtbezirke angewiesen, „geeignete Plätze für den Direktverkauf von Erzeugern landwirtschaftlicher Produkte, Erzeugnissen der Lebensmittelindustrie und anderer Produkte des Bevölkerungsbedarfes zur Verfügung zu stellen."[73] Man hätte es auch anders ausdrücken können: Kümmert Euch um möglichst viele Wochenmärkte in der Stadt!

Auf der Tagesordnung der Magistratssitzung stand auch ein Kurzbericht aller Magistratsmitglieder über die Situation in ihrer jeweiligen Verwaltung. Das war schon deshalb erforderlich, aber auch nicht ganz leicht, weil die 14 neuen Magistratsbereiche nicht identisch waren mit den bisherigen 19, von denen 9, z. B. für örtliche Versorgungswirtschaft, für Preise oder für Energie und Wasserwirtschaft, zugleich auch mit dem Amt eines Stellvertretenden Oberbürgermeisters verbunden waren. Davon unabhängig hatte aber auch noch ein 1. Stellvertreter des Oberbürgermeisters mit eigenen internen Verwaltungsaufgaben existiert. Künftig würde es beispielsweise auch keinen Stadtrat für Arbeiterversorgung und Gastronomie mehr geben. Glücklicherweise war in der ersten Sitzung eine vorläufige Geschäftsverteilung unter Berücksichtigung dieser Veränderungen beschlossen worden, so dass jeder wusste, welche Behörden oder Behördenteile zu seiner Kompetenz gehörten.

Das Protokoll verzeichnet dazu lediglich, dass der Magistrat „von den Berichten der Magistratsmitglieder über die Situation in ihren jeweiligen Zuständigkeitsbereichen und von den vordringlich vorzunehmenden organisatorischen und fachlichen Maßnahmen" Kenntnis genommen habe. Gewiss, die Übergabe war im Allgemeinen reibungslos verlaufen. Äußerlich hatte sich niemand der neuen politischen Führung verweigert, nur im Einzelfall entzogen. Dennoch gab es haufenweise Probleme. Würde es z.B. gelingen, schnell die 141 Straßen, die durch die Mauer blockiert waren, wieder befahrbar zu machen? Und würde, wie es die Koalitionsvereinbarung wünschte, der sonstige Mauerabriss durch die Grenztruppen, vor allem aber auch auf deren Kosten erfolgen?

Dass die Mauer schnell verschwinden müsse, am schnellsten innerhalb der Stadt, war allgemeine Auffassung. Kurios war aber die zunächst eingenommene Haltung des Ministers für Abrüstung und Verteidigung, Rainer Eppelmann. Unter Hinweis auf einen Beschluss des Ministerrates der DDR verlangte er allen Ernstes, dass der Magistrat die Abriss-Kosten zu tragen hätte, ganz als hätte die Volksarmee oder doch wenigstens die DDR-Regierung mit dem

Entstehen dieses Bauwerkes vor fast 29 Jahren und seiner ständigen Perfektionierung nichts zu tun gehabt. Aber die Mauer war nun mal etwas anderes als ein städtischer Gartenzaun. Genau genommen hätte das Parteivermögen der SED dafür herangezogen werden müssen. Oder sollte die Bundesrepublik Deutschland dafür zahlen? Dort war der Abriss doch immer gefordert worden.

Der Ministerrat war natürlich nicht gefragt worden, als die Koalitionspartner in der Hauptstadt lapidar festgelegt hatten, *die* Grenzanlagen sind von den Grenztruppen abzubauen. Aber mit diesem Satz war nur eine Selbstverständlichkeit aufgeschrieben worden. Entsprechend empört reagierten Magistrat und Senat. „Bild" drückte Volkes Meinung kurz und knapp aus: Herr Eppelmann, Sie spinnen wohl! Das Thema war eine typische „Chefsache" und wurde schließlich auf höchster Ebene zu Gunsten der leeren Stadtkasse, die ohnehin zu mehr als drei Viertel vom Staat gefüllt werden musste, geklärt.

Andere Sorgen als der Kollege Eckehard Kraft vom Bauressort hatte der Finanzstadtrat Bernd Fritzsche. Der Haushalt sei zwar bis Ende des Monats ausgeglichen, trotzdem könnten Liquiditätsprobleme auftreten. Zum 1. Juli sei der Aufbau einer Steuerverwaltung mit 8 Finanzämtern erforderlich. Dafür fehlten sowohl geeignete Leute als auch die Räumlichkeiten für über 2.000 zusätzliche Mitarbeiter. Holger Brandt, noch keine 29 Jahre alt, sollte sich um Umwelt- und Naturschutz kümmern. Sein Problem war der Müll, genauer: dessen ordnungsgemäße Beseitigung. Die Genehmigungen für Deponien waren am 31. Mai abgelaufen. Er fürchtete die Folgen der Grenzöffnung aus einem ganz praktischen Grund. Die Touristen würden die Wälder mit Abfall überhäufen, wenn die Zufahrtstraßen nicht gesperrt würden. Dem Stadtrat für Bildung, Dieter Pavlik, machte die Vorbereitung des kommenden Schuljahres Sorgen. „Sämtliche Direktorenstellen aller Schulformen werden von sofort an durch eine allgemeine Ausschreibung neu besetzt", hieß es in der Koalitionsvereinbarung. Das Abberufungsverfahren für 350 Schulleiter war in Gang gesetzt. Würde am 1. September alles funktionieren? Vor allem wolle er mit Hans-Jürgen Kuhn, dem Staatssekretär aus West-Berlin, eine neue Schulordnung erarbeiten. Thomas Krüger, Stadtrat für Inneres, berichtete, dass sich alle Abteilungsleiter seines Amtes zu Referatsleitern herabgestuft hätten und auch sonst kaum ein Verantwortlicher aufzufinden war. Dringend sei, die Zuständigkeit über die Polizei, die beim Innenministerium lag, zu bekommen. Noch in dieser Woche werde er mit Innenminister Diestel darüber sprechen. Mit dem West-Berliner Kollegen Erich Pätzold sei ein umfangreiches Fortbildungsangebot für zunächst 400 Mitarbeiter der Verwaltung vereinbart worden, das am Wochenende beginnen werde.

Aus dieser Information ergaben sich für alle Stadträte ganz konkrete Aufträge, über deren Erledigung baldmöglichst zu berichten sei: Die Einrichtung einer Koordinierungsstelle für den Mauerabriss, „Kassensturz" bis zum 12. Juni, Klärung der Stellung der Polikliniken, Sicherung des Fortbestehens der Jugendclubs, Beschleunigung der Privatisierung von Betrieben, Stärkung der Denkmalpflege und Abrissstopp und vieles mehr. Die vierstündige Sitzung hatte sich gelohnt. Bereits am 8. Juni folgte die nächste. Und so weiter und so weiter...

5. Die neue Freiheit der Unzufriedenen

Die „alte" Volkskammer beschließt noch im März 1990 auf Anregung des Ministerpräsidenten Hans Modrow ein Gesetz, das eng mit seinen Namen verbunden ist.[74] Wer auf volkseigenen Grundstücken im Laufe der Jahrzehnte ein Haus gebaut hatte, sollte das Grundstück zu den noch geltenden Spottpreisen der DDR erwerben können. Maßgeblich für den Zeitpunkt der Eigentümerübertragung ist die Eintragung im Grundbuch. Dies ist eine von mehreren Maßnahmen, um Dankbarkeit gegenüber der SED in eine unbekannte Zukunft zu retten.

„Nomenklatur" ist das in der DDR verwendete Wort für die Auflistung von privilegierten Führungspositionen in Partei, Staat und Gesellschaft, nach Leitungsbereichen und -ebenen geordnet. Über deren Besetzung entscheidet die SED. Inhaber solcher Positionen sind die „Kader". Mit der sofortigen Ermittlung der in der Ost-Berliner Verwaltung beschäftigten Kader wird der Stadtrat für Inneres in der ersten Sitzung des Magistrats am 30. Mai 1990 mit dem Beschluss 10/90 beauftragt.

Hausbesitzer streiten um volkseigene Grundstücke

Alles schien im Magistrat gut zu laufen. Gerade war damit begonnen worden, wofür er gewählt worden war: Reinen Tisch mit der Vergangenheit zu machen. Nach einer Woche schon fast Routine. Kleine Differenzen – kaum der Rede wert. Schnell beginnen die Neuen, ihre Macht zu erproben. Sie haben es eilig, die Stadt nach ihrem Bilde zu formen. Und dann dies. Es wirkte wie ein Fehlstart Erster Klasse, zwei Eigentore gleich zum Anfang. Der demokratisch gewählte Magistrat wurde von empörten, sich benachteiligt fühlenden Teilen der Bevölkerung ausgebremst. Erinnerungen an 1948 wurden wach.

Einen Tag nach der zweiten Sitzung des Magistrats – die meisten seiner Mitglieder hatten keine Vorwarnung erhalten – wurde eine Bombe gezündet, deren Sprengkraft offenbar sträflich unterschätzt und deren Wirkung nicht im Einzelnen berechnet worden, auch gar nicht vorhersehbar war. Der Stadtrat für Finanzen gab eine Pressekonferenz und erklärte den sofortigen Stopp des Verkaufs magistratseigener Grundstücke und Immobilien. Er habe dies in Absprache mit dem Oberbürgermeister und den Koalitionsparteien angeordnet. Das bisher praktizierte Verfahren bedeute „eine unverantwortliche Verschleuderung von Gemeineigentum". Gemeint waren die städtischen Grundstücke, auf denen privat Häuser errichtet worden waren, ohne dass das Grundstück erworben werden konnte. Die letzte SED-geführte DDR-Regierung unter Hans Modrow hatte verfügt, dass die Grundstücke bis zum 30. Juni, dem letzten Tag der DDR-Währung, für einen Quadratmeterpreis zwischen 2 und 8 DDR-Mark durch die Hauseigentümer erworben werden konnten. Damit hatte sich der nette und so bescheiden auftretende Herr Modrow einen Platz als Sachwalter der Interessen des „kleinen Mannes", wenn auch zu Lasten des Volkseigentums, für lange Zeit gesichert. Der Andrang war groß. Die Reaktion auf diese Meldung, dieses „Sonderangebot" würde zurückgenommen, trat unverzüglich und heftig ein.

Der Magistrat hatte zur „Selbsthilfe" gegriffen. Das ungewollte Gesetz war aber in Kraft. Es war von einer Regierung der SED-geprägten Volkskammer zugeleitet worden, der Politiker wie Lothar de Maizière, Rainer Eppelmann oder Matthias Platzeck als Minister ohne Ressort angehört hatten. Jetzt war Lothar de Maizière Ministerpräsident, hatte aber die frei gewählte Volkskammer nicht veranlasst, das Gesetz aufzuheben. Trotzdem kam jetzt ein Magistrat und wollte den Begünstigten ihre Ansprüche vorenthalten. Konnte das gut gehen? Gab es dafür überhaupt ein Beispiel in der Bundesrepublik, dass ein „Land" geltendes Bundesrecht missachtete, sei es aus finanziellen, sei es aus moralischen Erwägungen? War das jetzt der Revolution zweiter Teil? Das Gefühl für Gerechtigkeit wollte geltendes Recht außer Kraft setzen und provozierte damit die Rückkehr zum Faustrecht.

Am nächsten Vormittag versammelte sich eine unsortierbare Menschenmenge zum handfesten Protest im Rathaus, redliche Hausbesitzer – wenn es sie denn unter den potentiellen Grundstückserwerbern gab und sie zu solcher Art Meinungsäußerung neigten – wie SED-Funktionäre, die sich nicht um das persönliche Abschieds-Geschenk ihrer Partei zu Lasten der Allgemeinheit gebracht wissen wollten. Sie strömten durch die Flure, beschimpften die ihnen begegnenden Mitarbeiter und forderten das Erscheinen des Oberbürgermeisters, der sich der aufgebrachten Masse stellte und unter dem Druck der Menge die Aufhebung des Stopps zusagte. Ein Sprecherrat war (spontan oder von wem organisiert?) schnell gebildet, der bei der Neuregelung mitverhandeln wollte. Einig wurde man sich, dass der Verkauf weitergehen müsse. Es würden sonst neue Ungerechtigkeiten entstehen. Die hatte zwei Tage zuvor der Stadtrat noch in Kauf nehmen wollen. „Mir ist klar, dass die [...] Anordnung nicht gerecht ist. Sie trifft diejenigen, die nicht schnell genug gewesen sind, ihre Geschäfte abzuschließen. Für diese Ungerechtigkeiten sind DDR-Regierung und alter Magistrat verantwortlich zu machen..."[75] Nun beschränkte man sich darauf, Spekulationsgewinne zu verhindern. Viertausend Kaufanträge wurden weiter bearbeitet.

So nahm der Magistrat am 8. Juni Folgendes zur Kenntnis: Der Oberbürgermeister berichtet dem Magistrat über seine Gespräche mit protestierenden Bürgern zur Frage eines von ihnen befürchteten Verkaufsstopps für durch sie bereits genutzte Grundstücke. Dabei sei klargestellt worden, dass die Fortsetzung diese Art von Grundstücksverkäufen gesichert sei, der Magistrat sich aber im Falle einer Weiterveräußerung der Grundstücke das Vorkaufsrecht zu gleichen zeitgemäßen Bedingungen vorbehält. Stadtrat Pieroth hatte in der Sitzung von der Verwendung des Begriffs „Vorkaufsrecht" abgeraten, da dadurch keinerlei Preisbindung bewirkt werde. Auch die Stellungnahme des Fachreferenten meiner Abteilung ging in diese Richtung, hatte aber ebenso wenig Wirkung wie der Hinweis von Stadtrat Fritzsche, auch die Notarkammer habe Bedenken. „Neues Deutschland" lobte schon am selben Tag den Oberbürgermeister mit einer Meldung auf Seite 1 und einem Bericht auf Seite 7, „Protest im Rathaus – Magistrat lenkte ein".

Öffentlich Bedienstete kämpfen um ihre Beschäftigung

Die Revolution entließ nicht mehr Hals über Kopf, aber die bisherigen Amtsinhaber doch möglichst umgehend und endgültig. So war dies mit den bis dahin im Amt befindlichen Mitgliedern des Magistrats in der ersten Sitzung des neugewählten Magistrats erfolgt. Ebenso war mit dem Sprecher des Magistrats verfahren worden. Schwieriger ist das meist mit der großen Zahl der hochrangigen Stützen eines Systems in der 2. Reihe. Wer gehört dazu, wie belastet ist er, wen braucht man noch? Die westdeutschen Länder erst, unmittelbar in der Nachkriegszeit, und dann auch die Bundesrepublik Deutschland, hatten in ihren Anfängen damit ihre Erfahrungen gemacht, mit mehr oder weniger freundlicher Unterstützung durch die Besatzungsmächte. Jetzt ging es um die Suche nach eigenen angemessenen Maßstäben. Und da gab es erst einmal weder immer nur sachkundige und wohlmeinende, noch oft besonders sensible Helfer aus dem Westen. Stadtrat Krüger war in der ersten Magistratssitzung beauftragt worden, eine Liste der prominentesten Mitarbeiter der Verwaltung vorzulegen.

Am Sonnabend, dem 2. Juni, legte, mit Unterschrift des Stadtrates Krüger, die Abteilung II der Magistratsverwaltung für Inneres, eine „Liste der Mitarbeiter des Magistrats, deren Position und Funktion in der Nomenklatur festgelegt war" vor. Die Liste enthielt die Namen von 53 Mitarbeitern in den Magistratsverwaltungen, von 39 in nachgeordneten Einrichtungen und von 33 in unterschiedlichen Betrieben in der Stadt. Sie war auftragsgemäß den Mitgliedern der vom Magistrat eingesetzten Personalkommission, also den Stadträten für Finanzen, für Soziales und für Gleichstellungsfragen sowie dem Chef der Magistratskanzlei, zugeleitet worden. Mir als seinem Vertreter wurde sie erst bekannt, als ich im Januar 1991 das Büro des im vergangenen Sommer verstorbenen Chefs der Magistratskanzlei auflöste. Allerdings hätte die Kenntnis der Namen im Sommer 1990 manches leichter verständlich gemacht. Andererseits: So war weniger Befangenheit gegenüber vielen Menschen im täglichen Umgang. Aufschlussreich war ja schon die in dem Einleitungstext enthaltene Mitteilung, wonach „die Nomenklaturordnung etwa im März 1990 aufgehoben worden (sei), so dass nunmehr alle diese Mitarbeiter in einem unbefristeten Arbeitsverhältnis stehen". Damit war einem wegen, besonderer Herrschaftsnähe bisher ohnehin bevorzugten Mitarbeiterkreis kurzerhand zu einer Dauerstellung verholfen worden. Die SED/PDS unter Krenz, Gysi und Modrow wusste, wie sie sich ihren Einfluss dauerhaft sichern würde. Um nicht sofort aufzufallen, hatten sich dabei manche sogar um eine Herabstufung bemüht, so dass aus einem herausragenden Abteilungsleiter plötzlich ein unscheinbarer und völlig harmloser Referatsleiter geworden war, der nun leicht behaupten konnte, „schon immer dagegen gewesen" zu sein. Von diesen Fällen hatte jedenfalls der Stadtrat für Inneres beispielhaft aus seiner Behörde dem Magistrat Anfang Juni berichtet.

Das Thema der öffentlich Bediensteten war es, was die friedliche Revolution, nachdem sie bereits zu Volkskammerwahlen und Regierungsbildung, zu neugewählter Stadtverordnetenversammlung und Magistratsbildung geführt hatte, besonders gründlich erschütterte. Denn hier wurde die Frage nach der direkten Radikalität aufgeworfen, während für die bereits entmachtete Führungsgruppe die Gerichte zuständig waren. Und das würde dauern. Hatte man das Ziel schon erreicht oder musste nun erst noch ein mächtiger Schlag gegen die Feinde des Neuen im Hintergrund geführt werden? So fand sich im Magistrat eine unheimliche Koalition zusammen von West-Beratern der Innenverwaltung, die vor allem die Zahl der Bediensteten verringern und (östliches) Führungspersonal loswerden wollten, und den rechtgläubigen Bürgerrechtlern, denen der ganze alte Apparat (aus guten Gründen) suspekt war.

Es hätte eigentlich gar nicht passieren dürfen, dass, nachdem am Morgen Senat und Magistrat zum ersten Mal gemeinsam getagt hatten, ohne Unterrichtung des Rathauses Schöneberg, zu einer außerordentlichen Magistratssitzung an eben diesem 12. Juni um 20.30 Uhr im Roten Rathaus eingeladen worden war. Am nächsten Morgen erfuhren die West-Teilnehmer an der Besprechung beim Oberbürgermeister Bruchstücke davon und ahnten spontan Böses. Schlimmer war aber noch, dass die West-Berliner Innenverwaltung dazu einen brisanten Beschlussentwurf geliefert hatte, der seine erhebliche Sprengkraft sofort nach Bekanntwerden auch entfaltete. Damit war nicht der erste Teil des Beratungsergebnisses gemeint, in dem der Magistrat für seine Mitglieder und die Mitglieder der Stadtbezirksämter die monatlichen Bezüge und Dienstaufwandsentschädigungen neu festlegte – bemerkenswerter Weise in Zahlen, aber ohne Währungsangabe. Für knapp drei Wochen galt ja noch die Mark der DDR. Es musste also ohnehin bald wieder neu beraten werden.

Der Magistrat hatte in dieser abendlichen Sitzung aber außerdem nicht mehr und nicht weniger als die pauschale Kündigung des Spitzenpersonals der Verwaltung beschlossen. Der Magistratsbeschluss 27/90 sah vor: Alle Arbeitsverhältnisse in den Bezirksämtern in den Gehaltsgruppen 8 – 11, in den Magistratsverwaltungen in den Gehaltsgruppen 10 – 15, sowie jeweils auf Grund von Einzelverträgen, die am 30. Mai 1990 bestanden haben, werden bis zu dem Zeitpunkt befristet, zu dem diese Stellen auf Grund öffentlicher Ausschreibung neu besetzt werden. Bereits am nächsten Morgen sollte allen Betroffenen eine entsprechende Mitteilung ausgehändigt werden. Darin hieß es wie beschlossen u. a.: „Ist die bisherige Dienstkraft nicht ausgewählt worden, endet das Arbeitsverhältnis auf Grund der Befristung [...], ohne daß es einer Kündigung bedarf." Und weiter: „Diese Maßnahmen sind unerläßlich, um in der öffentlichen Verwaltung die friedliche und demokratische Revolution aus dem Herbst 1989 wirksam werden zu lassen."

Aber war wirklich klar, wer diese Betroffenen waren? Hatte man sich überlegt, welche Wirkung das auslösen würde? Hatte man vor allem der Mehrheit der Bürger, die nicht in der öffentlichen Verwaltung oder in einem Theater beschäftigt waren, erklärt, was der Magistrat damit erreichen wollte? Der schnelle gefundene Begriff „Besen-Beschluss" konnte ja noch Assoziationen wie „Neue Besen kehren gut" auslösen oder auch, man wolle die Magistratsstuben „besenrein" übernehmen, obwohl – so gänzlich „hinweggefegt" wurde das Alte denn doch nicht. Er konnte aber auch ebenso gut an den „Zauberlehrling" erinnern, der, als der Meister mal den Rücken gekehrt hatte, Kräfte entfesselte, deren er nicht mehr Herr wurde.

Der Aufschrei kam vor allem aus dem Bereich der dem Magistrat nachgeordneten Einrichtungen. Hierzu zählten weite Teile der Berliner Kulturszene, also auch solche Kulturschaffenden, die am 4. November des Vorjahres mit der

Großdemonstration auf dem Alexanderplatz den Untergang der SED beschleunigt hatten. Das war zwar eine genehmigte Demonstration und längst nicht alle Redner waren bis dahin als Kritiker des SED-Regimes bekannt. Aber nachdem sich der Beschluss des Magistrats blitzschnell herumgesprochen hatte, bildete sich eine „Initiativgruppe 4. November", die für den nächsten Tag zu einer Protestaktion aufrief und dann am Vormittag den Plenarsaal des Rathauses besetzte. Kein Pförtner konnte sie daran hindern. Da war sicher viel verständlicher und auch geheuchelter Zorn entstanden. Wer konnte in dem Moment entscheiden, wie viele sich darunter mischten, die bei einer Neuausschreibung ihrer Stelle sich als tatsächlich ungeeignet erweisen würden oder die einfach die Gelegenheit nutzten, dem neuen Magistrat seine Inkompetenz und übereifrige Hexenjagd nachzuweisen. Unter dem Druck der Demonstranten erklärte der Oberbürgermeister auch eine revidierte Fassung der Entlassungen mit ungewissem Rückkehrecht für „ausgesetzt". Der Polizeischutz hatte versagt, denn die Volkspolizei war nicht mehr sicher, wann sie gegen eine unangekündigte Demonstration eingreifen oder wann sie deswegen den Verkehr umleiten sollte. Da hätte die am nächsten Tag beim Ministerpräsidenten angemahnte Zuständigkeit des Magistrats für die Polizei, die noch zentral beim Innenminister lag, auch nicht geholfen.

Für jemanden, der doch ziemlich nahe Zustandekommen und Motivation von Entscheidungen miterlebte und manchmal auch anregte und formulierte, war der Ablauf kaum nachvollziehbar. Selbst der Chef der Senatskanzlei, der die Fäden sonst sehr erfolgreich zwischen den beiden Bürgermeistern zusammenhielt, war ahnungslos gewesen. Für wenig Sensibilität sprach zusätzlich das Datum der überraschenden Beschlussfassung. Am nächsten Tag würde der Oberbürgermeister seine „Regierungserklärung" vor der Stadtverordnetenversammlung abgeben. Aber in dem vorbereiteten Text stand natürlich kein Wort über eine so weitgehende Maßnahme zur Überprüfung der Mitarbeiter der Verwaltung. Dort stand nur der harmlose Satz: „Eine Demokratisierung der Verwaltung ist [...] nicht möglich ohne eine Erneuerung der personellen Zusammensetzung der Leitungsebene, um den Ungeist zentralistischer Überbürokratisierung auszutreiben."

Alles in allem konnte aus diesem Ereignis nur gelernt werden, dass Übereinstimmung über die politische Linie und über die verantwortbaren Zumutungen nötig war, dass die Filter der Vorprüfungen von Magistratsvorlagen durch die Senatskanzlei noch feiner eingestellt und zugleich die Sorglosigkeit der Magistratsmitglieder gegenüber dem einen oder anderen Ratgeber noch erheblich gedämpft werden mussten. Allen musste auch klar sein, dass die Tage von Nacht- und Nebel-Aktionen vorbei waren. Es tröstete keineswegs, dass die Senatskanzlei an dieser Panne nicht beteiligt war, denn es war eine heikle, für das Image des Magistrats entscheidende Angelegenheit vermasselt worden, die neben Sachkenntnis auch Fingerspitzengefühl verlangt hätte.

Der Magistrat hatte es am 15. Juni in die Schlagzeilen von „Neues Deutschland" geschafft: „Bürgerprotest erzwang Beschlußaussetzung. Eklat im Berliner Magistrat: Tausende Mitarbeiter sollten gefeuert werden." Und aus der Sicht dieser „sozialistischen Tageszeitung" war Folgendes geschehen: „Ein skandalöser Beschluß des Berliner Magistrats veranlaßte am Donnerstagmorgen rund 2.000 empörte und verzweifelte Menschen, das Rote Rathaus zu besetzen. Den Zorn der Betroffenen über diese Willkürmaßnahme, die jeder Rechtsstaatlichkeit Hohn spricht und darauf zielt, Andersdenkende aus Ämtern zu beseitigen, bekamen während der Protestaktion die Stadträte für Inneres, Thomas Krüger, und für Kultur, Irana Rusta, zu spüren." Soweit die in Jahrzehnten bewährten Hüter von Rechtstaatlichkeit und Berufsfreiheit aus der ehemaligen SED. Und die West-Berliner „Tageszeitung" spottete über den Oberbürgermeister, der sich ein einziges Mal getraut habe, ohne seine Aufpasser aus dem Rathaus Schöneberg einen Beschluss zu fassen, und der damit so viel Ärger hatte. Rudern mit einer ungeübten Mannschaft in unbekanntem Gewässer ist ein riskantes Unternehmen. Zu diesem Zeitpunkt ging es ja noch längst nicht um IM-Tätigkeiten, deren Verheimlichung bald der häufigste Grund für eine Kündigung wurde.

Eigenhändig formulierte Dieter Schröder, nachdem die Beschlussfassung am 14. Juni korrigiert und auf die Leitungsebene von Magistrat und Bezirksämter sowie auf die Leiter der nachgeordneten Einrichtungen eingegrenzt worden war, den Antwortbrief des Oberbürgermeisters[76] auf die zahlreichen Protestschreiben. „Der Beschluß hatte von Anfang an nicht die Künstler der Theater, die Mitarbeiter des Gesundheitswesens oder wissenschaftlich-technischer oder künstlerischer Institutionen der ‚nachgeordneten Einrichtungen' im Blickfeld. Ich weiß, wie sich auch Mitarbeiter des Magistrats in der Vergangenheit für die Erneuerung unserer Stadt eingesetzt und welche Zurücksetzung manche dafür erfahren haben. Ich versichere allen, daß der Schutz ihres Arbeitsplatzes durch die Gesetze jetzt und nach dem 2. Juli 1990 vom Magistrat nicht angetastet wird. Selbst eine Befristung des Arbeitsverhältnisses kommt nicht in Betracht. Die gilt lediglich nicht für die früheren politisch verantwortlichen Leitungskader und solche, die sich in den letzten Monaten absichtlich auf nachrangige Positionen im Staatsapparat zurückgezogen haben. Über die Weiterbeschäftigung dieser Personen, von denen manche große Mitverantwortung für die heutige Not tragen, wird der Magistrat auf Vorschlag des jeweils zuständigen Magistratsmitgliedes und in Zusammenarbeit mit demokratisch legitimierten Personalvertretungen entscheiden, wenn ihnen Verfehlungen und Inkompetenz vorzuwerfen sind." Zum Schluss addierte man 192 Namen von leitenden Mitarbeitern, über die im Einzelnen zu entscheiden war.

Noch Tage nach dem umstrittenen Beschluss gab es immer noch erheblichen Klarstellungsbedarf. Um die Wogen intern zu glätten, gab es nüchterne Manöverkritik. Klausur am Wochenende. Dieter Schröder stellte als grundsätzliche Verabredung und Ergebnis eine Banalität fest: Beschlüsse müssten so lange eingehalten werden, bis sie durch das Gremium, das sie gefasst hat, aufgehoben werden. Damit nahm er auf die eigenmächtige Aussetzung des Beschlusses durch den Oberbürgermeister am 13. Juni unter dem Druck der im Rathaus tagenden Protestversammlung Bezug. Die Aussprache war so offen, dass darüber keine Notizen gemacht wurden. Endlich die ausführliche und ungeschminkte Debatte.

Als sich nach einer Woche der durch diese Aktion aufgewirbelte Staub etwas gelegt hatte, machte der Magistrat in seiner Sitzung erste Inventur. Stadtrat Krüger berichtete, dass die vorgesehenen Einzelgespräche derzeit, jeweils in Anwesenheit eines Personalvertreters, von den Stadträten geführt würden. Auf Stadtrat Zippel, für das Gesundheitswesen zuständig, kamen über 100 solcher Gespräche zu. Der Chef der Magistratskanzlei empfahl, dass nach den Gesprächen besonders komplizierte Fälle in der Personalkommission beraten werden sollten. Immerhin war man sicher, dass sich die Zahl insgesamt nicht erhöhen werde.

„HAUSBESETZER ALLER BEZIRKE – VEREINIGT EUCH!"

Ein drittes Mal erlebte das Rote Rathaus das neue „Miss-Verständnis" unzufriedener Bürger von neuerworbener Freiheit. Nach dem Abtritt der SED müsse man sich von niemandem mehr bevormunden lassen. Was Recht sei, würden jetzt die Betroffenen bestimmen. Bei keiner dieser früheren Aktionen wusste man, wie viel Anteil die SED noch daran hatte. Im November bestand mehr Klarheit. Jetzt handelte es sich eher um die Fortsetzung der West-Berliner

Praxis mit denselben Mitteln: Festungsartig verrammelte besetzte Häuser, massiver Widerstand gegen die polizeiliche Räumung, Verletzte auf beiden Seiten, 300 Festnahmen, friedliche Demonstration mit anschließenden Randalen.

Als die Stadtverordnetenversammlung am 19. November 1990 eine (Zwischen-)Bilanz des Hausbesetzerproblems und der von der Gemeinsamen Landesregierung getroffenen Maßnahmen zu ziehen versuchte, erklärte sich auch der Oberbürgermeister. Der Magistrat habe am 24. Juli die Anwendung der (West-) „Berliner Linie" auch für den Ostteil Berlins beschlossen. Das bedeute u. a., Neubesetzung zu verhindern. Zunächst rückte er den Eindruck von einem ungerechtfertigten und unverhältnismäßigen Polizeieinsatz zurecht. „Vor einem Jahr haben wir einen ganzen Staat mit einem scheinbar absoluten Sicherheitssystem friedlich umgestürzt. Da haben wir gezeigt, was man durch entschlossenen friedlichen Protest erleben kann. Da mussten wir auch ein letztes Mal erleben, was brutale Polizeieinsätze wirklich bedeuten, die sich gegen die Bevölkerung richten. Heute haben wir eine Polizei, die auf demokratischer und rechtsstaatlicher Grundlage handelt. Und dennoch erscheinen heute manchen Leuten in einer Demokratie mit freien Wahlen und Meinungsfreiheit Betonplatten, Molotow-Cocktails und Barrikaden als geeignetes Mittel der Auseinandersetzung. Die Statistik wirft ein bezeichnendes Licht: 80 Prozent der in der Mainzer Straße Festgenommenen kamen aus dem Westen. Wir haben Vieles aus dem Westen übernommen, gerade in der Politik. Ich würde mir wünschen, diese Randale-Importe könnten unterbleiben. Wir brauchen keine Nachhilfe in Revolution." Und dann noch ein paar Sätze, weil gerade Wahlkampf war: „Die Hausbesetzungen in Berlin sind eine Erblast der SED und leider auch der Regierung de Maizière... Leider zeigte sich Innenminister Diestel nicht bereit, durch die ihm unterstehende Polizei auch tatsächlich Räumungen von Hausbesetzungen durchführen zu lassen... Soweit zur Erblast der Regierung de Maizière, die die Landesregierung mit Übernahme der Polizeihoheit am 1. Oktober 1990 angetreten hat."[77]

Einige Tage nach diesen Worten, am 23. November 1990: Besetzung des Amtszimmers des Oberbürgermeisters, Durchwühlen der Akten und Entwenden seines Portemonnaies. „Keine Gewalt!" – das war einmal.

Misstrauensanträge in West und Ost gegen beide Bürgermeister, von den „Republikanern" in Schöneberg, von der PDS in Mitte. Tino Schwierzina hatte mit 73 zu 39 Stimmen weiterhin das Vertrauen der Stadtverordneten. Auch Walter Momper bestand die Abstimmung im Abgeordnetenhaus, an der sich die West-Berliner CDU nicht beteiligte. Wenige Tage vor der Wahl wollte sie Momper weder „vertrauen" noch gemeinsam mit den Republikanern gegen ihn stimmen.

Geborsten: Das zerstörte Berlin zerbricht in zwei Teile. Der sowjetische „demokratische Sektor" wird „Hauptstadt der DDR".
Hinweisschild an der Grenze zwischen den Bezirken Mitte und Kreuzberg, Ende der vierziger Jahre.
Foto: E. Schwab, LArchiv 0264760

Getäuscht: Bis zum letzten Tag von Ulbricht bestritten, wird von Honecker der Mauerbau durch Berlin heimlich organisiert.

Bauarbeiten am Brandenburger Tor Sommer 1961. Der „antifaschistische Schutzwall", die Mauer wird errichtet.
Foto: Gert Schütz, LArchiv 0078792

Genervt: Vom „Tabubruch" bis zum Koalitionsbruch im Streit. Rot-grün rauft sich zusammen zum Dauerclinch. Aufbruch wohin?
Walter Momper und die Mitglieder des Senats nach ihrer Wahl am 21. März 1989 vor dem Rathaus Schöneberg.
Foto: Edmund Kasperski, LArchiv 0303845

Genehmigt: Am Ende erreicht der Massenprotest Berlin. Wenige Fürsprecher, viel Spott, einzelne Forderungen, mehr Hoffnungen.

Von Theaterleuten angemeldete hunderttausendfache Demonstration. Alexanderplatz, 4. November 1989.

Foto: Christo Bakalski, LArchiv 0315114

Geöffnet: Der Schlagbaum hebt sich, entlässt die Menschenmenge in den Westen.
Am Tag eins nach der Maueröffnung: Tausende strömen – hier am Übergang Invalidenstraße – ungehindert über die Grenze.
Foto: Ralf Hirschberger, BArchiv Bild 183-1989-1110-041

Gewagt: Die trauen sich 'was! Von der Revolution zum Amtseid. Unbekannte Neulinge auf dem politischen Parkett der Hauptstadt.
Die Mitglieder des Magistrats mit der Stadtverordneten-Vorsteherin am 30. Mai 1990 vor ihrem Rathaus.
Foto: Paul Glaser, C85-1737_Magistrat_90

Geträumt: Der Kindheitswunsch der Zwillings-Bürgermeister erfüllt sich. Einmal im Leben Bahnhofsvorsteher zu sein.
U-Bahnhof Alexanderplatz 1. Juli 1990. Schwierzina und Momper geben grünes Licht für freie Fahrt durch Berlin.
Foto: Ingeborg Lommatzsch, LArchiv 0318714

Gesetz-, Verordnungs- und Amtsblatt für

die Stadtbezirke Mitte, Prenzlauer Berg, Friedrichshain, Treptow, Köpenick,
Lichtenberg, Weissensee, Pankow, Marzahn, Hohenschönhausen, Hellersdorf
von Berlin

Herausgegeben vom
Magistrat von Berlin

1. Jahrgang Nr. 1
Ausgabetag: 25. Juli 1990

Gesetze · Verordnungen · Amtliche und Nichtamtliche Bekanntmachungen

Verfassung von Berlin

Vom 23. Juli 1990

Gemäß Beschluß der Stadtverordnetenversammlung vom 22. April 1948
in der Fassung des Beschlusses der Stadtverordnetenversammlung von Berlin
vom 11. Juli 1990

Die Stadtverordnetenversammlung hat die folgende Verfassung beschlossen:

VORSPRUCH

IN DEM WILLEN,
    FREIHEIT UND RECHT JEDES EINZELNEN ZU SCHÜTZEN,
    GEMEINSCHAFT UND WIRTSCHAFT DEMOKRATISCH ZU ORDNEN,
    DEM GEIST DES SOZIALEN FORTSCHRITTS
    UND DEM FRIEDEN ZU DIENEN,
    DEM STAATLICHEN LEBEN FÜR EINE ÜBERGANGSZEIT
    BIS ZUR VEREINIGUNG BEIDER TEILE BERLINS EINE
    NEUE ORDNUNG ZU GEBEN,
UND DEM WUNSCH,
    DASS BERLIN HAUPTSTADT EINES GEEINTEN DEUTSCHLANDS
    BLEIBT, HABEN SICH DIE BERLINERINNEN UND BERLINER
    IN DEM TEIL DER STADT, DEM BISHER DIE FREIE
    SELBSTBESTIMMUNG VERWEHRT WAR, DURCH DIE
    STADTVERORDNETENVERSAMMLUNG DIESE
    VORLÄUFIGE VERFASSUNG GEGEBEN.

Geschieden: Klare Abschiedsworte der Hauptstadt an ihren Staat. Nach der Freiheit kommen das Recht und dann auch die Einigkeit.
Am 25. Juli 1990 wird erstmalig für den Ostteil Berlins eine demokratisch zustande gekommene Verfassung verkündet.
Foto: N.K.

Gefeilt: SPD-West und SPD-Ost und CDU-Ost und AL-West ringen gemeinsam um das rechte Wort zum Tag der deutschen Einheit.
Sitzung von Magistrat und Senat mit Schwierzina und Momper im Rathaus Schöneberg am 2. Oktober 1990.
Foto: Ludwig Ehlers, LArchiv 0319400

Geschleift: 40 Jahre Teilung mit 28 Jahren Mauer haben das Gesicht der Stadt zerfurcht. Eine versteinerte Narbe bleibt zurück.
Eine Doppelreihe Kopfsteinpflaster markiert im Zentrum Berlins den ehemaligen Verlauf der Mauer, die 43 Kilometer lang die Stadt zerteilte.
Foto: A.S.

6. Deutsche an einem Tisch

Am 6. September 1948 verlegt Otto Suhr (SPD) als Vorsteher der Stadtverordnetenversammlung deren Sitz vom Neuen Stadthaus in Berlin-Mitte (sowjetischer Sektor) nach Berlin-Charlottenburg (britischer Sektor) in das Studentenhaus am Steinplatz. Am 30. November 1948 wird durch eine, vom stellvertretenden Stadtverordnetenvorsteher Ottomar Geschke (SED) in den Admiralspalast einberufene „außerordentliche" Stadtverordnetenversammlung, die neben 23 SED-Stadtverordneten aus Hunderten Vertretern kommunistisch gesteuerter Massenorganisationen besteht, ein neuer Magistrat nominiert und der aus den Wahlen von 1946 hervorgegangene „abgesetzt". Von diesem Zeitpunkt an gibt es in den Westsektoren unter Ferdinand Friedensburg (CDU) und im Ostsektor unter Friedrich Ebert (SED) jeweils einen Magistrat (seit dem 1. Februar 1951 im Westteil als „Senat" bezeichnet). Jeder beansprucht, die ganze Stadt zu repräsentieren.

38 Jahre später, am 12. Dezember 1989, trifft der Regierende Bürgermeister Walter Momper (SPD) mit dem DDR-Ministerpräsidenten Hans Modrow (SED) in Ost Berlin und am 16. Januar 1990 in West-Berlin zusammen. Im Stadthaus, bis dahin als "Haus des Ministerrates" bezeichnet, residiert seit seiner Wahl am 12. April 1990 Ministerpräsident Lothar de Maizière (CDU). In seiner Regierungserklärung vom 19. April 1990 heißt es u. a.: „Die Teilung kann nur durch Teilen aufgehoben werden." Am 10. Mai wird der Vertrag über die Währungsunion zum 1. Juli unterzeichnet, am 15. Juni wird eine gemeinsame Erklärung der Bundes- und der DDR-Regierung zur Regelung offener Vermögensfragen veröffentlicht. Am 1. Juli tritt auch die Vereinbarung über die Abschaffung der Personenkontrollen an der innerdeutschen Grenze und in Berlin in Kraft. Sowohl der Regierende Bürgermeister am 10. Mai als auch der Oberbürgermeister am 15. Juni besuchen den DDR-Ministerpräsidenten in seinem Amtssitz. Das jahrzehntelang geltende Nachkriegsrecht der Alliierten verliert seine Bedeutung.

Vereint beraten – getrennt regieren

Fast vierzig Jahre war es her, dass die SED die Parole „Deutsche an einen Tisch!" verkündet hatte, um die Westbindung der Bundesrepublik propagandistisch mit diesem Lockruf zu verhindern. Ohne die Westmächte werde man sich untereinander schon verständigen. Zugleich hatte sie alles getan, um den sowjetischen Einfluss auf ganz Deutschland zu steigern. Nun wurde diese Forderung, unter gänzlich veränderten Umständen, wenigstens in Berlin erfüllt. Die beiden Seiten waren jetzt weder Gegner noch Konkurrenten. Sie waren beide demokratisch legitimiert, für die jeweilige Seite in der noch geteilten Stadt zu sprechen mit der erklärten Absicht, in absehbarer Zeit zusammenzufinden.

Der 12. Juni 1990 war für die erste gemeinsame Sitzung von Senat und Magistrat vorgesehen, natürlich im Berliner Rathaus in der Mitte der Stadt. Die Entscheidung fiel zugunsten des „Wappensaals". Das klingt nach Geschichte, ist aber vor allem Zeitgeschichte. Der Raum war ursprünglich, also seit 1870, der Sitzungssaal der Stadtverordneten. Seit dem Wiederaufbau des kriegszerstörten Rathauses in den 1950er-Jahren zeigten dessen bleiverglaste Fenster das Stadtwappen und die Wappen der 20 Bezirke des 1920 gebildeten und 1948 gespaltenen Groß-Berlin. Nachdem Ost-Berlin zwischen 1979 und 1986, allerdings ohne wesentliche Gebietserweiterung, drei weitere Bezirke gebildet hatte, waren auch deren Wappen ergänzt worden. Wichtig war, dass dieser Saal während der über 40 Jahre der Teilung durch die Wappen der West-Bezirke an ganz Berlin erinnert hatte. Da bot es sich an, diese erste gemeinsame Sitzung hier stattfinden zu lassen.

Dadurch war der förmliche Gastgeber der Ost-Berliner Oberbürgermeister. Zugleich war aber nicht ganz der Eindruck zu verbergen, dass der Regierende Bürgermeister aus dem Westen der Stadt sich nicht „auf Besuch", sondern schon ziemlich „wie zu Hause" fühlte. Von Seiten der

Verwaltung(en) war alles getan worden, um diese historische Sitzung als das Zusammentreffen zweier gleichberechtigter Partner ablaufen zu lassen, ohne allerdings eine dafür maßgebliche Geschäftsordnung zu erfinden. So gab es eine gemeinsame Einladung und zwei Vorsitzende mit abwechselnder Sitzungsleitung, je nach der Herkunft der zu behandelnden Tagesordnungspunkte.

Zu Beginn aber stand eine kurze Erklärung der beiden Halb-Stadt-Oberhäupter. Darin gaben sie „ihrer Freude darüber Ausdruck, dass es nach 42 Jahren zum ersten Mal möglich ist, zum Wohle der Stadt gemeinsame Sitzungen des Magistrats und des Senats durchzuführen." Es wird wohl einige in diesem Raum gegeben haben, denen die Einmaligkeit dieses Augenblicks als Teil ihrer ganz persönlichen Biografie bewusst wurde. Ich jedenfalls, obwohl nur vom Nebentisch aus beteiligt, meinte, mich schon wieder „kneifen" zu müssen, denn das Ereignis hatte schon etwas von einem in Erfüllung gegangenen Traum. Und so dachte ich gleichzeitig: Alles richtig, was die beiden da sagen. Aber hätte man nicht doch noch etwas von erfüllter Sehnsucht und in greifbare Nähe gerückter Einheit sagen müssen? Hätten wir das Drehbuch noch verfeinern und auch dafür ein paar „Textbausteine" formulieren müssen? Konnte ich wenigstens für das Protokoll noch eine „würdigere" Fassung erfinden, die nichts verfälschte, aber doch der Situation auch noch für spätere Leser mehr gerecht wurde? Ausführlicher und mit einigen allgemeingültigen guten Gründen für diese Freude belegt war die schriftlich vorbereitete Erklärung, die von allen Sitzungsteilnehmern gebilligt und anschließend im „Pressedienst Berlin" veröffentlicht wurde, der nun unter der gemeinsamen Verantwortung der Sprecher von Senat und Magistrat erschien. Dort standen ja solche Wörter wie „nie wieder" oder „wir werden alles tun, damit...".

Es war nicht die Zeit, feierliche Momente in ihrer ganzen Einmaligkeit auszukosten. Es warteten zu viele Aufgaben auf ihre Erledigung, freuen könnte man sich später noch. So war die Liste der Beratungspunkte lang und vor allem alles andere als sensationell, nur gelegentlich erfüllte sie hohe Erwartungen an die Einmaligkeit der Situation.

Wer hatte es sich denn auch wirklich vorstellen können, wie es sein würde, wenn eines Tages Ost und West an einem Tisch sitzen würden. Jetzt also Umarmung und oder ein feierlicher Händedruck vor laufenden Kameras? Eine Ehrenformation von Volkspolizei und Freiwilliger Polizeireserve? Glockengeläut der Marienkirche? Schulklassen mit Winkelementen der zwei Berliner Bären? Wenigstens die Streicher für das „Kaiserquartett"?

Nein, es war ein durch Nüchternheit und Sachlichkeit geprägter besonders eindrucksvoller Beginn der Zusammenarbeit. Schnell kam man zur Sache. Und schnell wurde deutlich: Es waren trotz aller gemeinsamen Zielsetzung zwei Seiten, die sich an einem Tisch gegenüber saßen. Unausgesprochen war der Startschuss für einen Wettlauf abgegeben worden, welche Seite das kommende ganze Berlin stärker prägen würde, was Bestand haben würde von dem Gewohnten. Das war für den Westteil schwierig, weil Rot-Grün vom alten West-Berlin unterschiedlich begeistert war. Das war aber für die Ost-Berliner Seite schon deshalb schwerer, weil sie beides zugleich leisten musste, sich nämlich sowohl von der Vergangenheit der DDR zu distanzieren als auch die in Jahrzehnten gewachsene Identität der „Hauptstadt" in die Zukunft zu retten.

Und bald konnte man spüren, dass Tino Schwierzina für dieses Kunststück eine große Begabung hatte. Er hatte ein sicheres Gefühl dafür, sich gegenüber dem gelegentlich nach der Art eines Dompteurs innerhalb der Senatsrunde agierenden Walter Momper als der Bescheidene zu präsentieren, als der kleine Bruder, der noch viel zu lernen habe, um in entscheidenden Momenten, in denen allzu viel „Westen" sich durchzusetzen „drohte", mit großem Selbstbewusstsein die Kraft der friedlichen Revolution in Erinnerung zu rufen und daraus einen Anspruch auf Gleichberechtigung abzuleiten. Er hatte wohl immer einen „Otto Normalberliner" (Ost) im Hinterkopf, einen von den zwei Dritteln Nicht-PDS-Wählern, dem gegenüber er stets guten Gewissens die jetzt zu treffenden Beschlüsse, für die nächsten Monate noch für Ost-Berlin, und erst mit längerfristiger Perspektive für die ganze Stadt, würde erklären können. Deshalb konnte es auch nicht ausbleiben, dass beispielsweise bei Einkommens- und Eigentums-Themen ein für West-Ohren gänzlich unerwarteter Unterton von Anspruchsanmeldung in eine Debatte kam.

Es wurde berichtet, beraten und beschlossen. Punkt für Punkt der Liste wurde abgehakt. „Der Magistrat nimmt die Verfahrensweise zur Wiederherstellung der Übergänge innerhalb Berlins zur Kenntnis. Die Vorlage 17/90 Abriß der Berliner Mauer wird nicht beschlossen. Sie ist unter Beachtung der geführten Aussprache zu den Aspekten des Einsatzes der Grenztruppen der DDR für den Mauerabriß, der Kosten, der Entsorgung und Lagerung des Bauschutts und der Erhaltung von Mauerabschnitten als Mahnmal dem Magistrat kurzfristig erneut zu unterbreiten. Dazu führt der Magistrat in der Sitzung am 15. Juni 1990 eine Vorberatung." Und dann der Auftrag zur Überprüfung der Magistratsbeschlüsse, „ob sie weiterhin rechtsverbindliche Grundlage sein können. Dazu ist vom Büro des Magistrats bis zum 15. 06. 1990 allen Magistratsmitgliedern eine vollständige Beschlußübersicht zu übergeben, anhand derer durch die jeweils zuständigen Magistratsverwaltungen die Prüfung vorgenommen wird. Das Ergebnis der Prüfung ist bis zum 22. Juni 1990 an den Chef der Magistratskanzlei zu übermitteln." Das bedeutete viel Arbeit für den Kollegen im Büro des Magistrats, aber auch für die in die Ost-Verwaltungen entsandten Senatsbediensteten. Meine Abteilung im Rathaus Schöneberg, ebenfalls bald durch

Ost-Berliner Kollegen verstärkt, würde dann den Gesamtvorschlag für den Oberbürgermeister kommentieren.

Senat und Magistrat sollten am 12. Juni gemeinsam beschließen, dass Mitarbeiter der Verwaltungen, die jeweils im anderen Teil der Stadt zur Vorbereitung der Vereinigung tätig sein werden, nicht den Weisungen der entsendenden Stelle unterliegen sollen. In der Mehrzahl würde das West-Beamte und Angestellte betreffen und jedenfalls ebenso viele erhebliche Loyalitätsprobleme lösen wie schaffen. Sie sollten aber nicht für unbestimmbare Zeit zwei Herren dienen, auch wenn das weder durch Koalitionsentscheid noch durch Senats- und Magistratsbeschluss gänzlich zu vermeiden war.

Der Magistrat fasste auch einen für die Arbeitsabläufe zwischen Magistratskanzlei und den übrigen Verwaltungen hilfreichen Beschluss, nämlich, dass „in jeder Magistratsverwaltung zwei Mitarbeiter als Verantwortliche für Magistratsarbeit und gleichzeitig Ansprechpartner für das Büro des Magistrats in Angelegenheiten der Vorbereitung, Durchführung und Auswertung von Magistratssitzungen sowie der Zusammenarbeit mit der Stadtverordnetenversammlung und ihren Ausschüssen benannt werden. Ihre Aufgabe besteht darin, den Stadtrat organisatorisch-technisch bei der Magistratsarbeit zu unterstützen und dabei eng mit dem Büro des Magistrats zusammenzuarbeiten."

Damit nichts an apparativen Unzulänglichkeiten scheiterte – die Stadt war noch immer spürbar geteilt und manches, was vorher schon knapp war, gab es jetzt gar nicht mehr – bat der Chef der Magistratskanzlei den Senat, dem Magistrat die vorhandenen technischen Kapazitäten, insbesondere auf dem Gebiet der Vervielfältigung, zur Verfügung zu stellen und einen regelmäßigen Kurierdienst zu organisieren. Schon seit der ersten Sitzung hatte die Senatskanzlei vor allem Papier geliefert, bedrucktes wie frisches. Und natürlich waren beispielsweise die Kopien der 29 Seiten umfassenden Koalitionsvereinbarung zur Versorgung der Mitarbeiter der

Verwaltung, die schließlich über die Grundlagen der Magistratsarbeit authentisch unterrichtet sein mussten, in der Senatskanzlei hergestellt worden.

Schließlich nahmen Senat und Magistrat noch von einem 1. Bericht des Provisorischen Regionalausschusses mit 130 Seiten und 20 Karten zum Thema „Grundlagen und Zielvorstellungen für die Entwicklung der Region Berlin" Kenntnis. Der offizielle Pressedienst Berlin vom 12. Juni 1990 zitiert daraus u. a. als Leitvorstellung, „durch frühzeitige Schritte eine polyzentral verteilte Entwicklung der Region Berlin einzuleiten, wodurch alte und aus dem Wachstum sich ergebende neue Probleme eher gelöst werden könnten. Die vorhandenen Oberzentren wie Brandenburg, Potsdam und Frankfurt müßten durch ein abgestimmtes Arbeitsplatz- und Bevölkerungsverteilungssystem gegenüber Berlin verstärkt werden, damit einer ‚zweiten Landflucht' und einer schnellen Überlastung des Ballungsraumes Berlin entgegengewirkt werden könne." Die Plankommission und ihre Nachfahren ließen grüßen – aber so wurde das jetzt keineswegs empfunden, sondern als kluges und fürsorgliches Vorausschauen, auch wenn es die wenigsten verstanden hatten.

In einem internen Arbeitspapier der Senatskanzlei von Anfang Mai zum Thema „Das politische Selbstverständnis Berlins" waren von mir einige Anmerkungen und Eindrücke mit anderen Worten, aber zum selben Problem formuliert worden. Die Stadt kenne sich ja selbst nicht mehr wieder. Allein die Frage, was bedeute gegenwärtig das Wort „Berlin", stelle jeden vor erhebliche Definitionsprobleme. Zunächst aber werde der anfängliche Jubel über die Trabi-Kolonnen auf dem Kurfürstendamm der normalen Skepsis weichen, Besucher in solchen Massen seien auf Dauer lästig, um es zugleich für gänzlich verständlich zu halten, die bisher noch einsamste Landstraße in Brandenburg bei jedem auch nur einigermaßen brauchbaren Wochenendwetter durch Scharen von Westautos und die angrenzenden Wiesen mit

Picknick-Müll zu zivilisieren. Planerisch sähen die einen die Chance für die Rundum-Verlängerung der Stadtautobahn und die anderen für die Umwandlung West-Berlins in eine große Grünanlage mit Rundwanderweg. Soeben stelle man überrascht fest, dass dem östlichen Mauerbau eine eigene westliche Abriegelungspolitik gefolgt sei, etwa die Staatsbibliothek mitten auf der Trasse der Potsdamer Straße oder das Springer-Verlagshochhaus anstelle eines Teils der Jerusalemer Straße. Gemeinsam sei in beiden Stadthälften die Ansicht, dass die Chancen für eine gute Zukunft noch nie so groß waren, aber auch die Befürchtung, kaum jemals könne man so viele Fehler machen wie gerade jetzt, um diese Erwartung zu enttäuschen.

Der Abend dieses Tages, an dem sich die beiden Berlins in der gemeinsamen Sitzung von Magistrat und Senat erheblich näher gekommen waren, brachte noch eine weitere Premiere. Verabredet zu einer Zeit, als von Maueröffnung oder nahezu ungehindertem Verkehr innerhalb Berlins und Deutschlands noch keine Rede war, war die seit dem Mauerbau einmal jährlich in Berlin (West) stattfindende Tagung von Präsidium und Hauptausschuss des Deutschen Städtetages für den 12. und 13. Juni 1990 eingeladen worden. Dieser regelmäßige Berlin-Besuch war ebenso eine Auszeichnung für die Stadt wie die Einladung ihrerseits ein Zeichen der Dankbarkeit für viel Solidarität der westdeutschen Städte. Durch die erstmals mögliche Teilnahme von Bürgermeistern aus 97 Städten der DDR war diese Versammlung die erste gesamtdeutsche Tagung seit 1948. Üblich war ein abendlicher Empfang für die Teilnehmer durch den Regierenden Bürgermeister. Dazu wurde eine stets wechselnde Örtlichkeit gewählt, die einerseits repräsentativ, andererseits aber nicht protzig wirkte – wir lebten schließlich auch vom Geld aus „Westdeutschland". Was lag also, da die glücklichen Umstände es erlaubten, näher, als die Gäste in „das andere" Berliner Rathaus einzuladen. So war Berlin gleichsam bei sich selbst zu Gast. Nicht nur für westdeutsche, auch für diejenigen aus dem Osten war das Rote Rathaus ein neues Erlebnis. Dort wurden sie gleich zweimal begrüßt, vom Oberbürgermeister und vom Regierenden Bürgermeister. Berlin hatte eben noch immer seine Besonderheiten.

Mit diesen zwei Berlins hatte sich die Städtetagsführung in Köln drei Jahre zuvor schwer getan, aber auch bleibende Erfahrungen gesammelt. Es war das Jubiläumsjahr Berlins, 750 Jahre waren seit einer ersten urkundlichen Erwähnung vergangen. Jetzt gab es eine Mitgliedstadt Berlin und es gab die DDR-Hauptstadt Berlin. Ost-Berlin bemühte sich wie die West-Hälfte um internationale Gäste. Und so waren auch Bürgermeister aus der Bundesrepublik zu einem Bürgermeistertreffen nach Ost-Berlin eingeladen. Als Gastgeschenk hatte man sich beziehungsreich für eine Büste des Freiherren vom Stein entschieden, der sich zu Anfang des 19. Jahrhunderts um die Selbstverwaltung der preußischen Städte verdient gemacht hatte. Sie wurde dem Oberbürgermeister Erhard Krack feierlich im Rathaus übergeben.

Um aber das gleichzeitige Zusammengehören und geteilt sein auszudrücken, bekam auch Eberhard Diepgen im Rathaus Schöneberg ein eigenes Exemplar. Unterschiedlich war das Schicksal der zwei Steins: Während die West-Büste wenig später auf dem Steinplatz an der Hardenbergstraße in Charlottenburg aufgestellt wurde, verschwand die andere weniger öffentlich alsbald auf dem Dachboden des Roten Rathauses. Reformatoren, ob Preuße oder Russe, hatten es in der DDR nun mal nicht leicht. Entstaubt wurde der zwischen anderen unbrauchbaren Geschenken aus aller Welt abgestellte Bronzekopf erst zu einem anderen Jubiläum, zur 100-Jahrfeier des Städtetages im Jahre 2005 in Berlin.

Der ortsübliche Plaste-Charme konnte der anheimelnden Atmosphäre des Ratskeller-Gewölbes und der Feierlaune der Bürgermeister aus allen Teilen Deutschlands nichts anhaben. Das Buffet, vor allem das Getränkeangebot, war reichhaltig und wurde ausgeschöpft. „Alte Hasen" aus dem Westen mit mehreren Amtsperioden hinter sich staunten über die unbeschwerte Frische der gerade am 6. Mai gewählten Kollegen aus ihnen meist nicht einmal dem Namen nach bekannten ostdeutschen Städten. Es war ein ungeübtes, ungetrübtes, entspanntes Treffen deutscher Kommunalpolitiker, wie es seit Jahrzehnten nicht hatte stattfinden können. Gearbeitet wurde am nächsten Tag.

West-Bürgermeister trifft Ost-Ministerpräsident

Man muss den Ministerpräsidenten der nun demokratischen Republik im Osten Deutschlands in beiden Situationen erlebt haben, um die eine wie die andere Begegnung mit den Stadtoberhäuptern aus Berlin würdigen zu können. Sie sind in der Öffentlichkeit kaum zur Kenntnis genommen worden, wurden mehr als Höflichkeitsvisiten eingeordnet, als dass davon neue Beschleunigungen für den ohnehin rasenden Zug in Richtung Einheit erwartet wurden. Ohne ihre Bedeutung überschätzen zu wollen, zeigten diese Momentaufnahmen von den deutsch-deutschen Befindlichkeiten mindestens eins, dass sich nämlich die Sympathien zwischen West und Ost-Politikern noch steigern ließen, könnte man sie beeinflussen.

Keine Rede mehr von den Parolen der alten DDR, Westberlin sei eine besondere politische Einheit, sei kein Teil der Bundesrepublik, liege gar auf dem Territorium der DDR. Nach der freien Wahl zur Volkskammer, die die SED auf die hinteren Plätze verwiesen hatte, gab es eine Begegnung der besonderen Art: Der Regierende Bürgermeister von Berlin machte einer deutschen Regierung in Berlin seine Aufwartung, die immer noch die eines anderen Staates war.

Drei Abteilungen der Senatskanzlei hatten vorbereitende Unterlagen zu einem Dutzend Themen zusammengetragen, in meiner Abteilung war die Koordination erfolgt. So war mir der für das Gespräch beabsichtigte Stoff wohl vertraut – eine große Erleichterung für die Protokollführung, die man mir irgendwann anvertraut hatte. Man konnte davon ausgehen, dass der Ministerpräsident ähnlich gut vorbereitet worden war – vermutlich von ehemaligen Kolleginnen und Kollegen aus der Senatskanzlei, die das Haus mit Eberhard Diepgen zur CDU-Fraktion verlassen hatten und nun Entwicklungs- bzw. Amtshilfe beim Ost-Berliner Parteifreund leisteten. Auch wenn sie es zu diesem Zeitpunkt nicht wissen konnten: Für deren spätere Karriere im Senat unter Eberhard Diepgen war das sehr hilfreich. Der eine oder andere Staatssekretärsposten konnte so erworben werden. Aber vielleicht machte sich ja auch der Gastgeber ein eigenes Bild von seinem Gesprächspartner von der anderen Seite und aus der anderen Partei.

Das Persönliche Büro des Regierenden Bürgermeisters hatte die technischen Details der „Einreise" geklärt. Der Regierende Bürgermeister fuhr in Begleitung seines Chefs der Senatskanzlei, Dieter Schröder, und des Sprechers des Senats, Werner Kolhoff. Am Nachmittag hatte Walter Momper, vier Tage nach den Wahlen zur Stadtverordnetenversammlung in Ost-Berlin, vor dem Abgeordnetenhaus in Berlin-Schöneberg eine Erklärung zur Zusammenarbeit mit dem künftigen Magistrat abgegeben. Man werde die Einheit so schnell wie möglich, aber auch so behutsam wie nötig angehen. Zugleich hatte er die Schnelligkeit, ja „Hektik" der Verhandlungen zwischen der Bundesregierung und der DDR-Führung kritisiert. Aber das Wort „Einheit" kam ihm jetzt, im Unterschied zu seinem stellvertretenden Parteivorsitzenden Oskar Lafontaine, der im Bundesrat gegen die Währungsunion stimmte, recht flüssig über die Lippen. Drei Wochen zuvor hatte Lothar de Maizière bei seinem Amtsantritt die Einheit „so schnell wie möglich" angemahnt, aber ihre Rahmenbedingungen müssten „so gut, so vernünftig, so zukunftsfähig sein wie nötig". Es war neben anderem ein Streit um die Frage, wie viel „DDR" sollte das vereinigte Deutschland enthalten.

An die massige Gestalt des Bundeskanzler gewöhnt, durch das Fernsehen erst und inzwischen auch durch direkte Anschauung, schien dieser Ministerpräsident wie dafür geschaffen, die Größenverhältnisse der beiden Teile Deutschlands zu einander zu symbolisieren. Unschwer wäre – auch ohne nähere Kenntnis des Grundgesetzes – zu erraten gewesen, wer sich wem anschließen würde. Der Bundeskanzler, „erst" seit acht Jahren in diesem Amt, vermittelte stets seinen Willen zu ewiger Machthabe, während die noch in Wochen zu zählenden Dienstzeit des Partners dem Amtsinhaber anzumerken war. Offensichtlich bedauerte er dies keineswegs. Vielleicht gerade deshalb prägte seine Persönlichkeit das Gesprächsklima so positiv. Es war professionell auf ganz neue Art.

Noch unter dem Eindruck einer Sitzung der Volkskammer am selben Tage, gab der Ministerpräsident einen atmosphärischen Bericht und verwies dabei insbesondere auf das Verhalten der Abgeordneten der PDS, die besonders lautstark die Regierung kritisiert hätten. Die könne die sozialen Probleme nicht lösen oder würde bei der Schaffung der Verwaltungsgerichtsbarkeit[78] versagen. Der Regierende Bürgermeister wünschte gute Nerven.

Längst nicht die gesamte Themenpalette aus den vorbereiteten Unterlagen kam zur Sprache. Es ging um die zu erwartende Arbeitslosigkeit wie um eine andere, die Menschen im Osten vor allem interessierende Frage, die Währungsunion. Sorgen bereiteten die sozialen Folgen von Preissteigerungen insbesondere für Studenten und Rentner. Angesprochen wurde auch das Thema der neuen „Grenzgänger". Der Ministerpräsident schätzte, dass täglich 50.000 West-Berliner zum billigen Einkauf und zur Inanspruchnahme von Dienstleistungen in den Ostteil Berlins kamen. Bedauerlich sei das schlechter werdende Verhältnis der Bevölkerung zu den sowjetischen Soldaten. Dabei sei die Sowjetarmee sehr hilfreich gewesen bei der Sicherung der Waffen von Staatssicherheitsdienst und Betriebskampfgruppen. Übereinstimmung bestand bei der vom Senat beabsichtigten engen Zusammenarbeit mit dem künftigen Magistrat und im Regionalausschuss.

Der Regierende Bürgermeister begrüßte die gemeinsamen Interessen in der Hauptstadt-Diskussion und regte eine gemeinsame Initiative an. Der Ministerpräsident meinte dazu, auch wenn dies nicht das eiligste zu lösende Problem sei, so sei es doch grundsätzlich von großer Bedeutung. Neben der damit verbundenen Finanzfrage würde damit vor allem zum Ausdruck kommen, dass „Deutschland östlicher werden" müsse.

Das Gespräch dauerte 75 Minuten. Das war viel für einen Höflichkeitsbesuch. Aber das Treffen war, auch wenn keine Verhandlungen geführt und keine Dokumente ausgetauscht wurden, unter Status-Gesichtspunkten und – 6 Monate und 1 Tag nach dem 9. November – eine Sensation ersten Ranges, auch wenn das in der Hektik dieser Tage kaum wahrgenommen wurde. Der Dienstsitz eines DDR-Ministerpräsidenten in der Viermächtestadt Berlin war kein politisches Tabu mehr für den Westen, oder genauer: für den Senat von Berlin. Die beiden Treffen des Regierenden Bürgermeisters mit dem Übergangs-Ministerpräsidenten Hans Modrow waren noch in den jeweiligen Gästehäusern, des DDR-Ministerrates und des Senats von Berlin, erfolgt, im Johannishof in Mitte und in Grunewald. Seit dem 18. März war der Souverän der DDR das Volk und das hatte faktisch eine neue Lage geschaffen. Ob sie je neue Rechtslage würde und wenn ja, für wie lange, wagte an diesem Tag niemand voraus zu sagen. Man war freundlich zu einander, aber sowohl der Gastgeber als auch der Gast vermittelten den Eindruck, man kenne sich zwar schon von einigen Begegnungen, müsse sich deshalb aber nicht einander besonders sympathisch sein. Walter Momper äußert sich später zwar mal lobend, mal kritisch über Lothar de Maizière, erwähnte aber außer einigen Wirtschaftszahlen aus diesem Gespräch keinerlei Einzelheiten über seinen Gesprächspartner vom 10. Mai 1990.[79] Da waren zwei sehr verschiedene Welten zusammen getroffen.

TINO SCHWIERZINA BESUCHT LOTHAR DE MAIZIÈRE

Aus dem Büro des Chefs der Senatskanzlei kam der Auftrag, zusammen mit dem Chef der Magistratskanzlei, den für den 15. Juni vereinbarten Besuch des Oberbürgermeisters beim Ministerpräsidenten vorzubereiten. Die in dem dazu vorgelegten Papier enthaltene Anregung, einen regelmäßigen Gesprächstermin zwischen dem Minister im Amt des Ministerpräsidenten und dem Chef der Magistratskanzlei vorzusehen, wurde von Dieter Schröder handschriftlich ergänzt „unter Beteiligung CdS". So ganz ohne Aufsicht sollten die Kontakte seines östlichen Kollegen zu dessen DDR-Regierung denn doch nicht sein! Vielleicht war es aber auch ganz anders gedacht: Es sollte verdeutlicht werden, dass Berlin mehr war als die DDR-Hauptstadt. Die Themen reichten von Haushaltsfragen über Versorgungsprobleme, Fragen des kommunalen Eigentums, die Form des Gedenkens am 13. August bis zur Hauptstadtfrage.

Wie zu einem Besuch beim Nachbarn machten sich am Freitagnachmittag Tino Schwierzina, Peter Thömmes, Christian Hoßbach als Sprecher des Magistrats und der Protokollant zu Fuß auf den Weg zum Amt des Ministerpräsidenten. Mit dem unverletzten Überqueren der stark befahrenen Grunerstraße gleich hinter dem Rathaus mit ihren 2 mal 4 Fahrspuren hatten wir den schwierigsten Teil der Mission geschafft. Was hätten wohl die Autofahrer auf dem Weg in den Feierabend gedacht, hätten sie ihren über die Straße sprintenden Oberbürgermeister erkannt?

Das Gespräch begann mit einer ersten Information des Ministerpräsidenten über die Regelung der offenen Vermögensfrage, die wenige Stunden davor veröffentlicht worden war: Bestätigung der besatzungsrechtlichen Enteignungen von 1945 bis 1949, Grundsatz der Rückgabe in der DDR enteigneten Eigentums, Entschädigung der ursprünglichen Eigentümer bei redlichem Erwerb. Der Oberbürgermeister wertete dies als eine erfreuliche Mitteilung, die viel zur Beruhigung der Menschen in der DDR beitragen werde.

Zunächst ging es um das rechtliche und praktische Verhältnis zwischen Regierung und Magistrat. Dabei bat der Oberbürgermeister um Prüfung der Möglichkeit einer schnellen Zuständigkeitsregelung für Berlin in Angelegenheiten insbesondere der Polizei, des Schulwesens und der Kultur. Beispielsweise habe keine schnelle Möglichkeit für Polizeischutz bestanden, als Demonstranten am Vortage in das Berliner Rathaus eingedrungen seien. Darunter seien auch zahlreiche Angestellte von Kultureinrichtungen gewesen, für die die Stadt keinerlei Zuständigkeiten habe.

Der Ministerpräsident stimmte dem Vorschlag regelmäßiger Treffen zwischen dem Chef der Magistratskanzlei und dem Minister im Amt des Ministerpräsidenten zu. Auch gegen die westliche Beteiligung hatte er nur dann etwas einzuwenden, „wenn andere besser wissen, was uns nottut". Er habe keine Schwierigkeiten, sich bei dem „Wie" beraten zu lassen, das „Was" wolle er aber allein bestimmen.

Besorgt äußerte sich der Oberbürgermeister über die Haushaltslage der Stadt. Bisher sei der Haushalt zu 70% vom Staat alimentiert worden. Für das 2. Halbjahr bedeute dies einen Bedarf von rund 4 Milliarden DM. Offenbar hatte aber auch der Ministerpräsident nicht genug Geld, um eine sichere Zusage zu geben.

Bei dieser Gelegenheit bedankte sich der Oberbürgermeister für die Mitteilung des Ministers für Abrüstung und

Verteidigung, Rainer Eppelmann, dass die gesamten Kosten des Mauerabrisses übernommen werden. Der Ministerpräsident bestätigte dies und gab scherzhaft zu erwägen, ob in Anlehnung an die „Aufbau-Stunden" der ersten Nachkriegsjahre nunmehr freiwillige „Abbau-Stunden" zum Mauerabriss propagiert werden sollten.

Der Oberbürgermeister dankte dem Ministerpräsidenten für dessen klare Aussage zur Hauptstadtfunktion Berlins. Der Ministerpräsident hielt es für richtig, immer laut zu sagen, dass auch die Integration der künftigen fünf DDR-Länder besser gelingen werde, wenn die Regierung die Probleme „vor der Tür" habe. Berlin als Hauptstadt könne dazu beitragen, dass Deutschland „östlicher und protestantischer" werde. Auf die Anfrage des Oberbürgermeisters nach der Wiederherstellung des Verfügungsrechtes durch die Stadt über zu Volkseigentum erklärtem Grund und Boden ging der Ministerpräsident lediglich mit dem Hinweis ein, „auf diesem Ohr schwer zu hören", sagte aber eine Prüfung zu.

Zum Ende des Gespräches wurde es noch einmal ernst und fast feierlich. Tino Schwierzina dankte „im Wissen, daß nicht alles an Wünschen erfüllbar sei, für die Gelegenheit, daß er die Sorgen der Stadt habe vortragen dürfen." Lothar de Maizière erinnerte daran, dass trotz der erkennbaren Mängel in Berlin immer auch berücksichtigt werden müsse, wie sehr sich die Hauptstadt an der übrigen Republik versündigt habe, und dass die bisherige Bevorzugung nicht fortgesetzt werden dürfe. Der Oberbürgermeister räumte ein, dass er dem „nicht widersprechen" könne.

Nüchtern nahm die Ost-Berliner Presse von dieser Begegnung Notiz. Sie war nicht mehr als ein lokales Ereignis. Man hatte jetzt so viele Premieren erlebt und konnte den Grad der Sensation eines Ereignisses kaum noch einschätzen. Die „Neue Zeit", die seit dem 12. November 1989 nicht mehr als Zentralorgan der Ost-CDU, sondern jetzt als „Unabhängige Zeitung für Deutschland" firmierte und am

1. Juni 1990 an die „Frankfurter Allgemeine Zeitung" verkauft worden war, berichtete unter der Überschrift „Premier sprach mit Schwierzina" kurz über das Treffen. Hauptthema seien die Finanzprobleme gewesen. „Der Tagesspiegel" zitierte Schwierzina, das „sehr angenehme Gespräch" habe in einer „freundlichen Atmosphäre" stattgefunden. Eine verbindliche Zusage für den Haushalt habe der Ministerpräsident aber nicht geben können.

Welch Unterschied zwischen den Gesprächen mit dem Repräsentanten der West- und der Ost-Hälfte Berlins! Hier waren zwei zusammengetroffen, die sich in der DDR auskannten, die auch inzwischen genug vom Westen erfahren hatten, um von ihrer Begeisterung auf ein realistisches Verhältnis heruntergekommen zu sein, denen Anspielungen aus der Kenntnis eines jahrzehntelangen DDR-Alltags ausreichten, um ein ganzes Panorama einvernehmlich zu beschreiben, das dem West-Deutschen verschlüsselt blieb. Wie locker war plötzlich dieser auf seinen Protestantismus pochende Anwalt der DDR, wenn ihm ein „Landsmann" gegenüber saß, und sei er auch in der „falschen" Partei. Mit welch trockenem Humor konnte er die Eitelkeit des Westens abfangen, der sich für unersetzlich hielt und doch – bei aller Sachkenntnis – von der DDR-Mentalität so wenig verstand. Hier hatte eine Begegnung von zwei Menschen stattgefunden, die sich beide der unermesslichen Schwierigkeit ihrer Aufgabe bewusst waren, die ihre Grenzen kannten, sie zu lösen, und die dennoch oder gerade deshalb mit aller Kraft und großer Freude daran arbeiteten. Diese knappe Stunde hatte allen gut getan. Auch wenn sie in den Geschichtsbüchern nicht erwähnt wird, ist sie ein wissenswerter Teil dieser Geschichte. Und auch, wenn das harmonische Einvernehmen nicht über die langen wenigen Monate ihrer Amtszeiten trug, sondern sie selbst und die hinter ihnen stehenden „Apparate" auch ernsthafte Interessengegensätze austrugen, blieb eine große Gemeinsamkeit.

7. Sone und solche in öffentlichem Dienst

Im Einigungsvertrag zwischen der Bundesrepublik Deutschland und der Deutschen Demokratischen Republik vom 31. August 1990 wird deren Beitritt zur Bundesrepublik vereinbart und werden u. a. auch Einzelheiten der Zusammenführung und der Rechtsverhältnisse der Arbeitnehmer im öffentlichen Dienst der DDR geregelt. Schrittweise ab Ende Mai 1990 wird die Arbeit in den beiden Rathäusern Berlins gemeinsam erledigt. Der Einigungsvertrag regelt in seinem Artikel 16, dass bis zur Wahl einer Gesamtberliner Landesregierung der Senat von Berlin gemeinsam mit dem Magistrat die Aufgaben der Gesamtberliner Landesregierung wahrnimmt. Am 18. September 1990 beschließen Magistrat und Senat einen Handlungsrahmen für die zur Herbeiführung einer einheitlichen Verwaltung erforderlichen Schritte.

Aus zwei mach eins: Fremdeln beim gemeinsamen Start

Seit dem 30. Mai arbeiteten sie zusammen, auch wenn das vielleicht noch nicht alle wussten, wenn auch noch für zwei verschiedene Rathäuser, für zwei getrennte Verwaltungen, für noch getrennt lebende Berliner. Ohne sich zu kennen, mit sehr unterschiedlichen Biografien, bis dahin mit gegensätzlichen politischen Zielen der jeweiligen Chefs, unter kaum vergleichbaren technischen Bedingungen, taten sie etwas äußerlich Ähnliches, das doch noch sehr verschieden war. Oder doch nicht? Wer waren denn „sie"? Das waren „die aus dem Westen" und „die aus dem Osten".

Am 31. Mai am Nachmittag war die erste Begegnung in größerer Zahl. Die neuen Kollegen aus dem Berliner Rathaus waren handverlesen von einem Ost-Berliner Mitglied der

Leitstelle für Verwaltungskooperation, nach einem mir nicht bekannten Maßstab. Ob damit ihnen oder dem neuen Magistrat etwas Gutes angetan werden sollte – wer konnte das wissen. Vor allem aber: Niemand war darüber unterrichtet worden, dass dieser Ratgeber eben noch der APO-Sekretär[80] der Bezirksplankommission, also der oberste SED-Funktionär der dort beschäftigten Parteimitglieder war. So war gleichsam der SED die Vorauswahl über die künftigen Mitarbeiter anvertraut worden. Sehr viel später erst, beim Sichten des Nachlasses offenbar ungelesener Papiere in den Wandschränken des Büros des Chefs der Magistratskanzlei, als es schon wieder inopportun war, darauf aufmerksam zu machen, jedenfalls viel zu spät für eine angemessene Konsequenz, erfuhr ich dieses Detail. Da war ich schon geneigt, es für einen weiteren gelungenen Beitrag zur Ironie auch *dieser* Geschichte der Wiedervereinigung zu halten.

Es war für Viele der Beginn einer langen Bekanntschaft. Konkretes über die Einzelheiten der Zusammenarbeit, über Intensität und Inhalte stand ja nur in ersten Umrissen fest. Völlig offen war, wie lange dieser Zustand von Miteinander, Überkreuz und Parallel dauern würde. Deshalb standen im Vordergrund die Versicherung, zu einer guten Arbeitsatmosphäre beitragen zu wollen, und die Erklärung der Arbeitsweise der Abteilung, der sie voraussichtlich nun angehören würden. Das Klima war eher kühl. Zurückhaltung schien angesagt. Aber man würde sich ja nun regelmäßig sehen und Gelegenheit suchen, jeden Einzelnen bald näher kennenzulernen. Von den 14 Teilnehmern dieser Runde sind schließlich acht geblieben, bis zum Ende ihrer Dienstzeit oder doch für viele Jahre.

Als erstes raufte sich das Bürgerreferat zusammen, auch wenn es zunächst noch seit Mitte Juni in West und Ost getrennt tätig war. Wie vorgesehen waren die ersten Kollegen aus Schöneberg nach Mitte gezogen. Am 18. Juni nahm das neue Referat seine Arbeit auf. Schnell zeigte sich an diesem

Beispiel, dass einiges eben doch nicht sofort zusammenpasste, denn die Bürgerberatung im Westen bezweckte in erster Linie Hilfe für den Ratsuchenden, für den Einzelfall. Die Kollegen im Osten – so schien es – hatten ihren Auftrag wohl eher auf die Ämter gerichtet verstanden, für deren Arbeit sie hilfreiche Hinweise durch die bei ihnen vorgetragenen Bürgerbeschwerden erhielten. Nicht zufällig nannte sich bisher dieser Bereich „Kontrollgruppe".

Zunächst aber galt die Anordnung des Chefs der Magistratskanzlei Peter Thömmes vom 6. Juni 1990, mit der beide Seiten zu fruchtbarer und natürlich gleichberechtigter Zusammenarbeitet verpflichtet wurden, als ließe sich Kollegialität per Dekret herstellen. Aber irgendwie und irgendwann gab es dann doch die einheitliche Leitung der Bürgerberatung durch den kompetenten Referatsleiter aus dem Rathaus Schöneberg. Für die Betreuung seiner „Kundschaft" im nun für jeden Berliner offenen Rathaus in der Nähe der Marienkirche standen ihm motivierte Kolleginnen zur Seite, nun die Probleme *aller* Berliner im Blickfeld. Manche begrüßten den neuen Freiraum, ihre Briefe selbst unterschreiben zu können. Andere ließen sich lieber korrigieren, fragten nach, was sie tun sollten und gingen lieber pünktlich. Verantwortung bedeutet nun mal vor allem viel eigene Arbeit, manchmal sogar noch fünf Minuten nach Dienstschluss. Die Gewohnheit einiger, mit dem Glockenschlag schon an der Rathaustür zu sein, wurde allzu gern in die neue Zeit gerettet. Manches war zwischen Ost und West doch ähnlicher als man gedacht hatte.

Komplizierter war die Organisation der Geschäftsstellen. Beide waren weiterhin für unterschiedliche Regierungen tätig und hielten die Verbindung zu anderen Verwaltungen und zu einem anderen Parlament. Besonders aber war, dass diese beiden Regierungen regelmäßig gemeinsam tagten und zunehmend auch noch gemeinsame Beschlüsse fassten, die dann aber wieder von getrennten Verwaltungen verarbeitet und unterschiedlichen Volksvertretungen vermittelt werden mussten. Da war eine gemeinsame Leitung ebenso schwierig wie notwendig.

Als amtierender Chef der Magistratskanzlei führte ich zahllose Gespräche mit den Kollegen aus Ost und West. Schließlich wurde der höchstrangige Mitarbeiter der Magistratskanzlei, der in die Dienste der gemeinsamen Abteilung treten würde, Gruppenleiter unter dem gemeinsamen Referatsleiter. Schon 1991, in der einheitlichen Senatskanzlei, war er der dritte Mann im Referat. Er sprach wenig über seine frühere Tätigkeit. Seine Loyalität, auf die wir für die Zukunft setzten, schloss seine früheren Chefs ein. Die Kollegen der Abteilung haben ihm zum Abschied ein Fahrrad geschenkt. Würden sich doch alle wie er das „Radfahren" für die Zeit nach dem Berufsleben aufheben!

VIELES GELINGT: SO ANDERS SIND DIE ANDEREN GAR NICHT

Die „Vorläufige Organisationsübersicht der Magistratskanzlei" vom 12. Juli 1990 stellte eine riesige Abteilung Innere Politik mit über 50 Mitarbeitern in 8 Referaten dar, und immer steht oben ein Kollege in Doppelfunktion aus der Senatskanzlei. Das war das Ergebnis schwieriger Abwägungen und ergab sich aus ganz praktischen Erfordernissen der täglichen Arbeit, die sich schnell auch im Ostteil Berlins nach dem West-Muster richten musste, wenn das ohnehin bestehende Durcheinander einigermaßen beherrscht werden wollte. Die Bemühungen um eine größere Ausgewogenheit hatten erst im Laufe der Zeit Erfolg; bestanden haben sie von Anfang an.

In dem für Wirtschaft zuständigen Referat der Senatskanzlei herrschte Notstand. Der Referatsleiter, zugleich mein Vertreter als Abteilungsleiter, hatte sich für eine Tätigkeit in der Privatwirtschaft beurlauben lassen. Sein sorgfältig und vorausschauend arbeitender Vertreter, der sich zuvor bei seiner früheren Tätigkeit in der SPD-Fraktion des Abgeordnetenhauses bewährt hatte, hatte alle Hände voll zu tun, um den Betrieb aufrecht zu erhalten. Er wurde seit kurzer Zeit unterstützt von einem Mitarbeiter des Senats in einem der inzwischen geschlossenen, weil entbehrlichen Passierscheinbüros, und von einem äußerst engagierten und talentierten Regierungsrat zur Anstellung, der nie zögerte, auch noch am späten Freitagnachmittag einen Auftrag anzunehmen und vor dem Wochenende zu erledigen. In der Magistratskanzlei waren zwei Kollegen aus der östlichen Verwaltung tätig. Wir haben alle viel voneinander gelernt, vor allem an Zusammenhängen von Strukturen, Vokabeln der einen und der anderen Seite und die Bedeutung dieser verflixten Abkürzungen.

Ein Kollege im Referat für Wissenschaft, Kultur, Familie und Jugend entsprach keinem Klischee von einem Mitarbeiter der staatlichen Organe Ost, aber auch keinem Idealtyp im öffentlichen Dienst West. Er war ein Glücksfall für die Abteilung, eins mit sich und der noch geteilten Stadt „trotz dass" – wie er zu sagen pflegte.

Das Referat für Bauen und Stadtentwicklung bestand zu zwei Dritteln aus Ost-Berliner Kollegen. Hier war vor allem auch Ortskenntnis gefragt, die für das östliche Berlin kaum ein Kollege aus dem Westen haben konnte. Das systematische Erkunden der Osthälfte Berlins war bis zum Mauerfall doch mühsam, es blieb also meist beim Zufallswissen von Touristen. In diesem thematischen Bereich war der Ergänzungsbedarf besonders augenfällig. Ihre hervorragende Sachkenntnis gepaart mit einer auch schon vor dem politischen Erdbeben entwickelten Kritikfähigkeit brachten die Neuen, die die Alten waren, mit. Sie haben der gesamten Abteilung gut getan.

Wer aus dem Rathaus Schöneberg verfügte schon über genaue Kenntnisse des Gesundheits- und Sozialwesens der DDR. Eine Ost-Berliner Kollegin arbeitete sich schnell ein, war kompetent und interessiert, den Westteil der Stadt kennen zu lernen. Sie traf auf einen fürsorglichen Referatsleiter, der sich um ein schnelles Aneinandergewöhnen von Ost und West in seinem Referat besonders kümmerte. Er wusste ihre Sachkenntnis zu schätzen. Als die Diskussion in den 1990er-Jahren um die Struktur des Klinikbereichs der Berliner Universitäten entbrannte, die ja wesentlich als Spardiskussion und weniger als Suche nach den optimalen Forschungsbedingungen und einer bestmöglichen Krankenversorgung in der zusammenwachsenden Stadt geführt wurde, wurden sie ein unzertrennliches Team in der Beratung der politischen Führung.

Ähnlich unersetzlich war einer, der beides mitbrachte, Vision und Bodenhaftung. Die Stadt war ja kein Labor, sondern ein lebendiger Organismus, und sie war in einem Zustand, der schnellstens überall grundlegender Veränderungen bedurfte. So kam er gerade recht, um den Westkollegen mit seiner Unaufgeregtheit ein Signal für Sachlichkeit zu geben, und um den Ostkollegen vorzumachen, wie man sich am alten Ort in der neuen Umgebung engagiert und mitredet in Angelegenheiten, von denen man etwas versteht, also immer dann, wenn es um den Ost-Anteil an der Gesamtheit ging.

Schwierig zu vermitteln war bisweilen die Bereitschaft, eine aus der Fachkenntnis begründete, an den geltenden politischen Zielen gemessene eigene Meinung vorzutragen, also die politische Führung wirklich zu beraten. Diese Zurückhaltung war wohl eine allgemeine Folge des zentralistischen DDR-Systems, das keine Beratung von unten, sondern die Weisung von oben bevorzugte. Aber gerechterweise muss hier sofort eingeräumt werden, dass die Neigung der politischen Führung, sich beraten zu lassen, ebenso wenig verbreitet und die Energie von Mitarbeitern, es trotzdem immer wieder zu tun, auch bei den erfahrenen Kollegen aus dem Westen nicht gerade häufig anzutreffen war und ist.

Man transportiert eben doch lieber das, was einem die Fachverwaltung auf Nachfrage, die zugleich Rückversicherung bedeutet, empfiehlt. Wie wohltuend war da die Wissbegierde des Oberbürgermeisters, der sich Fakten und Empfehlungen anhörte, um *danach* zu entscheiden. War er vielleicht doch nicht der richtige Typ für den regulären Politikbetrieb?

Diese Mischung von Ost und West war für beide Rathäuser eine radikale Neuerung und hat die Kompetenz und die Kollegialität langfristig gründlich verändert. Die fachlichen Vorkenntnisse bei den Referenten verbreiterten sich, der regionale Horizont umfasste nun wirklich Groß-Berlin, die Biografien waren noch bunter als schon bisher. Juristen trafen auf Diplom-Ingenieure, Staatswissenschaftler aus der Deutschen Akademie für Staats- und Rechtswissenschaft „Walter Ulbricht" in Potsdam-Babelsberg oder deren Nachfolgerin auf Diplom-Politologen aus dem Otto-Suhr Institut der Freien Universität in Berlin-Dahlem, Diplom-Ökonomen (Ost) auf Sozialwissenschaftler (West). Die einen verfügten über eine Facharbeiterausbildung als Stenotypistin, andere waren ganz einfach versierte Sekretärinnen, die es verstanden, „den Laden zu schmeißen". Die neue Lebendigkeit der Stadt schwappte in die Rathäuser.

Und wie war das eigentlich mit den politischen Grundansichten und aktuellen Meinungen? Gab es auch eine buntere Parteienmischung? Vielleicht, aber keiner wusste es. Es galt grundsätzlich als Privatangelegenheit, ob jemand überhaupt in einer und dann in welcher Partei er seine Freizeit verbrachte. Es war ja für die Stammbelegschaft kein Einstellungsmerkmal, so wenig wie Postleitzahl, Religionszugehörigkeit oder Haarfarbe. Man wusste von wenigen, wem sie Beiträge zahlten und im Übrigen meist nicht besonders sanft mit „ihrer" Partei umgingen. Die Qualität ihrer Arbeit hat das nicht beeinflusst. Mit der früheren SED-, der nachfolgenden SED/PDS- oder der späteren PDS-Mitgliedschaft war das anders. Da hätte mancher schon gern gewusst, aus welchen Gründen und mit welchem Eifer sich jemand der „Avantgarde der Arbeiterklasse" angeschlossen hatte, mit welchen beruflichen und materiellen Vorteilen und ob und ab wann mit welchen Skrupeln dies verbunden war. Dies aber blieb grundsätzlich ein wohl gehütetes Geheimnis.

Nachdem die Daten einigermaßen feststanden, ging es um die Vorbereitung einer dauerhaften Struktur und um die Bewilligung der dafür erforderlichen Stellen. Das Improvisieren war ja für eine begrenzte Zeit unterhaltsam, aber doch auch zeitraubend. Zeit aber war das, was in diesen Wochen am meisten fehlte. Und so fehlte sie auch eigentlich für das ruhige Nachdenken und das hieb- und stichfeste Begründen für einen Stellenbedarf zur Erledigung einer in ihrem Ausmaß gänzlich unbekannten Aufgabe. Es war so ähnlich wie das Dilemma eines Regisseurs, der seinem Intendanten einen Besetzungszettel einreichen muss, ohne die Stücke und alle Schauspieler zu kennen, die diese in der nächsten Spielzeit spielen sollen. Mit einem Schriftstück vom 1. Oktober an die Haushaltsabteilung wurden „unter Zugrundelegung einer erkennbar größeren Quantität der Gesamtstadt gegenüber dem bisherigen Berlin (West) genügend Anhaltspunkte für einen begründeten Mehrbedarf an Stellen durch mit großer Sicherheit zu erwartende Aufgabenvermehrungen formuliert". Einfacher gesagt: Schon bisher waren ja nicht zwei komplette Abteilungen parallel entstanden, die es etwa zu erhalten galt. Es gab vielmehr zahlreiche Doppelfunktionen, so dass es vor allem um eine realistische Einschätzung des Mehrbedarfs für den hinzukommenden Ostteil ging. Das, was seit dem Sommer praktiziert wurde, war ausreichend und so wurde die Besetzung der erforderlichen Stellen durch die bereits bekannten Ost-Kollegen empfohlen, soweit es von ihren Referatsleitern positive Beurteilungen gab. Mangel bestand schon seit langem an Schreibkräften; wir lebten ja noch in der Ära elektrischer Schreibmaschinen. „Es sollten deshalb bereits jetzt alle Anstrengungen unternommen werden, um vorhandene Schreibkräfte der Magistratskanzlei zu halten, deren Stellen im Stellenplan zu sichern und auf jede andere denkbare Weise... die erforderlichen Kapazitäten zu erreichen." Im Juni des nächsten Jahres lagen die Bewilligungen mit den neuen Gehaltsgruppen vor. Haushaltsrecht und Vereinigung vertrugen sich erst einmal nur mäßig.

Es bleiben Wunden: Nicht alles wächst zusammen

Es war ein langer Weg mit unbekanntem Ziel. Was sollte denn erreicht werden? Erst dem Regierenden Bürgermeister und dem Oberbürgermeister und später dem jeweiligen Regierenden Bürgermeister beim Zusammenfügen der beiden Stadthälften behilflich zu sein, war der generelle Auftrag. Im Juni hatte die Arbeit der Personalkommission des Magistrats für alle Verwaltungsteile begonnen. Ab Juli gehörte ich in der Nachfolge des verstorbenen Chefs der Magistratskanzlei kurzer Hand und mehr auf Zuruf und damit äußerst unfreiwillig dazu. Diese Kommission sollte alle wichtigen Personalfragen für den Magistrat vorklären, insbesondere Abschluss und Kündigung von Arbeitsverträgen sowie Höhergruppierungen in den oberen Gehaltsgruppen 10 bis 15. Nun war das nicht die Zeit für Gehaltserhöhungen und für Neueinstellungen. Und wenn wirklich eine Stelle neu besetzt werden musste, dann blieb kaum ein Spielraum dafür, den Vorschlag mit dem bereits persönlich ausgesuchten Kandidaten gegenüber dem betreffenden Stadtrat abzulehnen.

Wie sich das für Behörden, schon gar in so unübersichtlicher Lage, gehört, gab es Verfahrensregeln und Formulare, Regeln mit Ausnahmen für besonders eilige Fälle – und welche waren das nicht! – und sonstige Besonderheiten, Formblätter mit Rubriken, die niemand ausfüllen konnte. Immer handelte es sich um den Versuch, sich dem Normalzustand so weit wie möglich anzunähern und zugleich die befristete Einmaligkeit zu berücksichtigen, den Ausnahmezustand, der eigentlich in der ganzen Stadt herrschte, ohne dass er amtlich erklärt worden war. Das Durcheinander war ja nicht geringer beim Zusammenkommen 1990 oder später, als es vor über vierzig Jahren 1948 bei der Spaltung gewesen war. Der Ostteil war nun zusätzlich in sich geteilt in die von gestern, also vor 1989, die ja nicht plötzlich völlig von der Bildfläche verschwunden waren, und in die von jetzt und morgen, die erst umbauen mussten, um dann zusammenbauen zu können, und dabei in Vielem systembedingt unfreiwillig ungeübt waren. Die jetzt die Macht hatten, waren bis eben noch ohnmächtig. Und sie wollten anders davon Gebrauch machen als ihre Vorgänger und auch anders als deren Widerpart im Westen.

Am 5. Juli saß ich in einer Kommission, nicht als Zuschauer oder Protokollant, sondern als beauftragtes und stimmberechtigtes Mitglied, nicht als Person, sondern in einer Funktion, in Nachfolge für Peter Thömmes. Der sollte ja eigentlich auch nur Tino Schwierzina vertreten, den Oberbürgermeister, dessen Auffassung *er* vielleicht geahnt hätte, die aber sein Vertreter nicht kannte.

Die demokratische Legitimation des Gremiums war eindeutig. Und doch blieb bis zuletzt das Gefühl, an der Verhandlung eines ganz besonderen und einmaligen Schiedsgerichtes teilzunehmen. Das hieß ja noch nicht automatisch, dass das jeweilige Ergebnis ungerecht war. Und wie hätte man anders diese Entscheidungen, die der Magistrat zu treffen hatte, vorbereiten sollen. Es konnte nur unter Ausschluss der Öffentlichkeit verhandelt und mit größter Sorgfalt die Prüfung der Unterlagen erfolgen. Und die fachkundigen Kollegen aus der West-Berliner Innenverwaltung berieten in Rechtsfragen, wirkten aber an den Entscheidungen nicht mit. Bei dem einen oder anderen war das beruhigend.

Jetzt ging es um die Neueinstellung eines Abteilungsleiters beim Stadtrat für Wissenschaft und Forschung. Ein solches Ressort hatte es in dem weit umfangreicheren Vorgänger-Magistrat nicht gegeben. Vielmehr tauchte das Stichwort als Abteilung Wissenschaft/Technik beim Amt für Regionalentwicklung auf, das von einem der acht stellvertretenden Oberbürgermeister geleitet worden war. Es war also leicht einzusehen, dass die Forschungsabteilung eine Leitung brauchte, am besten noch heute. Und so las man dort, wo über die Modalitäten der Stellenausschreibung berichtet werden sollte, stattdessen den Hinweis, „wegen der Dringlichkeit der Aufgabenwahrnehmung muß die Stelle sofort besetzt werden." Die Einstellung war für den 10. Juli vorgesehen, da musste der Magistrat sich schnell entscheiden. Ähnlich lagen zwei weitere Anträge dieses Stadtrates. Seine Kollegin für Gleichstellungsfragen brauchte eine Pressesprecherin. Wenn zutraf, was die Beratungsvorlage mitteilte, nämlich „eine Stellenausschreibung war nicht erforderlich, da die Stelle seit dem 1. Juli besetzt ist (Magistratsbeschluß)", dann war dieses Verfahren eine Farce. Man konnte die Inanspruchnahme von Ausnahmen von der Regel auch übertreiben!

Die für diese Personalkommission geschäftsführend tätige Magistratsverwaltung für Inneres, u. a. für Grundsatzangelegenheiten des Rechts der Dienstkräfte im öffentlichen Dienst verantwortlich, begehrte die Zustimmung zur Kündigung mit einer Frist von 6 Wochen von sieben Referatsleitern und drei Mitarbeitern, denen das Kündigungsschreiben bereits vier Arbeitstage zuvor zugestellt worden war. Begründet wurde die Kündigung mit Umorganisation der Verwaltung, Sparsamkeit im Umgang mit öffentlichen Geldern und der Verwaltungshilfe aus West-Berlin. Letzteres war ein besonders instinktloses Argument. Kein westlicher Helfer dachte daran, einem Kollegen aus dem Osten die Arbeit wegzunehmen.

Hinsichtlich halbwegs ordnungsgemäßer Abläufe also keineswegs verwöhnt, wunderte es schon nicht mehr, in den Sitzungsunterlagen eine Ankündigung zu finden, der Stadtrat für Gesundheit habe eine Liste von 20 Personalvorgängen (Kündigungen), die er erörtern wolle, angekündigt. Überraschend war vielmehr, dass er sich dabei von den jeweils zuständigen Personalratsvertretern begleiten ließ, die zu jedem Einzelfall ihren Kommentar abgaben bzw. sich ein Votum vorbehielten. Die Liste enthielt Namen von Chefärzten, Ärztlichen oder Ökonomischen oder Verwaltungs-Direktoren und Bezirksapothekern, die meisten über 50, der jüngste 47 Jahre alt. Es gab eine lange Befragung, eine leidenschaftliche Diskussion, es war ein lohnender Zeitaufwand, wenngleich weder die fachliche Leistung noch eine politische Belastung von den Wenigsten in diesem Kreis beurteilt werden konnten, um eine für die Betroffenen und für das Gemeinwesen gleichermaßen begründbare Entscheidung zu empfehlen.

Die von Kollegen aus der damaligen Senatskanzlei beratene bzw. bestehende Personalabteilung der Magistratskanzlei ermittelte den Bedarf für die künftig gemeinsame Arbeit. Deren Art und Umfang kannte zwar keiner, aber irgendetwas musste ja überlegt werde, was mit den vielen Menschen geschehen sollte. Der Einigungsvertrag ging in seinem Kapitel XIX davon aus, dass im öffentlichen Dienst der DDR zu viele Mitarbeiter tätig waren, die mit der Vereinigung nicht benötigt wurden. Mit dem Tag des Beitritts sollte deren Arbeitsverhältnis „ruhen", mit 70 Prozent des bisherigen Einkommens. Würde innerhalb von sechs Monaten keine Weiterverwendung stattfinden, galt das Arbeitsverhältnis als gekündigt. Eine ordentliche Kündigung war auch zulässig, wenn beispielsweise die bisherige Beschäftigungsstelle ersatzlos aufgelöst wurde. Das stand nun für die Magistratskanzlei bevor, denn das ganze Ziel der Magistratspolitik bestand ja in der Vereinigung mit dem Westen. In Berlin stand nur das Datum noch nicht fest. „Abwicklung" – so nannte man diesen Vorgang – wäre das passende „Unwort" des Jahres 1990 gewesen. Es hätte auch – als falsche Hoffnung erweckend – „Warteschleife" sein können.

So fiel dem Vertreter des Kanzleichefs eine Aufgabe zu, die als die unangenehmste dieser Monate in Erinnerung blieb. War denn das richtig, was hier passierte? Was würden die denken, denen die Einheit das Ende ihres Berufslebens brachte? Was war daran gerecht? Die Entscheidungen waren im November 1990 nach vielen Einzelgesprächen mit den neuen Vielleicht-Kollegen, nach ausführlichen Beobachtungen ihrer Fähigkeiten, nach endlosen Sitzungen innerhalb der Abteilung, nach intensiven Diskussionen mit der Personalabteilung und deren sorgfältiger Prüfung der Haushaltslage gefallen.

Bekannt waren die Beurteilungen der Referatsleiter aus der täglichen Zusammenarbeit in der Abteilung. Oft waren sie eindeutig: „Herr Z.[81], Spezialist, der hervorragende Fach- und Detailkenntnisse aufweist, die er jedoch nicht übergeordnet einsetzen kann. Leistungswillig, aber sehr wenig lernfähig, da betont schwerfällig. Bemerkenswert ist sein nicht erklärbares oppositionelles Sperrverhalten. In seiner Persönlichkeitsstruktur verschlossen und zurückhaltend. In schriftlichen Formulierungen sehr formal und ungeübt. Es bestehen Zweifel, ob er in der MagKzl seinen Fähigkeiten entsprechend optimal eingesetzt ist." Sperrig zu sein, war keine Empfehlung. Lernfähig hätte man aber doch sein sollen.

Von den zwei wie folgt Beurteilten konnte nur einer genommen werden. „Herr G. erfahrener Praktiker, in der Zusammenarbeit freimütig und konstruktiv, im Auftreten verbindlich und freundlich, anpassungsfähig und flexibel. Im mündlichen Ausdruck vergleichsweise gewandt, in schriftlichen Formulierungen klar, aber noch nicht ausgeprägter Stil. Verfügt über gute Kenntnisse der spezifischen Probleme im Ostteil der Stadt." Der andere war der „für Anregungen sehr offene, lern- und leistungswillige, im Auftreten bescheidene und zurückhaltende, jedoch nicht unsichere Herr

K". Auch wenn „anpassungsfähig und flexibel" eigentlich hätten hellhörig machen müssen, G. gewann. Waren das die Eigenschaften, die das geeinte Berlin brauchte?

Mein zweiter fester Arbeitsort neben der Senatskanzlei im Rathaus Schöneberg war das Büro des Chefs der Magistratskanzlei, gleich neben dem des Oberbürgermeisters. Ein vergleichsweise großer Raum, mittendrin eine Säule, die das Gewölbe in alle vier Ecken stützte, zwei Kronleuchter aus Messing im Stil der 50er-Jahre mit einem Dutzend gelblicher Milchglasglocken. Die Fensterfront gab den Blick auf den Rathausvorplatz mit dem Neptunbrunnen frei. Irgendjemand hatte die Termine mit den Mitarbeitern verabredet, denen ihre wahrscheinliche Entlassung mitgeteilt werden sollte. Es war Freitag, der 23. November 1990. Der postkartengroße Zettel mit den fünf Namen und den vorgesehenen Zeiten war schon für sich aussagekräftig: Wie konnte man so eine Unterrichtung im Zehn-Minuten-Abstand erledigen! Innerhalb einer Stunde war ein ganzes Panorama von Schicksalen zu erleben, die das bereits erfolgte Ende der DDR und die noch bevorstehende Einheit bewirkten. Das erste Gespräch führte ich mit einer Frau, deren Mann gerade die gleiche Mitteilung bekommen hatte. Nun waren voraussichtlich beide arbeitslos. Eine andere, alleinstehend, wusste nicht, was sie jetzt mit sich anfangen würde. Eine dritte war über 50 Jahre alt und rechnete nicht mehr mit einer anderen Beschäftigung. Zwei weitere Gesprächspartner reagierten sehr verschieden. Als hätte er von dem Sieg der Kapitalisten nichts anderes als seine Entlassung erwartet der eine, der andere mit großer Betroffenheit, dass er sich über die herbeigesehnte neue Zeit so gründlich getäuscht hatte.

Ungeübt und ungewollt in der Rolle des Boten mit der schlechten Nachricht, hatte ich mir viele Gedanken gemacht und alles zurechtgelegt, um die Botschaft erträglich zu machen. Aber so von Angesicht zu Angesicht passte das gar nicht mehr. Einzelheiten hat das Gedächtnis nicht bewahrt.

Vermutlich wurde die befristete finanzielle Absicherung erläutert, wurden die Bemühungen erklärt, alle Kollegen aus dem einen in das andere Rathaus zu übernehmen. Zugleich musste aber eingeräumt werden, dass dies nur für ca. 80 Prozent erfolgreich gewesen und für die anderen 20 Prozent kein Trost war. Die gegenüber saßen, waren und blieben einem unbekannt. Traf die Entscheidung jemanden, der unter dem SED-Regime Probleme gehabt hatte und nun wieder zu den Verlierern gehörte? War ein anderer vielleicht ganz froh, auf diese Weise aus dem Staatsdienst ausscheiden zu können und dafür noch ein halbes Jahr bezahlt zu werden? Konnte überhaupt irgendjemand so verrückt denken und heilsame Worte für die endlose Vielzahl verschiedener Biografien und daraus folgender Schicksale finden? Wer war denn für die Spaltung verantwortlich, deren Beendigung nun zu dieser Situation geführt hatte? Aber da saß er nun mal, noch dazu aus dem Westen, auf diesem Stuhl auf der Chefseite des Tisches und die anderen mussten sich das in ihrer Abwesenheit gefällte Urteil anhören. Beschränkte man sich auf die Rolle des Überbringers der schlechten Nachrichten oder repräsentierte man in dieser Situation das Neue? Es war ein schwarzer Freitag.

Am Dienstag danach wurde von Senat und Magistrat die Auflösung der Magistratskanzlei mit Ablauf des 31. Dezembers 1990 beschlossen. Deren vorerst in die Senatskanzlei übernommenen Mitarbeiterinnen und Mitarbeiter erhielten einen Brief mit der Mitteilung, sie würden „zur Bewältigung eines erhöhten Arbeitsanfalls in einer Übergangszeit zu unveränderten arbeitsrechtlichen Bedingungen auf zwei Jahre befristet" weiterbeschäftigt. Für einige gelang es, eine dauerhafte Beschäftigung in der Berliner Senatskanzlei bis zum Erreichen der Altersgrenze zu erreichen. Der „erhöhte Arbeitsanfall" erwies sich – die Bevölkerung hatte sich aus westlicher Sicht um die Hälfte, die zu verwaltende Fläche um 80 Prozent vermehrt – aus bekannten Gründen als eine äußerst erfreuliche Dauererscheinung.

8. In guter Verfassung

Am Anfang steht die Streichung eines Halbsatzes. Die SED-dominierte Volkskammer der DDR ändert am 1. Dezember 1989 die Verfassung einstimmig bei fünf Enthaltungen und schafft die seit 1968 dort verankerte Führungsrolle der SED ab. Mit dem „Gesetz zur Änderung und Ergänzung der Verfassung der Deutschen Demokratischen Republik" vom 17. Juni 1990 wird durch die neue Volkskammer die Vorherrschaft der SED auch juristisch beendet. Unverzüglich und ab sofort ist die DDR „ein freiheitlicher, demokratischer, föderativer, sozialer und ökologisch orientierter Rechtsstaat." Am 11. Juli wird die Verfassung für Ost-Berlin beschlossen, am 25. Juli 1990 verkündet und damit in Kraft gesetzt.

Siebeneinhalb Monate lang wird Berlin, erst parallel und dann gemeinsam, von zwei demokratisch legitimierten Regierungen und Parlamenten regiert und kontrolliert. Die Bundesregierung unter Helmut Kohl und die DDR-Regierung unter Lothar de Maizière treffen die Vorbereitungen für die Währungsunion und führen die Zwei-Plus-Vier-Verhandlungen mit den Siegermächten des Zweiten Weltkrieges um die Wiedervereinigung. In Berlin geht es um die Finanzierung der Schulspeisung und die Stimmungslage von Investoren, um Abhöranlagen im Rathaus, um die Zusammenfügung des zerrissenen S- und U-Bahn-Netzes und um den Weihnachtsmarkt, aber auch um das Verschwinden des Checkpoint Charlie in der Friedrichstrasse und die drohende Zahlungsunfähigkeit. Es beginnt der Wettlauf mit der Ungeduld.

Tagesthemen: Das Wichtigste in Kürze

Berlin zu regieren, hieß in Ost und West seit der Spaltung der Stadt, Internationales mit dem Kommunalen in Einklang zu bringen, sich in der Außenpolitik auszukennen und um den Wochenmarkt zu kümmern. Dem am 30. Mai 1990, mitten in den durch das Volk der DDR aufgewühlten Turbulenzen der Weltpolitik gewählten Magistrat ging es da nicht anders. Manchmal musste man sich auch in eigener Sache und sicherheitshalber schriftlich an die eigene Hausverwaltung im Rathaus Schöneberg wenden. Sie möge „auf Grund der bevorstehenden Kontaktaufnahme mit den Mitarbeitern des Magistrats in Ost-Berlin die Telefonapparate der Abteilung III" für Ferngespräche in die Nachbarstadt frei schalten. Man kann es nennen, wie man will: Allerlei, Kaleidoskop, Potpourri, Sammelsurium, Vermischtes – es war von allem etwas, ein Spiegelbild der damaligen Aufgaben, Chancen, Sorgen und Erfolge, mit allen Zwischentönen auf der Skala der Bedeutungslosigkeit. Das Folgende streift beispielhaft einen Bruchteil der Themen der Stadt, die die Verwaltungen beschäftigten. Berlin war in diesen Monaten zwei durcheinandergewirbelte Städte, die am Ende gemeinsame Sache machen wollten. Morgens um 8.00 Uhr fand die erste Besprechung beim Oberbürgermeister statt. Regelmäßige Teilnehmer waren die Chefs der Magistrats- und der Senatskanzlei, der Sprecher des Magistrats Christian Hoßbach, der SPD-Fraktionsvorsitzende Knut Herbst, die Abteilungsleiter der Senatskanzlei Dietrich Hinkefuß und der Verfasser. Manchmal wurde auch der Stadtrat für Inneres oder der eines anderen Ressorts gebraucht. Immer war für einen „kurzen Draht" zwischen Ost und West gesorgt. Dennoch hatte einiges immer noch eine „lange Leitung".

Der Oberbürgermeister saß dabei an seinem Schreibtisch, mit Blick auf einen rechtwinklig daran anschließenden langen Tisch mit beiderseits vier Plätzen. Dieter Schröder, der Chef der Senatskanzlei, qualifizierte diese Sitzanordnung, die er schon bei Beschreibung eines ersten Besuches im Rathaus bei Erhard Krack als „Dispatcher-Garnitur"[82] verspottet hatte, „nicht nur der Form nach [...] aus der Zeit der sozialistischen Leitungskader."[83] Das „Stühlerücken" hatte sich bisher also auf den Wechsel der Stuhlbenutzer beschränkt. Mir war das nicht als so störend aufgefallen, da ich mich – bald gab es eine feste Sitzordnung – ausreichend gut platziert fühlte und keineswegs den Eindruck hatte, zum Befehlsempfang angereist zu sein. Viel bemerkenswerter schien die unter dem OB-Schreibtisch installierte Zusatzheizung zu sein, die auf mögliches frostiges Klima im Rathaus hinzudeuten schien: Ein Heizkörper, wie er aus den S-Bahnwagen der Deutschen Reichsbahn unter deren Holzbänken bekannt war. Oder war diese durchlöcherte schwarze Blechröhre nicht das Schutzblech für die Heizspirale, sondern nur die Tarnung für die Platzierung eines zusätzlichen Mikrofons gewesen? Oder einfach nur ein Privileg des Oberbürgermeisters, beim Regieren keine kalten Füße zu bekommen.

Diese morgendliche Runde beim OB entwickelte sich bald zu einem äußerst wirkungsvollen Gesprächskreis. Das schloss nicht aus, dass gelegentlich auch Stichworte auftauchten, die bei rückblickender Betrachtung nicht unbedingt die Anforderung an große Themen der Endzeit der Spaltung zu erfüllen schienen, damals jedoch als höchst wichtig eingestuft wurden, wie etwa: Lässt sich die Telefonanlage des Oberbürgermeisters mit einem Lautsprecher zum Freisprechen ausrüsten? Wann werden die Toiletten im Rathaus in einen benutzbaren Zustand gebracht worden sein? Kann, um weiteren Einbruchsversuchen vorzubeugen, die Verwaltung behilflich sein, das Schloss an der Wohnungstür des Oberbürgermeisters in Weissensee auszuwechseln? – Das Meiste war dann aber doch noch wichtiger.

Zu Beginn etwas nicht Alltägliches. Der Magistratsbeschluss über die Ehrenbürgerschaft des Bundespräsidenten Richard von Weizsäcker sollte für den 12. Juni vorbereitet werden, nachdem die Fraktionen der Stadtverordnetenversammlung ihre Zustimmung signalisiert hatten. In West-Berlin war es üblich, dem amtierenden Bundespräsidenten die Ehrenbürgerwürde zu verleihen. Bei Theodor Heuß geschah dies bereits wenige Wochen nach Amtsantritt, im Oktober 1949. Da sich bei Richard von Weizsäcker sehr früh eine große Mehrheit für seine Wiederwahl abgezeichnet hatte, war die Ehrung in seine zweite Amtsperiode von 1989 bis 1994 verschoben worden. Als man in Ost-Berlin von der Absicht des Senats gehört hatte, war ziemlich schnell Einvernehmen, diesen Beschluss gemeinsam zu fassen. So ergab sich die für alle glückliche Konstellation, dass er der erste Gesamtberliner Ehrenbürger werden konnte.

Kurz vor Inkrafttreten der Währungsunion am 1. Juli 1990 wurde das Thema Finanzen in allen Facetten immer wichtiger. Wie ist der Haushalt bis zum Jahresende zu finanzieren, welche Folgen ergeben sich aus der offenen Grenze für die Konkurrenz zwischen Ost und West bei Gehältern und vielem sonst? Fragen über Fragen an den Stadtrat für Finanzen und andere.

Die zwei Verwaltungsebenen in Berlin sind ja nicht immer klar getrennt und selbst dann sind sie keine Erleichterung für schnelle Entschlüsse. Zur Klimapflege sollte gemeinsam mit dem Regierenden Bürgermeister der Rat der Bürgermeister[84] zu einer Sitzung mit allen 23 Bezirksbürgermeistern einberufen werden. Tino Schwierzina hatte diese Idee einen Tag nach der ersten gemeinsamen Sitzung von Magistrat und Senat. Sie war ja politisch ganz naheliegend. Aber sie warf auch ein Licht auf das Exotische der Lage: Da beriet ein Ausschuss der Stadtverordnetenversammlung mit viel Mühe über eine eigene Verfassung für den Ostteil Berlins, die möglichst bald in Kraft gesetzt werden sollte, und der Oberbürgermeister nahm derweil einen Artikel der West-Verfassung zur Grundlage, ein solches Gremium einzuberufen und schloss sich damit kurzerhand dem Weststandpunkt an, wonach die Verfassung vom 1. September 1950 ohnehin in ganz Berlin galt.

Der Oberbürgermeister führte ein Gespräch mit dem sowjetischen Botschafter Kotschemassow. Auch diese Kontakte durften nicht vernachlässigt werden. Immer noch galt es, um das Wohlwollen der Sowjetunion zu werben und zu zeigen, dass die gewandelte DDR-Hauptstadt zwar Probleme hatte, aber nicht im Chaos eines Umsturzes versank. Das war keine Aufgabe für den Kollegen von nebenan.

Am Freitag, 22. Juni, klebte morgens an der Tür zum Raum 106, dem Vorzimmer des Oberbürgermeisters, ein Zettel: „Peter Thömmes in der Nacht gestorben". Betroffenheit. Nachdenken. Was jetzt? Die übliche Besprechung entfiel. Alles Eilige musste jetzt warten, für ein paar Stunden. Dann verlangte die Routine ihr Recht. Ich fuhr früher als sonst in das Rathaus Schöneberg, freitags um 10.00 Uhr kam meine Abteilung zur Vorbesprechung der nächsten Senatssitzung mit dem Chef der Senatskanzlei zusammen.

Ende Juni sprach der Oberbürgermeister das Thema Straßenumbenennungen an, ein Thema, das viele eilig fanden. Andere fragten, wozu? Zunächst sollte die Zuständigkeit geklärt werden. Dann sollte, als Allheilmittel zur Lösung schwer überschaubarer Probleme, eine Kommission eingesetzt werden. Das war ein guter Platz, um „heiße Eisen" abkühlen zu lassen. Schließlich war es eine farbenfrohe Mischung plötzlich missliebiger Personen, deren Namen niemand mehr kennen wollte, zu Recht oder auch zu Unrecht. Es reichte von August Bebel und Klement Gottwald über Karl Maron und Otto Nuschke bis Clara Zetkin.

Zwischenbericht über den Stand der Verhandlungen zum Einigungsvertrag durch Dieter Schröder: Zwei inhaltsgleiche Wahlgesetze für einen gemeinsamen Wahltag, 24 Stunden danach, am 10. oder 17. Dezember, werde der Beitritt der DDR nach Artikel 23 des Grundgesetzes wirksam, 30 Tage danach trete der Bundestag zusammen, bis dahin Geschäftsführung durch Bundesregierung und 5 Ministerpräsidenten aus den DDR-Ländern, Rolle Berlins dabei offen. Einheit sei für Mitte Dezember zu erwarten, bis dahin müssten Vorbereitungen für einheitliche Verwaltung abgeschlossen sein. Es war nicht der letzte Bericht, der durch die Ereignisse überholt wurde.

Treffen des Oberbürgermeisters mit der ÖTV, da die Einleitung der Gebührenerhöhung bei den städtischen Betrieben dringend wurde. Danach Gespräch mit Stadtrat Blankenhagel über den Streik bei den Stadtwirtschaftsbetrieben. In dieser Besprechung kam die verzwickte Lage zu Tage: Die Einnahmen reichten nicht für höhere Löhne. Die Tarife mussten durch die Stadtverordnetenversammlung festgelegt werden. Schon jetzt waren die kommunalen Wohnungsgesellschaften wegen fehlender Mieteinnahmen mit ihren Zahlungen an die Stadtreinigung im Rückstand. Im Übrigen handelte es sich um einen „wilden" Streik. Es musste Tarifverhandlungen geben. Was machte Berlin ohne Müllabfuhr? Die ÖTV werde sich mit dem Sprecherrat in Verbindung setzen, der Magistrat in seiner nächsten Sitzung beraten.

In dieser Besprechung wurde auch erstmals das drohende Defizit bei den Ost-Berliner Verkehrsbetrieben mit 800 Millionen DM beziffert, wenn es bei den 20-Pfennig-Tarifen bleiben würde. Jeder wusste, dass dies bei offener Grenze nicht durchhaltbar war.

Jetzt war es soweit: Erste Gemeinsame Sitzung aller Bezirksbürgermeister und Stadtbezirksbürgermeister. Eine der Premieren, die mehr Symbol- als praktische Wirkung hatte. Aber wegen des gegenseitigen Kennenlernens war sie doch nützlich. Durch die Berichterstattung im Lokalteil der Zeitungen kam etwas von dem Zusammenwachsen der Stadt in den Bezirken und Kiezen an.

Die Ausländerbeauftragte des Magistrats, Anetta Kahane, trug vor. Die Stadt sei nicht auf Ausländer vorbereitet. Es sei ein starker Zustrom von Juden aus der Sowjetunion zu verzeichnen. Das Asylthema sei ungeklärt. Sollte eine Abschiebung von vietnamesischen Arbeitnehmern erfolgen, deren Arbeitsverträge ausgelaufen waren? Sie brauchte personelle Verstärkung. OB sagte zwei Stellen zu. Am selben Tag Verleihung der Ehrenbürgerwürde von Berlin an den Bundespräsidenten. Richard von Weizsäckers Rede war ein eindringliches und unüberhörbares Plädoyer für Berlin als deutsche Hauptstadt und als Ort der Regierung: Am Weg zwischen Rathaus und Nikolaikirche winkten ihm die streikenden Müllfahrer freundlich zu. Das passte nicht gut zusammen: Der Bundespräsident warb für Berlin als weltoffene Hauptstadt und die hiesige Ausländerbeauftragte warnte, Ost-Berlin könne mit Ausländern nicht umgehen. Und beide hatten Recht. Die Berliner in der DDR-Hauptstadt nahmen Ausländer offenbar überwiegend als lästige Polen, dunkelhäutige Studenten und hilfsarbeitende Vietnamesen wahr, von den Touristen aus aller Welt, die am Abend wieder nach West-Berlin davonfuhren, abgesehen. Die genaue Zahl kannte wohl niemand. Später wurde sie mit 23.500 Personen ermittelt. Der Ausländeranteil betrug 1990 im Ostteil 1,8%, knapp 14% im Westteil.[85]

Der Oberbürgermeister gab vor der Stadtverordnetenversammlung eine Erklärung zur Lage nach der am 1. Juli erfolgten Währungsunion ab. Die Verunsicherung war groß. „Alle" hatten die D-Mark gewollt. Kaum hatte man sie, zeigte sich die Kehrseite dieser Münze. Diese Währung galt als „hart". Die Preise würden steigen.

Zur Werbung für eine positive Hauptstadt-Entscheidung sollten Bundestagsabgeordnete in das Gästehaus des Magistrats in Friedrichshagen eingeladen werden. Daraufhin besichtigte ich das Objekt im Rahmen einer „Dienstfahrt", um zu wissen, was die Abgeordneten dort erwartete. Es lag weit ab vom Stadtzentrum, dafür sehr idyllisch. Der Fahrer kannte den Weg. Zu erleben war „Wandlitz" für die zweite Garnitur. Eine Mixtur aus Jagdschloss-Imitat und Plaste aus Schkopau: Hirschgeweihe und Polyesterfelle, Meißener Porzellan und Kunstleder.

Der Bezirk Mitte sollte angehalten werden, für den Fischmarkt am Alexanderplatz Gebühren zu kassieren.

Stadtrat Pieroth wurde um Bericht über einen möglichen Wochenmarkt vor dem Berliner Rathaus gebeten.

Der Entwurf der Magistratsvorlage über die Gehälter für die Mitglieder des Magistrats und der Bezirksämter wurde dringend. Sie sollte zusammen mit dem Haushalt beraten werden. Politiker und Geld, das war und ist immer und überall heikel. In jedem Fall kommt der Verdacht auf, Politiker betreiben ihr Gewerbe in erster Linie wegen des Geldes – in völliger Verkennung der Tatsache, dass es den meisten mehr um das *Gelten* geht. Den Stadträten und dem Oberbürgermeister vom 30. Mai konnte man weder das eine noch das andere vorwerfen. Ein anständiger Stundenlohn kam jedenfalls nicht dabei heraus. Und das Geltungsbedürfnis, sofern vorhanden, hätte noch am ehesten der Oberbürgermeister befriedigen können. Aber auf den meisten Fotos aus diesen Monaten stand er immer ein wenig im Schatten des routinierten „großen Bruders" aus der Weststadt.

Der Haushalt blieb eine der großen Sorgen. Kaum eigene Einnahmen und riesige Ausgaben. Und zu allem ein bankrotter Staat. Das wusste man spätestens seit der 10. Tagung des SED-Zentralkomitees im November des Vorjahres, als Günter Mittag, der vorgebliche Wirtschaftsfachmann der DDR, aus dem Zentralkomitee gefeuert worden war. Die alte DDR hatte planmäßig über ihre Verhältnisse gelebt. Die Legende vom zehntgrößten Industriestaat war geplatzt. Eine der letzten großen Taten von Egon Krenz war der Auftrag an den Vorsitzenden der Staatlichen Plankommission, Gerhard Schürer, zur Sitzung des SED-Politbüros am 30. Oktober 1989, „ein ungeschminktes Bild der ökonomischen Lage der DDR mit Schlußfolgerungen" vorzulegen. Selbst Krenz glaubte nicht mehr an Statistiken, die das Politbüro selbst hatte fälschen lassen. In dieser zunächst noch geheim gehaltenen Analyse war später nachzulesen, warum alles so gekommen war.

Der Bezirksbürgermeister von Mitte, Benno Hasse, bat um ein Gespräch über die Synagoge in der Oranienburger Straße, über Grundstücksfragen der Charité und über die „Wagenburg" im Grenzbereich in der Adalbertstraße.

Tino Schwierzina war vom 28. 7. bis 5. 8. im Urlaub in Dierhagen (Ostsee). Er hatte mich um täglichen Anruf um 8.00 Uhr gebeten. Als er dies in der Lagebesprechung eines Morgens mitgeteilt hatte, war niemandem – wohl auch ihm nicht – bewusst, dass der Magistrat in seiner 2. Sitzung eine Urlaubssperre für seine Mitglieder in den Monaten Juni und Juli beschlossen hatte. Machte aber nichts! Da stand auch: „Über Ausnahmen entscheidet der Oberbürgermeister."

Tagesform: Wie fühlt man sich im Sommer 1990?

Im August wurde es ungewöhnlich heiß, in ganz Berlin. Urlaubsstimmung, Ferienlaune waren angesagt. Aber es lag zugleich eine gespannte Unruhe über der Stadt. Die Hitze erreichte allmählich das Innere der dicken Rathausmauern. Die „Neue Zeit" meldete etwa für den 13. August Tagestemperaturen zwischen 25 und 31 Grad und die Zufuhr schwülwarmer Luftmassen. Kurz gesagt: Es ging heiß her, denn es war viel zu tun. Das Meiste war unaufschiebbar, war wichtig und meist schwierig. Aber keinen der übrigen Berliner interessierten solche Einzelheiten. Sie gingen davon aus, dass sich das alles schon regeln würde. Wozu hatte man denn einen Senat. Und wozu gab es jetzt auch noch einen Magistrat, den man sich selbst gewählt hatte. Dass die zusammenarbeiten müssten, war doch selbstverständlich. Als wäre diese Vorstellung nicht noch vor einem Jahr in das Reich der Utopien und unerfüllbaren Wunschzettel verwiesen worden. Berlin tat sich schwer und gewöhnte sich doch schnell an das Neue, das ja meist, aber keineswegs immer, auch das Bessere war.

Wie in diesen Wochen die Situation, vor allem aber die Empfindungen der Berliner in Ost und West zueinander waren, ließ der Senat zwischen Mai und Juli 1990 durch ein Meinungsforschungsinstitut[86] ermitteln. Es war eine ermutigende Momentaufnahme der Stimmung in der geteilten Stadt. Seit dem 1. Juli erst waren alle Grenzkontrollen weggefallen. 96 Prozent der Ost-Berliner hatten inzwischen West-Berlin, 65 Prozent der West Berliner hatten den Ostteil besucht, neun Prozent die DDR. Aber wer gehört wohl zu den 26 Prozent West-Berlinern, die seit der Maueröffnung noch nicht im Osten waren. Offenbar waren es vor allem die Älteren; 43 Prozent der über 65jährigen hatten weder Ost-Berlin noch die DDR besucht – nach über einem halben Jahr offener Grenzen. Dabei waren es doch vor allem die Älteren gewesen, die stundenlang zu Zehntausenden angestanden hatten, um einen Passierschein zu beantragen.

Der jeweilige Eindruck vom anderen Teil war deutlich unterschiedlich: Die Ost-Berliner fanden das andere Berlin zu 90 Prozent „eher positiv", umgekehrt war es nur gut die Hälfte. Den Ost-Berlinern fiel zu 31 Prozent „Ordnung und Sauberkeit" auf, aber zu 29 Prozent störten sie „Bettler, Obdachlose und Penner". West-Berliner genossen die „schöne Landschaft" mit 20 Prozent, die „Prunkbauten" mit 15 Prozent. Zugleich aber überwog bei Ost- und West-Berlinern das Gefühl, es verbinde sie mehr als sie trenne. Jeweils 40 Prozent meinten, das Trennende überwiege, aber 57 Prozent (Ost) bzw. 59 Prozent (West) waren der Überzeugung, es gäbe mehr Gemeinsamkeiten. Ost-Berliner gestanden dem Westen einen großen Vorsprung im Umweltschutz zu und nahmen für sich einen höheren Stand der Gleichberechtigung der Frauen in Anspruch. Jeder konnte also etwas dazulernen. Das war eine ermutigende Basis für das bevorstehende Zusammenkommen. Und wenn es dann noch zutraf, dass die West- die Ost-Berliner vor allem als „neugierig", die Ost- die West-Berliner für „interessierte Gesprächspartner" hielten, hätte eigentlich nichts schiefgehen können.

Probleme des täglichen Lebens gab es genug. Den meisten Ost-Berlinern schwirrte der Kopf vor so viel Umbruch der bisher normalen Abläufe. Und viele West-Berliner störte die neue Unruhe, die in ihre bisher eingemauerte Idylle einbrach. Gründe für ganz gegenteilige Gefühle gab es also ausreichend. Umso erstaunlicher, dass sich dennoch alles irgendwie ineinander fügte.

Neben dieser großen Aufgabe, das angeblich Kleine zu bewältigen, für deren Lösung die Politik die günstigsten Bedingungen schaffen sollte, tauchten viele Fragen auf, auf die nur Profis kommen konnten und am besten nicht laut darüber redeten. Der „normale" Berliner hätte sonst gedacht: Haben die keine anderen Sorgen?! Vieles war Ergebnis der jahrzehntelangen Spaltung, so manches war erst durch die Aussicht auf Beendigung der Teilung entstanden oder erfunden worden. Anderes erledigte sich durch Zeitablauf oder Vergessen.

So sorgte sich Anfang des Jahres 1990 auf Bitten des Chefs der Senatskanzlei der Präsident der Landeszentralbank, ob es möglich oder notwendig sei, demnächst in Ost-Berlin eine den westlichen Bundesländern vergleichbare Einrichtung zu gründen. So müsse geprüft werden, was geschehe, wenn nach der Währungsunion zwar in West- und Ost-Berlin die gleiche Währung, innerhalb einer Stadt aber nicht das gleiche Bundesbankgesetz gelte.

Da stritt man sich im Senat, ob in den Bearbeitungsauftrag zu einem Senatsbeschluss über die Pläne zur Bebauung des Potsdamer Platzes vom März 1990 auch der SED-gelenkte Magistrat einzubeziehen sei, wie es die Senatorin für Stadtentwicklung von der Alternativen Liste vorgeschlagen hatte, die sonst auf Fortbestehen der Zweistaatlichkeit pochte.

Da entwickelte sich ein handfester Streit zwischen Senat und Bundesregierung um das geplante Deutsche Historische Museum. Am 28. Oktober 1987, vermutete 750 Jahre nach Gründung Berlins, war die Vereinbarung durch Helmut Kohl, den Bundeskanzler, und Eberhard Diepgen, den Regierenden Bürgermeister, unterzeichnet worden. Beide hatten die Gründungstafel am vorgesehenen Standort enthüllt. Der Wettbewerb für den Bau zwischen Reichstag und Kongresshalle war im Juni 1988 abgeschlossen. Da kündigte der Regierende Bürgermeister Walter Momper in seiner Regierungserklärung des rot-grünen Senats am 13. April 1989 an. „Berlin wird in Verhandlungen mit dem Bund über das Deutsche Historische Museum eintreten mit dem Ziel, Konzeption, Standort und Architektur-Entwurf so zu verändern, daß diese den Interessen Berlins auch wirklich gerecht werden." Das war der Start in eine unerfreuliche Debatte, die sich über die nächsten Monate hinzog, das Gesprächsklima im Stiftungsrat, dem ich als Abteilungsleiter angehörte, dem Nullpunkt nahe brachte, am Ende jedoch etwas Gutes hatte. Der Mauerfall stellte tatsächlich alle Fragen neu. Die Regierung der DDR beschloss im September 1990, das Museum für Deutsche Geschichte dem Direktor des Deutschen Historischen Museums zu unterstellen. Mit dem 3. Oktober gingen Sammlung und Grundstück auf das DHM über. Die nunmehr überholte Gründungstafel samt Sockel befindet sich heute im Depot des Deutschen Historischen Museums – im Zeughaus Unter den Linden.

Fast hätte es noch so etwas wie Versöhnung zwischen Walter Momper und dem Bundeskanzler gegeben. Der Text lag schon vor, wurde dann aber in der letzten Sitzung der Gemeinsamen Landesregierung im Jahr 1990, also einen knappen Monat vor der Wahl eines von Eberhard Diepgen geführten Senats von CDU und SPD, doch nicht mehr beschlossen: Die Ehrenbürgerwürde Berlins für Helmut Kohl. Die vorgesehene Begründung, die Walter Momper bereits akzeptiert hatte, war zwar kein sprachliches Meisterwerk, hätte ein guter Freund aber nicht herzlicher formulieren können. Die Unterlage der Protokollabteilung der Senatskanzlei trug allerdings das Datum vom 16. November 1990, die Bundestagswahl stand noch bevor und noch konnte man hoffen, dem Bundeskanzler ein Abschiedsgeschenk zu machen. Ein wenig klang das schon nach Nachruf.

„...Herr Dr. Helmut Kohl hat als Bundeskanzler in vielfältiger Weise seine Verbundenheit zur Hauptstadt Berlin gezeigt. Sein Engagement in dieser Hinsicht reicht weit über die Verpflichtungen, die sein Amt erfordert, hinaus. Er hat damit das Bewußtsein aller Berliner gestärkt, daß ihre Stadt für alle Deutschen – auch während der Zeit der Teilung – eine nationale Aufgabe erfüllt. Herr Dr. Helmut Kohl hielt am Wiedervereinigungsgebot fest und fand seine Bestätigung in der Vereinigung beider Teile Deutschlands und somit auch beider Teile Berlins am 3. Oktober 1990..."

„Nachdem die Namen führender SED-Genossen gestrichen waren"[87] nahm Helmut Kohl später die Auszeichnung, die ihm Eberhard Diepgen antrug, an. Die Verleihung erfolgte am 9. November 1992.

TAGESTRAUM: OST-BERLIN HAT EINE VERFASSUNG

Niemand konnte zwar wissen, dass sie nur für 6 Monate Geltung haben würde. Dass aber eine eigene Verfassung für den Ostteil Berlins, der sich gleichzeitig mit aller Kraft auf die Vereinigung mit dem Westen vorbereitete, für eine kurze Zeit gebraucht wurde, stand fest. Und selbst wenn es nicht so viele sachliche Gründe gegeben hätte: Allein das Streben nach „gleicher Augenhöhe" hätte als Motiv und Antrieb ausgereicht. Als einfacher Gemeinde stand Ost-Berlin keine Gesetzgebungskompetenz zu. Die aber war für die Vorbereitung der Zusammenführung erforderlich. Der Haken war nur, dass die Fertigstellung einer Verfassung allein nicht reichte. Sie musste auch mit dem in der DDR geltenden Recht in Übereinstimmung stehen, das seinerseits hätte verändert werden müssen, um dem

Willen Berlins zu entsprechen. Die angestrebte Zuständigkeit z. B. für die Polizei, die gegenwärtig bei der Zentrale des Staates lag, verlagerte sich ja nicht schon dadurch, dass Berlin eine Verfassung bekam, die in ihrem Artikel 44 regelte, dass die Polizei dem Magistrat unterstehe. Wie sich auch Berlin nicht selbst zum Land erklären konnte. Der Gesetzentwurf über die Länderbildung, mit dem die seit 1952 bestehenden Bezirke wieder abgeschafft werden sollten, befand sich noch in den Ausschussberatungen der Volkskammer. Hoffnung erweckend und zugleich vorsichtig war dort formuliert: „Berlin, Hauptstadt der DDR, erhält einen Status mit Landesbefugnissen."

An fehlendem Rat, welche Rechtslage zu beachten sei, konnte es nicht gelegen haben. Es konnte nur eine politische Absicht vermutet werden, dieses Thema etwas einfacher darzustellen, als es nun mal war. Die Koalitionsvereinbarung von SPD und CDU formulierte es nach dem Hinweis auf eine zu erarbeitende Verfassung so: „Berlin soll Stadt mit Landesbefugnissen sein. Damit erhält die Stadtverordnetenversammlung die notwendige Kompetenz als Landesparlament und der Magistrat die politische Zuständigkeit für die Politikbereiche, die Landeshoheit sind (z. B. Bildung, Polizei, Kultur)." Dabei war doch schon seit zwei Wochen das Kommunalverfassungsgesetz in Kraft, das auch für Berlin gegenwärtig nichts anderes als die Kompetenzen einer Gemeinde vorsah – es sei denn, es hätte eine Verfassung.

Zur Vorbereitung der Regierungs-Erklärung des Oberbürgermeisters vor der Stadtverordnetenversammlung am 13. Juni hatte ich dem Chef der Senatskanzlei einige Hinweise zu dem Thema gegeben. Zwischen Magistrat und Ministerrat würde es eine Reihe von Kompetenzkonflikten geben, bei denen zwar die politische Logik zugunsten des Magistrats, die Rechtslage aber für den Ministerrat spreche. Eine generelle Gesetzgebungskompetenz, wie sie zum allmählichen Zusammenwachsen beider Teile Berlins unerlässlich sei, bestehe gegenwärtig nicht. Deshalb müsse der politische Anspruch, nicht wie eine x-beliebige Gemeinde handeln zu können und behandelt zu werden, ebenso deutlich werden wie jeder Ansatzpunkt für eine Auseinandersetzung vermieden werden müsse, der Magistrat habe die geltende Rechtslage nicht genügend beachtet..." Der Empfänger meiner Empfehlung hatte als seinen Kommentar mit roter Kugelschreibermiene das Wort „Handeln!" vermerkt.[88] Das war ganz gewiss eine richtige Aufforderung. Sie zeigte, dass sich ein Professor für Politische Wissenschaften durchaus von revolutionärem Eifer hatte anstecken lassen und es ihm mehr auf Taten und Tatsachen als auf feinsinnige Dispute ankam, ließ allerdings offen, wer was tun würde oder müsste oder könnte. In einem an den Chef der Senatskanzlei gerichteten Schreiben vom 7. Mai, das sechs Tage bis zum Rathaus Schöneberg unterwegs war, hatte der Minister für Regionale und Kommunale Angelegenheiten, Manfred Preiß, bereits seine Kenntnis von Überlegungen mit dem Ziel einer Ost-Berliner Verfassung bestätigt. „Nach meiner Information wird daran... gegenwärtig gearbeitet."

Der Ministerpräsident hatte dann am 15. Juni, auf das Thema Zuständigkeiten angesprochen, erklärt, das Problem sei erkannt, er werde es mit den zuständigen Ministern besprechen. Sonst war wohl nichts unternommen worden, nur die Beratungen der Stadtverordneten zur Verfassung machten Fortschritte, wohl ohne dass die DDR-Regierung darüber offiziell unterrichtet war. Das traf vor allem auf den in der ersten Sitzung der Stadtverordnetenversammlung eingesetzten „Ausschuss für die Vorbereitung der Einheit Berlins" zu. Dessen Mitglieder und insbesondere dessen Vorsitzender Knut Herbst, der sich als unverzichtbares Führungs- und Kommunikationstalent erwies, haben dann Rekordverdächtiges geleistet, wohl wissend, dass das noch so beste Ergebnis ihrer Mühen keine lange Lebensdauer haben sollte. Hier war erreicht worden, was sich die meisten Ostberliner für das Zustandekommen der Einheit der Stadt wünschten: Gleichauf mit dem Westen wollte man sich mit der um Vieles beneideten Westhälfte vereinen, nicht als armer Verwandter um Einlass bitten müssen. Die stille DDR-Opposition in Ost-Berlin erwies sich bisweilen als widerborstiger, als es manchem West-Politiker Recht war. Dabei war die Ost-SPD konservativer als ihr westliches Vorbild, war die Ost-CDU aufgeschlossener als ihre West-Verwandte.

Die Arbeit war am 11. Juli beendet, die Stadtverordnetenversammlung hatte die Verfassung mit 118 von 128 abgegebenen Stimmen beschlossen. Ob es an der Ferienzeit lag oder andere Gründe hatte – am 19. Juli schrieb Minister Preiß einen erbosten Brief an den Oberbürgermeister, der am selben Tag im Rathaus eintraf. Der schnellste Weg war wohl der, einen Boten zu Fuß über die Straße zu schicken. Der Minister, Dipl.-Jurist, Mitglied der LDPD und früherer Stellvertreter des Vorsitzenden des Rates des Bezirkes Magdeburg, beklagte sich, dass er „durch die Tagespresse […] erstmalig Kenntnis von der Verabschiedung einer Landesverfassung von Berlin erhalten" habe. Im Rahmen seiner Kommunalaufsicht machte er von seinem Einspruchsrecht Gebrauch und forderte den Oberbürgermeister auf, den Beschluss der Stadtverordnetenversammlung aufzuheben.

Das war nun tatsächlich kurios. Da erwartete ein Minister, dass ein Oberbürgermeister, über den die Stadtverordnetenversammlung die Kontrolle ausüben sollte, nicht irgendeinen, nein, deren Beschluss über die Verfassung aufzuheben, weil diese Versammlung nicht das Recht zu Gesetzesbeschlüssen habe, obwohl das Kommunalrecht in Berlin nur so lange gelten sollte, bis eine von der Stadtverordnetenversammlung beschlossene Verfassung in Kraft getreten sein würde.[89] Das hatte schon etwas von dem irrwitzigen Prinzip, an dem schon der Schuster Wilhelm Voigt, der sich dann im Jahre 1906 entschlossen hatte, sich als Hauptmann zu verkleiden, zumindest bei Carl Zuckmayer, gescheitert war: ohne Arbeit keinen Pass, aber polizeiliche Anmeldung oder Pass nur für den, der Arbeit hat.

Bisher war ernsthaft nur die Straßenverkehrsordnung durch unangemeldete massenhafte Benutzung der Fahrbahnen durch Fußgänger kollektiv verletzt und der „Hausfrieden" beim Besetzen der Stasi-Zentrale gestört worden. Das ging noch auf das Konto von Verstößen gegen das Recht der alten DDR, Volk gegen Diktatur. Inzwischen ging es um eine Kontroverse unter frei gewählten staatlichen Organen unterschiedlicher Ebenen, um Gesetze, bei denen Ost-Berliner Sonderinteressen nicht ausreichend berücksichtigt waren. Zur friedlichen Lösung des Konfliktes verhalf ein Opernsänger der Deutschen Staatsoper. Nach einem „klärenden Gespräch" zwischen dem Minister und dem stellvertretenden Stadtverordnetenvorsteher Reiner Süß am 23. Juli, an dem auch der Vorsitzende des Ausschusses „Einheit Berlins", Knut Herbst, teilnahm, wurde die Verfassung am 25. Juli 1990 verkündet. Jetzt waren die zwei Berlins nicht nur zwei *Städte*, jetzt waren sie auch zwei *Länder*, auch wenn es Länder in der DDR noch gar nicht gab.

Der Oberbürgermeister berichtete in der Morgenlage über eine Verständigung zur Verfassung zwischen DDR-Regierung und Stadtverordnetenversammlung. Nun müsste behutsam die Zuständigkeitsübertragung angegangen werden. Ich merkte: Für das Selbstbewusstsein der Hauptstädter gegenüber „denen im Westen" war sie von unschätzbarem Wert. Die West-Berliner mochten das belächeln. Das zeigte nur, dass sie das Streben nach gleicher Ebene, auf der man zusammentreffen wollte, immer noch unterschätzten.

Zuvor war noch ein verwaltungstechnischer Kraftakt zu leisten. Alles kam wieder einmal so ganz überraschend. Da war die Verfassung nun beschlossen, aber es gab kein amtliches Medium, durch das eine verbindliche Veröffentlichung hätte erfolgen können. Eine Verfassung verkündet man ja nicht in einer Pressemitteilung oder per Zeitungsanzeige Das frühere Verordnungsblatt für Groß-Berlin war 1976 eingestellt worden. Im Eiltempo erfolgten die Vorbereitungen, wurde am 24. Juli ein Magistratsbeschluss gefasst mit dem Auftrag zur Herausgabe eines entsprechenden Organs bis zum 31. Juli 1990. In diesem Fall ging das notwendige Wunder etwas schneller: Am Tag danach erschien Nr. 1 mit einem langen Titel zur Veröffentlichung der Verfassung der Hauptstadt.

Der Rechtsstreit schien damit zunächst ausgeräumt, beide Seiten hatten ihr Gesicht wahren können. Die Gemeinsame Erklärung vom 23. Juli teilte aber auch mit, dass die praktischen Fragen von Zuständigkeiten, an derer Lösung dem Magistrat vor allem gelegen war, damit keineswegs mit sofortiger Wirkung entschieden waren. Nahezu salomonisch war formuliert: „Die Übernahme/Übergabe von Landeskompetenzen (beispielsweise Polizei-, Justiz-, Bildungs-, Wissenschafts- und Kulturhoheit) sollten in Verhandlungen zwischen dem Oberbürgermeister von Berlin und der Regierung der DDR entsprechend dem geltenden Recht sensibel erfolgen."

Was aber passierte nun beispielsweise mit der Volkspolizei? Der Oberbürgermeister hatte doch schon bei seinem Gespräch mit dem Ministerpräsidenten Mitte Juni das Thema für dringend erklärt und ihm in seiner Regierungserklärung am 13. Juni eine längere Passage gewidmet. „Es gibt bei der Polizei Verunsicherungen über Zuständigkeiten, Kompetenzen, Dienstwege, aber auch über die Zukunft der Polizeimitarbeiter selbst. All dies erfordert so schnell wie möglich eine richtungweisende Innenpolitik und eine baldige Übernahme der Polizeihoheit durch den Magistrat... Außerdem ist es notwendig, den alten Polizeiapparat so umzuorganisieren, daß er den Aufgaben eines demokratischen Gemeinwesens gerecht werden kann. Der Bürger muß die Polizei als Sachwalter seiner Rechte und Interessen erfahren und die Polizei als Partner anerkennen können". Damals hatte ich keine Kenntnis von den Hintergründen und stellte mir nicht vor, dass „sensibel" im Verständnis des für die Polizei zuständigen Innenministers Diestel ein anderes Wort für „wenn es denn schon nicht gänzlich zu verhindern ist, dann wenigstens so spät wie möglich" zu sein schien. Andererseits konnte ich mir ausmalen, dass Minister Diestel „seine" Volkspolizei in Berlin weder dem vollbärtigen Theologen Thomas Krüger noch damit indirekt dem West-Berliner Innensenator Erich Pätzold „ausliefern" wollte.

Die Volkspolizei-Inspektion Berlin-Mitte, Referat Betriebsschutz, hatte am 6. Juli 1990 u. a. die Magistratskanzlei schriftlich von ihrer Einschätzung der Schutz- und Sicherungsmaßnahmen des Rathauses einschließlich der dort tagenden Stadtverordnetenversammlung unterrichtet. „Die Sicherungsaufgaben der Polizei (BS) [= Betriebsschutz] sollten sich zunehmend auf die Außensicherung konzentrieren... Ein verstärkter Kräfteeinsatz ... ist durch die Polizei im Prinzip selbst zu entscheiden, wenn die operative Lage in der Stadt usw. auf zu erwartende Störungen hindeutet. Dabei ist der offene und verdeckte Einsatz im erforderlichen Umfang durch den Einsatzleiter am Ort eigenverantwortlich zu entscheiden. (Der Einsatzleiter der Polizei vor Ort sollte durch seine Uniform erkennbar sein)." Das ließ doch ziemlich offen, wer sich hier vor wem sicher fühlen konnte und erinnerte im Ergebnis fatal an das, was über den September 1948 berichtet worden war, als die bereits gespaltene Polizei im sowjetischen Sektor der Stadtverordnetenversammlung ihren Schutz vor kommunistischen Demonstranten versagt hatte. Bei der Volkspolizei wusste man offenbar, dass der in fünf Tagen zu erwartenden Beschluss der Stadtverordnetenversammlung über die Verfassung nichts an den Realitäten ändern würde. Sie hörte in Ost-Berlin auf das DDR-Innenministerium, formal völlig korrekt.

Wenn die Regierung de Maizière eine Ost-Berliner Verfassung schon nicht hatte verhindern können – sie hatte noch Trümpfe in der Hand. Tatsächlich verzögerte sich die Übertragung der Polizei-Hoheit bis zum 1. Oktober. Zwei Tage vor dem Ende der DDR konnte die förmliche Zusammenarbeit beginnen.

Dafür wäre im Magistrat die Zuständigkeit geregelt gewesen. Nicht aber für die Justiz, die jetzt auch in der Verfassung eingefordert wurde. Zwar tauchte der Begriff mit 20 Zeilen in der Koalitionsvereinbarung auf. Auch waren unter dem Abschnitt VII der Verfassung mit der Überschrift „Die Rechtspflege" 11 Artikel wortgleich oder sinngemäß ähnlich der im Westen der Stadt geltenden Verfassung einschließlich der Absicht, ein Verfassungsgericht einzurichten, formuliert. Aber keinem Stadtrat im Magistrat war bisher diese Aufgabe vorsorglich zugeteilt worden. Bereits am 27. Juli wurde in der morgendlichen Besprechung beim Oberbürgermeister berichtet, die Übernahme sei in Vorbereitung, wobei offen blieb, durch wen. Auch von mir gab es dazu keine Nachfrage. Dabei hatte ich doch von der „Kontraste"-Sendung im Sender Freies Berlin am 29. Mai gehört, in der der DDR-Justizminister Kurt Wünsche von der LDPD als nicht nur sein eigener Nachfolger aus der Modrow-Regierung vom Januar bis April 1990, sondern auch als Nachfolger von Hilde Benjamin in der Zeit von 1967 bis 1972 vorgestellt worden war. Zweifel daran, dass sich die Justiz der neuen DDR bei ihm wirklich in guten Händen befinde, waren also nicht ganz abwegig.

Alles in allem hatte ich den Eindruck, dass das, was sich gegenwärtig im Großen zwischen der ost-deutschen demokratischen Republik und der west-deutschen Bundesrepublik an Wettstreit abspielte, sich im Kleinen nicht nur zwischen Ost- und West-Berlin, sondern auch zwischen der DDR und ihrer Hauptstadt wiederholte. Die Gemengelage war eher unübersichtlich. Das Jahr 1990 war nicht die Zeit für Gelassenheit, nirgendwo. Dabei hatten die Ost-Berliner allen Grund, stolz zu sein. Mit ihrer Verfassung hatten sie der Demokratie in ihrem Teil der Stadt in kürzester Zeit ein sicheres Fundament geschaffen, das für mehr als eine Übergangszeit tauglich gewesen wäre. Obwohl in Berlin ab Januar 1991 dieselben Parteien regierten wie bis zum Januar 1991 in Ost-Berlin – sehr Vieles war doch anders. Allein die Tatsache, dass Rot-Schwarz nun mit umgekehrten Mehrheiten als Schwarz-Rot auftrat, erklärte dies nicht. Weder die SPD noch die CDU im Westen war mit der CDU oder der SPD im Osten vergleichbar. So blieben bei doppelt so vielen Abgeordneten aus dem ehemaligen Westen gegenüber der Zahl der Abgeordnete aus dem ehemaligen Osten für die neue Verfassung von Berlin manche Gedanken auf der Strecke.

9. Nicht mehr zwei
und noch nicht eins

Nach dem Vorbild des Senats im Westen der Stadt wird bei der Bildung des Magistrats am 30. Mai 1990 die unmittelbar dem Oberbürgermeister zuarbeitende kleine Arbeitseinheit als Magistratskanzlei eingerichtet. Deren Leiter ist der Historiker Dr. Peter Thömmes, der am 22. Juni 1990 verstirbt. Seine politischen Aufgaben werden weitgehend von seinem West-Berliner Kollegen, dem Chef der Senatskanzlei Dieter Schröder, übernommen. Der Leiter der Abteilung Innere Politik der Senatskanzlei wird zusätzlich mit der Wahrnehmung vor allem der administrativen Aufgaben im Berliner Rathaus betraut und wird damit zum Dauerpendler zwischen zwei Rathäusern.

Gemäß Einigungsvertrag bilden die 23 Bezirke von Berlin das Land Berlin. Nach seinem Artikel 3 gilt das Grundgesetz mit dem Wirksamwerden des Beitritts der DDR zur Bundesrepublik Deutschland auch „in dem Teil des Landes Berlin, in dem es bisher nicht galt". Die administrative Trennung dauert in Berlin auch nach dem 3. Oktober fort. Der Senat von Berlin für die vereinigte Stadt wird am 24. Januar 1991 vom Abgeordnetenhaus der gesamten Stadt gewählt.

Auf zwei Stühlen: „Diener zweier Herren"[90]

Drei Wochen nur hatte Peter Thömmes das Amt des Chefs der Magistratskanzlei üben können. Er übte es vom ersten Tag an mit ganzer Kraft aus. Wenige Stunden vor seiner Ernennung hatte ich ihn kennengelernt. Einen Tag vor seinem Tod hatte ich ihn noch voller Arbeitseifer erlebt, begeistert von seiner Aufgabe, die Arbeit des neuen Magistrats und den Oberbürgermeister ideenreich zu unterstützen und die Stadträte und die ihnen unterstellten Verwaltungen zu einem erfolgreichen Ganzen zusammenzuführen. Mit seiner überlegenden Art, noch bedächtiger als sein Chef, der ebenfalls nicht für sein Amt trainierte, aber bestens veranlagte Oberbürgermeister, brachte er genau die Eigenschaften mit, die diesem hektischen Betrieb gut taten. Er hatte einen Sinn dafür, das Alltagsgeschäft zu organisieren und gleichzeitig strategisch Pflöcke zu setzen, damit die Richtung für das Große während der Erledigung des aktuellen Kleinen nicht aus dem Auge geriet.

Er wusste, dass der Anfang nicht leicht sein würde, aber auch nicht die Mitte und nicht das Ende, das schneller kommen würde, als für seine Pläne gut wäre. Er wollte Ost-Berlin noch vor der Vereinigung mit dem Westen in einen ansehnlichen Zustand bringen. So zutreffend er die Schwierigkeiten vorausgesehen hatte, so wenig wollte er sich damit abfinden. Und so nahm er Hinweise auf Schwachstellen und Langsamkeiten und Vorschläge zu deren Abhilfe auf und redete den Magistratsmitgliedern unverblümt „ins Gewissen".

Bereits nach einer Woche, in der 3. Magistratssitzung am 8. Juni 1990, hatte Peter Thömmes nach dem durch öffentlichen Druck erzwungenen Rückzieher des Magistrats beim Stopp der Grundstücksverkäufe gemahnt, bei beabsichtigten Maßnahmen rechtzeitig die Folgen zu bedenken. Und er hatte sich dafür verwandt, die Stadträte aufzufordern, konkrete Unterlagen für Magistratsbeschlüsse so zügig zu erarbeiten, dass dem Oberbürgermeister eine zeitgerechte Terminierung ihrer Behandlung mit thematischer Schwerpunktsetzung möglich sei, hatte damit aber zunächst nur eine Debatte ausgelöst mit dem Tenor, alles sei dringlich, Fristen der Geschäftsordnung seien nicht einhaltbar, die Erarbeitung eines Vorlaufes gänzlich unmöglich. Einigen dämmerte dann doch, dass Fristen für eine sorgfältige Prüfung durchaus ihren Sinn hätten und ein Dutzend am Freitagnachmittag verteilter Unterlagen nicht regelmäßig bis Dienstagfrüh auf alle Ungereimtheiten hin überprüft sein konnte. Ein dazu erforderlicher Apparat stünde nicht zur Verfügung. Auch wenn alles eilig sei, müsse es Prioritäten geben. Und dann nannte der Chef der Magistratskanzlei Beispiele für ein Termingerüst für die nächsten Wochen: Fortsetzung des Wohnungsbaus, Ermittlung des Wohnungsleerstandes, Umgang mit potentiellen Investoren in der Friedrichstraße, Zukunft der Betriebsberufsschulen, Finanzierung der städtischen Theater nach der Sommerpause, Bestellung der 379 Schuldirektoren zum Schuljahresbeginn, Umgang mit den Grundstückskaufanträgen bis zum und nach dem 30. Juni.

Es wurde ein immer wiederkehrendes Thema. Bereits eine Woche nach dieser Philippika hatte er einen Beschlussentwurf formuliert, der das Tempo bei der Erarbeitung von Beschlüssen steigern und eine Themenplanung bis zum 30. September ermöglichen sollte. Dies werde „den notwendigen Übergang von der gegenwärtig vorherrschenden operativen zu einer konzeptionellen Arbeitsweise unterstützen". Und dann leistete er dazu erhebliche Vorarbeit, indem er selbst ein dreiseitiges Papier verfasste und an alle Stadträte schickte, in dem schon die wichtigsten Aufgaben genannt und die drängenden Fragen gestellt wurden.

Die Antworten erreichten ihn nicht mehr. Noch fast am Beginn seiner neuen Tätigkeit erlag er einem Herzschlag, 61 Jahre alt, Witwer und Vater von zwei Töchtern. Oberbürgermeister Schwierzina würdigte ihn mit den Worten: „Peter Thömmes gehört zu den Wegbereitern eines vereinten Berlins. Sein viel zu früher Tod reißt eine schwer zu schließende Lücke." Der Regierenden Bürgermeister Momper erklärte: „Dr. Peter Thömmes hat seine ganze Kraft dafür eingesetzt, eine neue, demokratische Verwaltung in Ost-Berlin aufzubauen und die Einheit der Stadt vorzubereiten. Er wurde mitten aus dieser Aufgabe gerissen. Für Berlin ist der Tod von Dr. Thömmes ein schwerer Verlust." Auch ich war betroffen. Gerade hatte ich einen sehr angenehmen und klugen Menschen dabei erlebt, wie er sich in eine gänzlich ungeübte verantwortungsvolle Aufgabe einzuarbeiten begann, selbstbewusst und Rat annehmend zugleich – und plötzlich lebte er nicht mehr, war sein Werk unvollendet.

Bei der Trauerfeier auf dem Dorotheenstädtischen Friedhof in der Chausseestraße sprachen Wolfgang Thierse, seit Juni Vorsitzender der SPD der DDR, und der 25-jährige Politologie-Student Frank-Christian Hansel, der über ein Praktikum beim SPD-Landesverband in Berlin-West im Frühjahr 1990 zu Peter Thömmes gestoßen und ab 1. Juni als Büroleiter des Chefs der Magistratskanzlei tätig war. Abgesehen von der Einzigartigkeit der Umstände und meiner Anwesenheit fand ich nichts sonderlich Bemerkenswertes an dieser Zeremonie für einen vor kurzer Zeit im politischen Geschäft der Stadt in die Spitzengruppe getragenen Verstorbenen, der öffentlich kaum bekannt sein konnte, dennoch allerdings eine große Gemeinde derer zu versammeln vermochte, die ihm diese letzte Ehre erwies. Natürlich beeindruckte mich der Ort mit seinen vielen dekorativen Grabstätten berühmter Deutscher. Nichts ahnte ich davon, dass eine der Trauergäste, die demnach eine freundschaftliche Beziehung zu dem Toten hatte, diese Feier zum Bestandteil eines einige Jahre später veröffentlichten Romans[91] werden ließ.

Er war mitten aus der Arbeit gerissen worden, die keinen Aufschub geduldet hatte. So war schon unmittelbar nach seinem Tod die Frage seiner Nachfolge gestellt, aber nicht wirklich beantwortet worden. Niemand war auf einen Ersatz vorbereitet, so dass bald ein im Politikbereich gängiger Weg beschritten wurde, der zwar keine Lösung, aber eine Notlösung bedeutete. Dieter Schröder, rechte Hand von Momper, rückte dem Oberbürgermeister noch näher. Irgendwann in diesen Tagen hat mich dann jemand von diesen Dreien angesprochen, dass ich doch die Vertretung übernehmen und mich halbtags um das Tagesgeschäft im Berliner Rathaus kümmern möge. Die präziseste Form dieser Aufforderung las ich dann am übernächsten Wochenende in einer Zeitung. „Nach dem plötzlichen Tod des Chefs der Magistratskanzlei, Thömmes, wird der Nachfolger nun auch in West-Berlin gesucht. Dieser Tod eines ungewöhnlich fähigen Kopfes habe eine schwere Lücke gerissen... ‚Das macht bis auf weiteres Kaczmarek mit', weiß der Senatssprecher."[92] Der praktisch denkende Büroleiter sorgte bald dafür, dass ich einen Hausausweis für das Rathaus bekam, der mich als Amtsinhaber zweifelsfrei auswies. Ebenso formlos, wie ich zu dieser Aufgabe gekommen war, wurde ich sie auch fast wieder los. Der Chef der Senatskanzlei übernahm laut Hausmitteilung im Herbst die Aufgaben „des Chefs der Kanzlei der aus Senat und Magistrat gebildeten Landesregierung".

Bis dahin waltete ich eines verwaisten Amtes vorläufig, bis auf weiteres, für eine Übergangszeit, die vor allem die Zeit des Übergangs vom Einarbeiten bis zum Auslaufen, von der Teilung bis zur Einheit Berlins war. Schwierigkeiten mit den Mitarbeitern gab es weder im Osten noch im Westen. Eher hatte ich den Eindruck, viele im Berliner Rathaus waren froh, dass sie sich notfalls an jemanden wenden konnten, der ihnen Auskunft gab oder eine Entscheidung traf. Die Zuarbeit für und bald auch Zusammenarbeit mit Tino Schwierzina, dem Oberbürgermeister, war ohne sachliche Probleme und menschlich sehr harmonisch. An jedem Vormittag sah ich seine Post durch, versah sie mit zweckdienlichen Anmerkungen, bestimmte die Bearbeitungszuständigkeit innerhalb des Rathauses, gab Terminempfehlungen, erbat Stellungnahmen und Gesprächsvorbereitungen der Fachreferate und sorgte im Übrigen dafür, dass nichts auf seinen Schreibtisch kam, was Rückfragen erforderlich machte. Heidrun Neumann half mir dabei als Sekretärin, Frank-Christian Hansel als einfallsreicher Assistent.

In der zweiten Tageshälfte versuchte ich im Rathaus Schöneberg das zu erledigen, wofür ich bisher einen ganzen Tag gebraucht hatte, ohne eine Minute vertrödelt zu haben.

Die Abteilung arbeitete ja weiter, der Regierende Bürgermeister hatte eher mehr als weniger Termine, auf die er vorbereitet werden wollte, der Chef der Senatskanzlei gab gerne die eine oder andere Sache in die Abteilung, weil er selbst mit Ost-Aufgaben alle Hände voll zu tun hatte und Entlastung brauchte. Der Senat tagte weiter wie bisher oder eher mit längerer Tagesordnung und alle seine Vorlagen wollten geprüft sein. Und wenn ich beurteilen wollte, was die Referenten meiner Abteilung davon hielten, musste ich beides gelesen haben. Das Protokoll musste geprüft und oft gegen Einsprüche, besonders von den Senatorinnen der AL, verteidigt werden. Das war nicht immer einfach, aber immer zeitraubend. Die eingehende Post, die vom Sekretariat des Regierenden Bürgermeisters in die Abteilung zur Bearbeitung kam, musste verteilt und auf ihre schnelle und sachgerechte Erledigung im Auge behalten werden. Gerade jetzt konnten wir uns keine Panne leisten, weder intern, noch gar in der Außenwirkung.

Die eigentlichen praktischen Probleme waren, gemessen an dem Umfang der zu bewältigenden Papiermenge, der Vielzahl der internen Besprechungen und der Häufigkeit offizieller Sitzungen, die zu geringe Zeit und die örtliche Trennung der zwei Arbeitsplätze. Dazwischen lag noch immer die „Staats"- bzw. Sektorengrenze, die glücklicherweise schon in den ersten Wochen ein immer geringeres Hindernis bedeutete. Gemildert, wenn auch nicht beseitigt werden konnten diese Schwierigkeiten zunächst einmal durch Verlängerung des 24-Stunden-Tages. Als tückisch erwies sich dabei die Erfahrung, dass die Zeit umso schneller verging, je mehr Arbeit zu erledigen war. Je mehr man also die Arbeitszeit ausdehnte, als desto kürzer empfand man sie. Hilfreich war eine höhere Geschwindigkeit beim – manchmal mehrmals am Tag erforderlichen – Ortswechsel zwischen dem Rathaus Schöneberg und dem in Berlin-Mitte. Dazu hatte der gut organisierte Magistratsfuhrpark einen „Lada" für mich bereitgestellt, mitsamt einem zuverlässigen, „erfahrenen" und freundlichen Fahrer. Anderes, außer seinen Namen, wusste ich von ihm nicht.

Dieser Autotyp von der Wolga aus Togliatti im Kujbyschevskaja Oblast der UdSSR schien, auch wenn der Entwurf von FIAT in Turin stammte, extra für die mittlere Funktionärsschicht geschaffen zu sein. Die simple Kastenform wirkte einerseits massiv und vertrauenerweckend und war andererseits bescheiden und unauffällig. Seine Qualität steckte im Innern, genauer: Es war die hintere Sitzbank, die mich begeisterte. Man versank nicht zur Entspannung in einem weichen Polster mit der Folge, dass die Knie in Kinnhöhe bei allen Tätigkeiten außer dem Schlafen im Wege waren. Man saß vielmehr hoch und gerade wie auf einem mäßig gepolsterten Stuhl. Mit dem Aktenkoffer auf dem Schoß hatte man eine ideale Arbeitsfläche und konnte den Tascheninhalt bearbeiten. Genau genommen hatte ich nicht nur *zwei* Bürostühle, sondern noch einen *dritten*, rollenden. Niemals fühlte ich mich dabei in der berüchtigten Position dazwischen. Die Fahrt vom John-F.-Kennedy-Platz bis zum Seiteneingang des Rathauses in der Jüdenstraße und Halt direkt vor der Treppe zum Erdgeschoss dauerte etwa eine halbe Stunde, von Verkehrslage und Grenzerlaune abhängig, wobei die erste im Laufe der Zeit schlechter, die zweite besser wurde, bis nur noch Verkehr und keine Grenzsoldaten und Zollbediensteten mehr am Potsdamer Platz herrschten. Innerhalb weniger Tage, wenn man es an den 28 Jahren der Mauer-Existenz maß, wurde die Grenzkontrolle spürbar immer einfacher. Vom Stopp mit noch auszufüllendem Zettel und Ausweiskontrolle über Vorzeigen des Ausweises durch alle Insassen am geöffneten, dann am geschlossenen Fenster, dem Durchwinken ohne Halt bis zum gänzlichen Verschwinden des Personals war ein allmählicher Übergang zur freien Fahrt erfolgt, den in jeder Nuance zu registrieren und zu genießen ich nicht versäumte.

Um auf die morgendliche Besprechung um 8.00 Uhr mit dem Oberbürgermeister im Ost-Rathaus vorbereitet zu sein, fuhr ich zunächst in mein Büro im West-Rathaus. Die Kollegen in der Presseabteilung waren zu dieser Zeit noch dabei, den Pressespiegel zu produzieren, der für mich dann aber zu spät kam. Um 6.30 saß ich an meinem Schreibtisch, informierte mich über Ereignisse und Meinungen und erledigte restliche Akten, die ich am Abend zuvor nicht mehr geschafft hatte. Heidemarie Neusesser, meine umsichtige und fürsorgliche Sekretärin, die sich in diesen verrückten Monaten um alles Überlebenswichtige kümmerte, würde bei Bürobeginn alles weiterleiten. Spätestens seit 7.15 Uhr stand der Lada am Fuße der Rathaustreppe, ich konnte also pünktlich im anderen Rathaus sein, wo ich nach der ersten Besprechung meist einige Stunden im Büro des Chefs der Magistratskanzlei blieb, um dort Posteingänge und Akten zu sichten und auf den rechten Weg zu bringen, für Gespräche zur Verfügung zu stehen und Hinweise für den OB und Briefe in seinem Namen zu diktieren.

Wie war das nun eigentlich mit dem „Umschalten"? Dachte man *anders* oder nur an *anderes*, sobald man durch die Mauerlücke gefahren war? Anfangs bedingte wohl das andere das eine, es gab einfach gänzlich andere Anforderungen als die gewohnten. Die Briefe an den Oberbürgermeister sprachen von Sorgen um das Ersparte beim Währungsumtausch oder enthielten die Bitte, beim Wiedereinzug in die im Herbst nach der Flucht in den Westen verlassene Wohnung behilflich zu sein. Seine Gespräche drehten sich um die Frage, wie wünschenswert eine McDonald's-Filiale in Mitte sei oder welche Zukunft der Pionierpark in der Wuhlheide habe. Und wenn die Themen für die Magistratssitzung zusammengestellt und vorbereitet wurden, dann ging es um die Entflechtung des VEB Energieversorgung Berlin oder um die Entsorgung von Mauerteilen und gleichzeitig um die Erhaltung von Mauerabschnitten als Mahnmal. Da tauchte man tief in die Ost-Welt ein, da half West-Wissen wenig.

Ganz allmählich kam der Prozess in Gang, an beide Hälften gleichzeitig zu denken, sich zu vergegenwärtigen, dass es nicht damit getan war, eine Lösung für den Ostteil zu finden, wenn sie nicht von Dauer sein würde, aber auch nicht im Westen etwas zu zementieren, was sich durch die Einheit für die ganze Stadt nicht bewähren und erhalten lassen würde. Dazu gehörte aber auch, dem Osten zu vermitteln, dass Gold auch im Westen nur ein Drittel der Nationalfarben ausmachte. Und noch allmählicher setzte sich der Gedanke durch, dass trotz „Beitritt" des einen Teils sich auch der andere, der Westen, auf dadurch bewirkte Veränderungen würde einstellen müssen. Nicht nur die gefühlte Mitte der Stadt verschob sich wieder in die reale und historische Mitte. Auch von anderen liebgewordenen Gewohnheiten des Inseldaseins würde Abschied genommen werden müssen. Die Helden waren jetzt erst einmal die anderen.

Trotz der massenhaft um die Welt und in der Welt schwirrenden Meldungen, von denen jede einzelne wichtig für Morgen oder auch für die nächsten Jahre sein konnte, einen Hauch von Überblick zu behalten, wäre eine volle Tagesbeschäftigung gewesen. Erst viel später wurde mir klar, was ich in dieser Hektik an im wahrsten Sinne weltbewegenden Ereignissen nicht mal am Rande wirklich registriert hatte. Die Feinheiten des jeweiligen deutsch-deutschen Verhandlungsstandes in Bonn oder gegenüber im Haus des Ministerrates gingen ebenso an mir vorbei wie der Stand der Zwei-Plus-Vier-Gespräche. Immer parat zu haben, was Stadtverordnetenversammlung und Abgeordnetenhaus gerade berieten und bald beschließen würden, hatte Vorrang.

Auch wenn es eine Strapaze war, jeder Morgen eine außergewöhnliche Kraftanstrengung erforderte, der Arbeitstag eine Tortur bedeutete, so gab es doch einige tröstende Gewissheiten: Das war Geschichte live, in der man als Statist und mittendrin mitwirkte, und es gab ganz viele in den anderen Verwaltungen, die sich ebenso mit aller Kraft um einen guten Fortgang bemühten. Die Magistratskanzlei arbeitete auf Hochtouren und konnte doch nicht alle Probleme lösen. Da war das viele, gründlich gelesene, mit Kommentaren und Bearbeitungshinweisen versehene, dem Oberbürgermeister vorgelegte, an die Mitarbeiter weitergereichte und von diesen verarbeitete und neue Tatsachen schaffende Papier. Da gab es die langen Sitzungen und die vielen kurzen Besprechungen. Und doch beschlich einen gelegentlich das Gefühl, damit nichts zu bewirken, was die Lage spürbar verändere. Und das, obwohl man dem „Zentrum der Macht" so nahe war, genau genommen: mittendrin war. Auch alle Insignien waren vorhanden: Vorzimmer und Fahrer, das riesengroße Arbeitszimmer mit der dekorativen, wenn auch unpraktischen Säule, die dunkel getäfelten Wandschränke, hinter denen sich auch eine Garderobe und sogar ein Waschbecken verbargen und vor allem die kantige Telefonanlage mit den vielen Tasten. Diese allerdings, auch wenn sie so aussah, als erreiche man mit ihr die ganze Welt, versagte oft schon ihren Dienst, wenn man bis nach Schöneberg telefonieren wollte. Aber auch nach Friedrichshain knackte es verdächtig.

Noch im Doppelpack: Zwei Chefs für eine Stadt

Die deutsche Einheit begann förmlich und feierlich mit dem Abschied von der DDR am 2. Oktober im Berliner Schauspielhaus, wurde in der Nacht vom 2. zum 3. Oktober 1990 vor dem Reichstag von Hunderttausenden und von meiner Familie und mit Freunden gefeiert und in einem Staatsakt am 3. Oktober in der Berliner Philharmonie besiegelt. Wer am Dienstag lange genug aufgeblieben war, war in einem der zwei getrennten deutschen Staaten aufgewacht und ging am Mittwoch in der Frühe in einem vereinten Deutschland zu Bett. Viele brachten die Ereignisse um ihren

Schlaf. Die Stadt aber, die am längsten, seit Juni 1948, geteilt war und am meisten unter der Teilung gelitten hatte, kam nun zwar komplett unter das Dach des Grundgesetzes, wurde aber noch immer nicht eins. Trotzdem oder gerade deshalb wartete ich vor dem Fernseher bei der Ansprache des Bundespräsidenten Richard von Weizsäcker auf ein Wort zur deutschen Hauptstadt. Ja, so war es: „Die Hoffnung auf Freiheit und auf Überwindung der Teilung in Europa, in Deutschland und zumal in Berlin war in der Nachkriegszeit nie untergegangen."[93] Mein Tag endete mit einer Andacht in der überfüllten St. Hedwigs-Kathedrale.

Weitere dreieinhalb Monate lang blieb noch fast alles, wie es schon vier Monate lang gewesen war, eine Stadt im Selbstversuch, im Übergang, im Taumel. Als ob Berlin seine ewige Sonderrolle nicht aufgeben wollte, West-Berlin nicht seinen Inselzustand, obwohl das Meer zurückgewichen, ausgetrocknet war, Ost-Berlin nicht seinen Hauptstadttitel, auch wenn ihm der Staat abhandengekommen war. Dabei hatte doch der Einigungsvertrag Berlin als Hauptstadt Deutschlands soeben bestätigt und zugleich relativiert.[94] Welches Berlin gemeint war, ergab sich aus einer feinsinnigen Unterscheidung. Im Artikel 1 des Vertrages wurden die Länder Brandenburg, Mecklenburg-Vorpommern, Sachsen, Sachsen-Anhalt und Thüringen aufgezählt, die mit Wirksamwerden des Beitritts der Deutschen Demokratischen Republik zu Ländern der Bundesrepublik werden. In einem zweiten Absatz heißt es: „Die 23 Bezirke von Berlin bilden das Land Berlin." Kritiker des Verfahrens konnten leicht behaupten: Sogar der „Beitritt" würde der DDR-Hauptstadt verwehrt, ihr bliebe nur eine kalte Eingemeindung. Die Denkschrift zum Einigungsvertrag gibt eine andere Erklärung. „Absatz 2 regelt die gleichzeitige Vereinigung Berlins; die westlichen und die östlichen Bezirke der Stadt bilden zusammen das Land Berlin." Das lässt viele Interpretationen zu und somit auch diese: Berlin, von dem ein Teil schon immer, wenn auch mit Einschränkungen, zur Bundesrepublik Deutschland gehörte, vergrößert sich um 11 Bezirke, über Nacht, aber im vollen Scheinwerferlicht der Weltöffentlichkeit. Aber auch jene Version: 12 West und 11 Ost-Bezirke, also fast gleichviele, bilden jetzt *eine* Stadt. Damit konnten doch beide ehemaligen Teile gut leben.

Und doch: Während die Bundesregierung die DDR-Regierung aufgesogen und einige ihrer Mitglieder mit nach Bonn genommen, die Volkskammer ihre Arbeit beendet und 144 ihrer Abgeordneten in den Deutschen Bundestag entsandt hatte, blieb in Berlin das Doppelleben legal und unangetastet: Zwei Verfassungen, zwei Parlamente, zwei Bürgermeister, zwei Rathäuser, zwei Verwaltungen, zwei Berliner Bären, unterschiedliche Personalausweise, Straßenschilder, Ampeln und vieles mehr. Immerhin hatten die Berliner seit einem viertel Jahr, nach 42 Jahren, wieder gemeinsames Geld und die Drei-Klassen-Gesellschaft mit Ost-Mark, West-Mark und Forum-Schecks[95] war zu Ende.

Nur die Alliierten hatten nichts mehr zu sagen.[96] Am 2. Oktober, einem Dienstag, waren Senat und Magistrat im Rathaus Schöneberg zu einer Sitzung zusammengekommen. Hauptzweck war die Verabschiedung einer Gemeinsamen Erklärung. Ich hatte zu dem Entwurf des Presseamtes eine Reihe von Änderungen vorgeschlagen, u. a. den Dank an die Schutzmächte, aber auch die Feststellung, die Ost-Berliner hätten die schwerere Last der Spaltung zu tragen gehabt. Für nachmittags vor Dienstschluss hatte ich die ganze Abteilung, also vor allem die Kollegen aus dem Magistratsteil, nach Schöneberg eingeladen, um mit einem Glas Sekt auf die bevorstehende Einheit anzustoßen. Morgen würden wir ja in demselben Staat leben, wenn auch übermorgen noch nicht in einer Stadt arbeiten.

Während es nun *eine*, mit der Wahrnehmung der Aufgaben einer gesamtberliner Landesregierung beauftragte

Regierung für die ganze Stadt gab[97], blieben Abgeordnetenhaus und Stadtverordnetenversammlung doch getrennt erhalten, tagten bisweilen sogar gleichzeitig, aber in sechs Kilometer Luftlinie entfernten Rathäusern, beschlossen die gleichen Gesetzestexte getrennt, damit sie in der ganzen Stadt einheitlich gelten würden.

Am 4. Oktober, am Tage Eins nach der Vereinigung Deutschlands, saß ich früh um 8.00 Uhr wieder im Berliner Rathaus beim Oberbürgermeister, um über Haushaltszahlen, den Stand der Fertigstellungen im Wohnungsbau, ein Angebot zur Übernahme des Freizeit- und Erholungszentrums (FEZ) durch einen Investor und über allgemeine Sicherheitsprobleme zu sprechen. Am Nachmittag tagte noch einmal die Personalkommission (Ost), die eine Woche später mit der im Westen zusammengelegt wurde. Auch der 4. Oktober dauerte von halb sieben bis halb zehn.

Bereits am 18. September hatten Senat und Magistrat die Einzelheiten der gemeinsamen Arbeit im vereinten Deutschland als Gesamtberliner Landesregierung festgelegt.[98] Es gab zwei Vorsitzende mit gemeinsam zwei Stimmen, die aber einheitlich abgegeben werden mussten. Die Senats- und die Magistratsverwaltungen sollten schrittweise zusammengeführt werden und dann von dem zuständigen Senats- und dem zuständigen Magistratsmitglied gemeinsam geleitet werden. Sofern sich die jeweils beiden Verwaltungen und deren Führung im Einzelfall nicht verständigen würden, konnte von jedem eine Entscheidung der Landesregierung beantragt werden. Ich kann mich nicht erinnern, dass dies erforderlich wurde.

Diese im Einigungsvertrag vorgesehene Regelung für eine Gemeinsame Landesregierung schuf die Grundlage, aber hinzu kamen eine liebgewordene Gewohnheit und eine erkennbare Neigung. Man sah sie nur noch gemeinsam, den Regierenden Bürgermeister Walter Momper und den Oberbürgermeister Tino Schwierzina. Als müsste noch für die letzten Monate aller Welt gezeigt werden, dass es aus zwei Teilen bestehe, erschien Berlin in dieser Zeit auf allen Konferenzen zu zweit, gab es kaum noch eine Pressekonferenz ohne doppelten Auftritt, konnte kein Kilometer S-Bahn in Betrieb genommen werden, ohne dass zwei erwachsene Männer „Eisenbahn spielten", eine rote Mütze aufsetzten und die grüne Kelle hochhielten.

Es wurde auch doppelt gearbeitet in dieser Zeit, nicht sinnlos zweimal dasselbe, sondern auf zwei verschiedenen Baustellen, die in wenigen Monaten eine Großbaustelle sein würden. Bis zur Bezugsfertigkeit musste noch viel Schutt beseitigt werden, es sollte ja alles mit rechten Dingen zugehen. Also machten sich Senat und Magistrat an die Arbeit, die Rechtsangleichung für beide Stadthälften vorzubereiten, eine Herkulesarbeit, bei der mancher sich gelegentlich wünschte, man hätte doch lieber eine „ordentliche" Revolution zustande gebracht, die das alles einfacher und mit einem Mal gelöst hätte. So aber wurden endlose Listen erarbeitet, geprüft, beschlossen, zu einem Gesetzentwurf verarbeitet. Für die außer Kraft zu setzenden Magistratsbeschlüsse drohte eine Wiederholung dieser Prozedur. Der von Innen- und Justizverwaltung gemeinsam erarbeitete Entwurf eines Beschlusses sah eine pauschale Außerkraftsetzung bei Fortgeltung rechtlicher Verhältnisse und Einrichtungen bis zu einer Neuregelung vor. Stattdessen aber besann man sich des das Problem noch eleganter regelnden Verfassungsartikels 85, wonach ohnehin alle der neuen Ost-Berliner Verfassung widersprechenden Regelungen aufgehoben waren. Man konnte sich also auf Einzelregelungen dann beschränken, wenn ein Bedarf dafür erkennbar wurde.

Schon das oberflächliche Durchblättern des Beschlusshandbuches des Magistrats für die Jahre 1974 bis 1989 gestattete einen Blick in die Untiefen der hauptstädtischen Kommunalpolitik, ebenso sachbezogen banal wie überall, bisweilen unübersehbar die alltäglichen ideologischen

Prägungen widerspiegelnd. Was war wohl mit dem Beschluss 75/88 vom 8. Februar 1988 über den „Handel mit Ratten in Zoofachgeschäften und deren Abgabe von Tierzüchtern an Privatpersonen" geregelt worden, den der Stadtrat für Land-, Forst- und Nahrungsgüterwirtschaft veranlasst hatte? Was verbarg sich hinter dem vom Stellvertreter des Oberbürgermeisters vorgeschlagenen Beschluss 487/89 vom 11. Dezember 1989 zur „Veränderung der Nomenklaturordnung des Magistrats"? War die am 18. April 1979 mit Beschluss Nr. 125/79 am 18. April 1979 erlassene „Ordnung über das Einwilligungsverfahren für den Anschluss von Gas-Außenwand-Heizern für die Bevölkerung" noch erforderlich?

Das flapsige Kürzel vom „Magisenat" ließ sich nicht so ohne weiteres aus dem Sprachgebrauch tilgen. Die seit dem 3. Oktober offizielle Bezeichnung der Berliner Regierung lautete kürzestmöglich und präzise „Gesamtberliner Landesregierung von Senat und Magistrat". Die tagte zum ersten Mal am 9. Oktober 1990, wieder im Grünen Saal des Berliner Rathauses, und begann mit einer neuen Zählung ihrer Sitzungen[99]. Von nun wollte die Landesregierung abwechselnd in Schöneberg und in Mitte tagen. Die letzte Sitzung vom 22. Januar 1991, nach Beginn der neuen Wahlperiode des für ganz Berlin zuständigen Abgeordnetenhauses, trägt die Nummer 15. Die erste wurde mit einem kurzen Nachdenken über die Bedeutung dieses Ereignisses eröffnet und behandelte neben vielen routinemäßig anfallenden Themen immerhin die Bewerbung Berlins um die Ausrichtung der Olympischen Spiele im Jahr 2000. Die Vorlage über die Wiederinbetriebnahme der U-Bahnlinie 2/A zwischen Otto-Grotewohl-Straße und Wittenbergplatz musste zurückgestellt werden, sie war nicht beschlussreif. Bedenkt man die historische Tragweite des Geschehens, die erfüllten Sehnsüchte, die zu Lebzeiten nicht mehr erwarteten erfüllten Hoffnungen, dann war das alles schon ziemlich nüchtern. Keiner der Akteure neigte zu großen Gesten. Wieder kein Fackelzug, keine Festrede des einen Bürgermeisters in der anderen Volksvertreterversammlung und auch nicht umgekehrt. Das Mindeste war also diese Verbeugung vor der hiermit attestierten Gleichrangigkeit: Einmal du – einmal ich. Auch hier galt der Kurs von 1 zu 1. Nur, es war nicht zu bestreiten: Schließlich würde das West-Modell in das Rote Rathaus einziehen. Bei aller Antipathie gegenüber der SED und bei allem Einheitsstreben – glücklich und zufrieden waren längst nicht alle. Für die Mehrheit war es vor allem von Belang, aufrechten Ganges in die vereinigte Stadt einzutreten. Es ging ja weniger um die Gefühlswelt der ehemaligen und Immer-noch-SED-Funktionäre und -Anhänger, sondern um die Gewinnung der Mehrheit der Ost-Berliner. Aber ganz so ernst nahm man es dann doch nicht. Von den 15 Sitzungen fanden 11 in Schöneberg statt – als könnte oder müsste gar der dort bevorstehende Abschied versüßt werden.

Nur einmal tagte der Magistrat unter sich. Dabei wurden die Haushaltsberatungen der Stadtverordnetenversammlung vorbereitet. Deshalb traf man sich in kleiner Besetzung im Berliner Rathaus. Ganz praktische Fragen des Zusammenrückens wurden besprochen, gelegentlich auch mit Brandenburg. Der Flughafen Schönefeld war ja für den Westen kein Tabu mehr. Es ging um ein einheitliches Taxi-Tarifgebiet mit Brandenburg. Fragen des Städtebaulichen Wettbewerbs zur Bebauung des Potsdamer und des Leipziger Platzes waren zu erörtern. Der Verkehr über die Glienicker Brücke von und nach Potsdam, war nicht mehr auf Spione im Austausch, auf Alliierte und auf Diplomaten beschränkt. Seit dem 10. November 1989 flutete der allgemeine Verkehr von Potsdam nach Berlin. Die Parkplätze am Straßenrand aus der Zeit der Sackgassensituation der Königstraße mussten aufgehoben werden. Die Bundesstraße 1 diente wieder zum Fahren. Am 9. November würde der Bundesrat in Berlin tagen. Die Tauglichkeit der Kongresshalle im Tiergarten musste geprüft werden. Der Tag der Offenen Tür im Oktober war ein großer Erfolg. Deshalb sollte am 17. November eine Wiederholung stattfinden. Alle Abteilungen wurden zur Vorbereitung mobilisiert. Auf dem Rathausturm wehte die Berliner Flagge in der DDR-Version. Sie sollte baldmöglichst durch die westliche ersetzt werde. Der Regierende Bürgermeister wollte die östlichen Bezirke besuchen. Welchen zuerst und mit wie viel Tross und Presse?

Am 20. November musste sich die Landesregierung mit einem West-Berliner Koalitionsproblem befassen. Der Koalitionsvertrag war seitens der Alternativen Liste gekündigt worden. Deren drei Senatorinnen hatten ihren Rücktritt erklärt. Was jetzt ohne Aufsehen möglich gewesen wäre, nämlich eine Regelung zur kommissarischen Wahrnehmung von deren Aufgaben durch die im Magistrat bei geringfügigen Abweichungen vom Zuschnitt mit diesen Ressorts betrauten Stadträte aus dem Magistrat zu wählen, wurde nicht einmal erwogen. Routinemäßig beschritt man den üblichen Weg, indem drei andere Senatsmitglieder die verwaisten Verwaltungen in Obhut nahmen.

Nach 42 Jahren Teilung: Gemeinsamer Zieleinlauf

Immer mal wieder gab es den Blick in die Zukunft. Wie würden sich die Beziehungen innerhalb Deutschlands entwickeln, vor allen die zwischen den ganz unterschiedlichen Ländern, und welche Rolle würde Berlin tatsächlich spielen? Berlin also wieder einmal auf der Suche nach Bundesgenossen. Auf Länderebene hielt man sich an den vermutlich einflussreichsten der neuen Ministerpräsidenten, an Kurt Biedenkopf in Sachsen. In einer Besprechung des Chefs der Senatskanzlei mit den Abteilungsleitern am 24. Oktober gab Dieter Schröder den Auftrag zu einem Schreiben für den Regierenden Bürgermeister, mit dem ein regelmäßiges Treffen der ostdeutschen Regierungschefs jeweils vor den Ministerpräsidentenkonferenzen aller Länder angeregt wurde. Bei diesen gehe es um „ebenso einheitliche wie unterschiedliche Interessen der einzelnen Länder sowohl untereinander als auch im Verhältnis zum Bund, die keineswegs überwiegend oder gar ausschließlich parteipolitisch geprägt sind. Es wird dabei vielmehr auch um Gemeinsamkeiten und Unterschiede von arm und reich, von neu und alt, von Ost und West innerhalb Deutschlands gehen, um geschichtliche und zeitgeschichtliche Verbindungen oder Distanzen ebenso wie um geographische Nachbarschaften oder Entfernungen… Die aufgrund einer vergleichbaren Ausgangslage oft ähnlichen Interessen der neuen Länder einschließlich Berlins sollten…mit möglichst großer Aussicht auf Erfolg und Berücksichtigung in den Kreis der Länder der Bundesrepublik Deutschland eingebracht werden. Dies wird nicht ohne vorherige Kontaktaufnahme und Absprache gelingen."

Dieser Gedanke traf auf Zustimmung. Nicht in Dresden, dafür in Potsdam an symbolträchtigem Ort, trafen am 1. Dezember 1990 die Ministerpräsidenten von Mecklenburg-Vorpommern, Sachsen, Sachsen-Anhalt und Thüringen sowie der Regierende Bürgermeister und der Oberbürgermeister von Berlin im Schloss Cecilienhof[100] zusammen. Gastgeber war Brandenburgs Ministerpräsident Manfred Stolpe. Drei Wochen später in München war ich froh, dabei zu sein, als an die dortige letzte gesamtdeutsche Ministerpräsidentenkonferenz aus den vier Besatzungszonen im Jahre 1947 erinnert wurde.

Am 2. Dezember fand zeitgleich zur ersten gesamtdeutschen Bundestagswahl – noch vor einem Jahr hatte es als kühner Wunsch gegolten, dass im *West*teil Berlins direkt gewählt werden dürfe – die Wahl zum gesamtberliner Abgeordnetenhaus statt. Das politische Kräfteverhältnis hatte sich verschoben.[101] In Berlin lag die CDU deutlich vorn, sie hatte in Ost und West dazu gewonnen. Die SPD landete auf Platz 2 und hatte mit der PDS auf dem 3. Platz zusammen weniger Stimmen als die CDU. Bald würde es eine neue Koalition geben müssen. CDU und SPD verabredeten sich zu Verhandlungen, die ich als Protokollführer beobachten konnte. Auch später war noch häufiger Gelegenheit, das politische Geschäft des Aushandelns und Zustandekommens von haltbaren und untauglichen Kompromissen mitzuerleben und deren Erfolge oder Scheitern zu notieren.

Bei der ersten Sitzung des für die gesamte Stadt zuständigen Abgeordnetenhauses am 11. Januar 1991 wurde die zuvor um eine wichtige Festlegung erweiterte, bis dahin nur in West-Berlin geltende Verfassung für *Berlin* beschlossen. Ein neuer Absatz im Artikel 88 verpflichtete das Parlament zur Überarbeitung in der gerade begonnenen Wahlperiode auch unter Einbeziehung von Regelungen der ab jetzt nicht mehr geltenden Verfassung von Ost-Berlin. Die hatte eine entsprechende Bestimmung enthalten. Gemäß ihrem Artikel 88 Absatz 4 trat sie „an dem Tage der konstituierenden Sitzung des neugewählten Gesamtberliner Parlaments außer Kraft, in der die Gültigkeit einer Gesamtberliner Verfassung auch für diesen Teil der Stadt festgestellt wird."

Jetzt ging die Teilung der Stadt im Eiltempo ihrem Ende entgegen. Zum Abschluss ein Gruppenfoto vom „Magisenat", korrekt: von der „Gesamtberliner Landesregierung von Senat und Magistrat", nach ihrer letzten Sitzung am 22. Januar 1991. Aber darauf war Tino Schwierzina, der bereits das Amt des Vizepräsidenten des Abgeordnetenhauses von Berlin übernommen hatte, nur noch als Gast zu sehen, in der zweiten Reihe.

10. Helden mit Verfallsdatum

Wenige haben den Stein ins Rollen gebracht, Hunderttausende haben ihn weiterbewegt. Erst ändert sich die SED, dann die DDR. An deren vierzigstem Geburtstag, am 7. Oktober 1989, wird in Schwante im Norden von Berlin eine neue Sozialdemokratische Partei (SDP) gegründet. Außer im Ostteil Berlins bis 1961 hatte die SPD in der SBZ/DDR seit der zwangsweisen Vereinigung mit der KPD zur SED im April 1946 nicht existiert. Am 18. Oktober tritt Honecker, am 2. November Gerald Götting als CDU-Vorsitzender zurück. Lothar de Maizière übernimmt dieses Amt am 10. November mit der Absicht, „die Wurzeln der CDU, so wie es von den Gründungsvätern [1945] vorgesehen war, wieder freizulegen."[102] Am 4. Dezember kündigt die CDU ihre Mitgliedschaft im Demokratischen Block. Die SED verändert Ende 1989 ihren Namen und verliert ihre Funktion als Staatspartei. Der Staat, den sie sich 1949 geschaffen hatte, schafft sich schrittweise ab. Jetzt kommt die Stunde derer aus ganz unterschiedlichen Gruppierungen und Bündnissen, die für eine vorher unbestimmbare Übergangszeit als Person Verantwortung für das Ganze zu übernehmen bereit sind. Diese „Stunde" währt für Berlin vom 30. Mai 1990 bis zum 24. Januar 1991.

Aus einer neuen und einer erneuerten Partei: 14 Stadträte

Normalerweise, so die allgemeine Vorstellung, gehen einer aussichtsreichen Kandidatur für ein Regierungsamt jahrelange mühevolle Tätigkeiten auf den verschiedenen Karrierestufen der Parteihierarchie voraus. Wie der sprichwörtliche Tellerwäscher durch unermüdlichen Fleiß zum Millionär wird, so steigt der eifrigste Plakatkleber der Abteilung oder des Ortsverbandes, regelmäßig Beitrag zahlend und gelegentlich das Wort ergreifend, mit Ellenbogen ausgestattet und in Trinkfestigkeit bewährt, allmählich zum Kandidaten für höchste Weihen und Ämter auf. Dieses Bild ist schon im wirklichen Leben nur eine karikierende Darstellung mit unterschiedlich geringem Wahrheitsgehalt, vor allem an Stammtischen von Parteienverächtern in allen Varianten sachkundig durchdekliniert. Noch weniger trifft es im Sonderfall einer soeben stattgefundenen Revolution zu, die einige ihrer Kinder in ein öffentliches Amt entlässt.

Seitdem in der Volkskammer am 11. Januar 1990 zum ersten Mal ein Termin für Neuwahlen[103] genannt worden war, begann der Wahlkampf, der nahtlos bis zu den Kommunalwahlen Anfang Mai dauerte. Wahlkampfzeiten sind gut für Polemik, aber schlecht für ernsthafte Sachdebatten. So fand eine unvoreingenommene Diskussion darüber nicht statt, ob es denn einen triftigen Grund oder ein historisches Argument für die verbreitete Arroganz gab, der CDU und den anderen Parteien der DDR ihre „Blockflöten"-Rolle vorzuwerfen, die sie seit 1950 in der „Nationalen Front" nach den von der SED vorgegebenen Noten gespielt hatten. Schon 1946 war doch schließlich die SPD – allerdings mit Ausnahme Berlins[104] – mit der KPD zur SED vereinigt worden, zwangsweise, wie auch der andere Vorgang der Blockbildung später verlaufen war. Die SPD hatte dabei Namen und Identität verloren, hatte ihre politischen Überzeugungen an der Garderobe des Admiralspalastes abgeben müssen. Während also die SPD innerhalb der SED *ab*geschaltet worden war, wurden die anderen formal erhalten, aber *gleich*geschaltet, wurden zu Filialbetrieben der SED, um eine andere Kundschaft anzulocken. Sie taugten allenfalls zum Vorgaukeln eines Mehrparteiensystems. Parteien können ihre Ehre auf verschiedene Weise verlieren – oder bewahren.[105] Widerstand hatte es in allen Parteien allerorten gegeben, aber eben auch genügend Willfährige. Und so hatte sich mit einiger Verspätung auch die CDU ergeben und als „einschränkungslos sozialistische Partei"[106] bezeichnet.

Waren deshalb Otto Grotewohl weniger tapfer und Otto Nuschke mehr feige, die beide dem sowjetischen Druck nachgegeben und keinen Ausweg als den der Unterordnung und Selbstverleugnung gesehen hatten? Es ist nicht bekannt, wie glücklich sich der eine, Genosse Grotewohl, als Ministerpräsident der DDR von 1949 bis 1964, und der andere, Unionsfreund Nuschke, Stellvertretender Ministerpräsident von 1949 bis 1957, beide lebenslänglich in ihren Rollen als unfreiwillige Kronzeugen für die Verbundenheit der SED „mit allen Schichten der Bevölkerung", fühlten.

Während die Kandidaten der SPD für Ost-Berlins Regierung aus naheliegenden Gründen auf eine Parteikarriere von längstens sechs Monaten zurückblicken konnten, hatten ihnen die Kollegen von der CDU einiges an parteipolitischer und teils auch administrativer Erfahrung voraus. Sie waren in den 1960er- oder 1970er-Jahren in die CDU eingetreten, damals zwischen 25 und 32 Jahren alt. Sie hatten sich nicht für das Original, die SED, sondern für die Partei mit dem „C" entschieden. Damit ließ sich immer beweisen, dass man „dafür" sei. Zugleich war es ein Signal für Distanz, wenn es gebraucht wurde. Sie waren unauffällig zahlendes Mitglied, einer war Ortsvorsitzender, ein anderer hatte es bis zum Stadtbezirksrat gebracht. Auch ein Mitarbeiter des Parteiapparates und als solcher Mitglied des Runden Tisches Berlin war darunter. Seit 1966 kannten sie nur einen Parteivorsitzenden, Gerald Götting, der am 2. November endlich zurückgetreten war. Einen Monat später befreite sich die CDU unter Lothar de Maizière aus der Gefangenschaft des Blockbündnisses.

Richtig bleibt: Weil es 1989 keine sozialdemokratische Partei in der DDR gab, wurde sie unverwechselbar neu gegründet. Die anderen Parteien, dauerhaft die CDU, veränderten Inhalt, Führung und Struktur, sagten sich von der Vergangenheit los, als hätte es die 40 Jahre DDR nicht gegeben, um ab sofort wie selbstverständlich, wenn auch nicht unumstritten, mit altem Namen nach den Normen des Grundgesetzes „an der demokratischen Willensbildung des Volkes" mitwirken zu können.

Sie müssen noch einmal genannt werden, die Frauen und Männer aus den neuen und alten Parteien in der DDR, die sich meist nicht – oder jedenfalls nicht auf die im Westen übliche Art – danach gedrängt hatten, plötzlich in das Rampenlicht der Berliner Kommunalpolitik zu treten und dabei gelegentlich auch in den Scheinwerferkegel der Weltpolitik zu geraten. Für die schwierigste Zeit der Revolution machten sie die Politik zu ihrem ungelernten Beruf und zu ihrer täglichen 24-Stunden-Beschäftigung. Es waren nicht mehr die verdeckten Tüftler neuer Gesellschaftsmodelle für eine reformierte sozialistischere DDR oder die PR-Talente mit symbolischen wie kameragerechten Aktionen, die über die westliche „Tagesschau" den ostdeutschen Fernsehzuschauern bekannt gemacht wurden. Jetzt waren Kandidaten gefragt, die bereit waren, das Risiko des Gewähltwerdens einzugehen und die tägliche Last eines öffentlichen Amtes in der Hauptstadt dieses sterbenden Staates zu übernehmen. Niemand wusste, für welche Dauer. Nur eines war sicher: Es würde je kürzer sein, desto erfolgreicher sie wären.

Von den West-Polit-Profis wegen ihrer vermeintlichen Unbeholfenheit mehr oder weniger offen belächelt, flüchteten sie sich unfreiwillig in das Understatement der Rolle von Dilettanten, von Laienspielern, um die Kritiker milde zu stimmen. An die Genossen mit den langen Bärten würde man sich schon gewöhnen. Es waren nur Äußerlichkeiten, die sie mit Karl Marx verwechselbar machten. Die West-SPD hatte der Ost-SDP bereits im Januar 1990 die Namensgleichheit gestattet. Und mancher als „Blockflöte" verächtlich gemachte Neu-Politiker hatte doch mehr Charakter und Mut zur Korrektur bewiesen als sein westlicher Zensor je hatte aufbringen müssen. Der Vorsitzende der in Umkehr befindlichen DDR-CDU hatte auf einem Sonderparteitag im Dezember 1989 bekannt: „Die CDU trägt durch den politischen Sündenfall der geduldeten Gleichschaltung Mitschuld am moralischen Verfall der ganzen Gesellschaft."[107] Auf diese öffentliche Beichte war die Lossprechung erfolgt. Der große Vorsitzende (West), weil es in sein Kalkül passte, mindestens die bisherigen CDU-Mitglieder, wenn nicht gleich die aller Blockparteien der DDR für sich zu gewinnen, erteilte Generalabsolution und gewährte kräftige Hilfe für die Volkskammerwahl im März.

Beide Parteien, SPD und CDU, hatten also ihre Paten, Berater und Unterstützer aus dem Westen. Und dann waren da noch die neuen Gruppierungen wie z. B. die Alternative Linke Liste, das Bündnis 90, der Demokratische Aufbruch, die Europa-Union der DDR, die Grüne Liste. Auch die neubenannte PDS, eine alt-neue KPD und die Volkssolidarität, alle kandidierten für die 138 Sitze bereithaltende Stadtverordnetenversammlung, mit zusammen 616 Kandidaten. Sieben der am 6. Mai 1990 gewählten Mitglieder der Stadtverordnetenversammlung wurden von ihren Parteien in den Koalitionsverhandlungen zur Wahl für ein Regierungsamt[108] vorgeschlagen. Dazu kamen weitere sieben, die alle von der Stadtverordnetenversammlung am 30. Mai gewählt wurden.

Sie alle vereinte Leidenschaft, Überzeugungstreue – das war der Maßstab. Diese beiden Eigenschaften hatten sich in den zurückliegenden Monaten bewähren müssen. Dies allein ist aber für eine bekömmliche Politik zu wenig, Eiferer tun selten gut. Wer Politik und Politiker genauer beobachtet, wird schnell zu der Auffassung gelangen, dass eine solide Berufsausbildung eine hervorragende, ja unerlässliche Voraussetzung für die erfolgreiche Ausübung eines öffentlichen Amtes ist. Bei der bekannten Vorliebe für Juristen als Politiker, die allerdings in dieser Zeit ebenso den Theologen zuneigte, war es doch naheliegend, die Aufgabe des Oberbürgermeisters einer Millionenstadt einem knapp 63-jährigen Wirtschaftsjuristen anzutragen, der schon einige Jahre zurückgezogen in Berlin lebte, sich aber bald nach Gründung der SDP als deren Schatzmeister engagiert hatte. Tino Schwierzina nahm an.

Nach dem Muster, das Ressort sollte schon irgendwie zur Ausbildung passen, ergaben sich folgerichtig weitere Personalüberlegungen, nicht ohne Beachtung der Regel, dass sie erst durch Ausnahmen zu einer solchen wird. Aber wann hat eine Stadt schon das Glück, dass ein Geograph für die Stadtentwicklung zuständig wird. So wurde Clemens Thurmann (*1954) Stadtrat. Der Gartenbau-Ingenieur Holger Brandt (*1961) brachte für die Aufgaben des Umweltschutzes die besten Voraussetzungen mit. Aus eben diesem Grund traute man Otmar Kny (*1940) zu, das Amt des Stadtrates für Wissenschaft auszufüllen, so wie der Bau-Ingenieur und Betriebswirtschaftler Eckehard Kraft (*1940) für Bau- und Wohnungswesen zuständig wurde. Kein Zweifel bestand auch bei dem Lehrer Dieter Pavlik (*1935), dass keiner besser als er geeignet sei, Stadtrat für Bildung zu werden. Bestens vorbereitet auf ihre Aufgabe als Stadträtin für Kultur war auch die Literaturwissenschaftlerin Irana Rusta (*1954).

Im Magistrat würden die Ingenieure eine starke Fraktion bilden, was wohl nicht zuletzt damit zusammenhing, dass die in der DDR ein Studium gewählt hatten, das nicht in allererster Linie mit ideologischem Ballast befrachtet war. So kam der Ingenieur Kurt Blankenhagel (*1938) in die Rolle des Stadtrates für Arbeit und Betriebe, der Ingenieur-Ökonom Bernd Fritzsche (*1951) in die des Stadtrates für Finanzen, der Diplom-Ingenieur Hartmut Hempel (*1949) in die Zuständigkeit für Familie, Jugend und Sport. Und noch ein Diplom-Ingenieur: Wolfgang Sparing (*1947) bekam das Sozial-Ressort. Die Wissenschaftliche Bibliothekarin Eva Kunz (*1947) wurde Stadträtin für Gleichstellungsfragen.

Das hatte es schon öfter in Berlin gegeben, einen Arzt als Gesundheits-Stadtrat. Das bekannteste Beispiel, wenn auch mit einer nur kurzen Amtszeit, war Ferdinand Sauerbruch, der von der sowjetischen Besatzungsmacht im Mai 1945 eingesetzt, bereits im Oktober aber von der Viermächteverwaltung wieder abgesetzt worden war. Sauerbruch gehörte zu den Mitbegründern der CDU in Berlin im Juni 1945. Nach 45 Jahren nun Christian Zippel (*1942), dem die Gesundheitspolitik der DDR-Hauptstadt anvertraut wurde. – Wenn jemand etwas von Wirtschaft und Wirtschaftspolitik aus eigener Erfahrung verstand, so war es Elmar Pieroth (*1934). So war es folgerichtig, dass die CDU ihn als Stadtrat für Wirtschaft vorschlug.

Blieb noch ein wichtiges Ressort zu besetzen, das der Innenverwaltung, also der für das Personal der gesamten Verwaltung, für Innere Sicherheit und für tausend Rechtsfragen zuständigen Behörde. Einer der ersten und einer der jüngsten SDP-Sozialdemokraten war der Facharbeiter für Plast- und Elastverarbeitung Thomas Krüger (*1959). Besser bekannt war er als der Vikar, der Theologe. Ausgestattet mit dieser Universalwissenschaft würde er doch wohl die kleinen irdischen Dinge regeln, mit einem guten Draht „nach oben" und mit beiden Beinen auf der Erde, jeder Zeit unbegrenzt einsetzbar und durchsetzungsfähig.

Was immer sie alle bewogen hatte, wie sehr es sie selbst drängte, gestaltend dabei zu sein, wenn sich ihr Berlin mit dem der anderen vereinte, wie sehr sie überredet werden mussten, weil die Hemmungen groß waren, im Blick der Öffentlichkeit zu stehen, was ihnen Familie und Freunde rieten und Konkurrenten und Gegner unterstellten, soll hier nur als Frage und Vermutung erwähnt werden. Zwei von ihnen, Eva Kunz und Thomas Krüger verzichteten immerhin auf ihr Mandat in der Volkskammer. Mit so viel Begeisterung und Energie haben selten Menschen daran gearbeitet, die Existenzberechtigung ihrer Ämter kürzestmöglich überflüssig zu machen, die jetzt erst einmal unentbehrlich waren. Selten ist so viel persönliche Überzeugung und so wenig taktisches Kalkül der Maßstab des eigenen politischen Handelns gewesen. Das machte sie anfällig für Fehler, aber immun gegen krumme Geschäfte. Niemand von ihnen erlag dem „Höhenrausch", dem Abheben in eine Scheinwelt, wie er von Jürgen Leinemann im Bonner Politikbetrieb beobachtet worden war.[109] Die real existierenden Probleme zu lösen, blieb bis zum letzten Tag wichtiger als die Rituale und die Selbstbespiegelung. Niemand hatte ihnen die bei neuen Regierungen übliche 100-Tage-Frist eingeräumt. Sie wären selbst auch nicht auf diesen Gedanken gekommen. Im Rückblick auf die gesamten 239 Tage wäre dann schon fast Halbzeit gewesen. Auch diese Zwischenbilanz entfiel, war entbehrlich, weil jeden Tag Rechenschaft abgelegt werden musste, vor der Öffentlichkeit, den Stadtverordneten, den Parteifreunden im Westen und, am wichtigsten: vor sich selbst.

GASTROLLE IM MAGISTRAT: DIE HELFER VON NEBENAN

Tino Schwierzina hatte ein Kabinett politisch höchst engagierter Fachleute zusammengestellt. Zur Seite und manchmal auch im Wege standen ihnen die Mitarbeiterinnen und Mitarbeiter der alten Verwaltung sowie nach besten Kräften eine Anzahl von Frauen und Männern aus den Senatsverwaltungen des westlichen Berlin als unmittelbare Stellvertreter und couragierte Behördenleiter, um sie vor allem von den organisatorischen Tagesgeschäften zu entlasten. Gleich in seiner 3. Sitzung am 8. Juni 1990 hatte der Oberbürgermeister seine Bitte an die Mitglieder des Magistrats zu Protokoll gegeben, ihm bis zu 13. Juni 1990 ihre Vorstellungen zur personellen Besetzung des jeweiligen Stellvertreters mitzuteilen. Das war ein zwar sachlich berechtigter, aber in dieser Frist nicht erfüllbarer Wunsch. Er orientierte sich an dem westlichen System der Staatssekretäre, musste aber in der Praxis etwas ganz anderes bedeuten, schon deshalb, weil vermutlich die Tätigkeit zeitlich sehr begrenzt war und keine zusätzlichen Pensionsfälle geschaffen werden durften. Und vor allem war die Personaldecke beider regierenden Parteien eher kurz, um noch für eine Reservemannschaft zu reichen. Deshalb hatte sich, wie bei dieser Gelegenheit bekannt wurde, der Koalitionsausschuss von SPD und CDU auf eine „Westlösung" geeinigt, sollte heißen, dass ohnehin schon bezahlte West-Beamte dafür verpflichtet werden sollten. Die waren parteipolitisch – überwiegend – neutral, und so konnte notfalls ein Ressort mit CDU-Stadtrat im Osten auch einem Beamten eines entsprechenden AL-geführten West-Ressorts trauen – so dachte man im Osten, ohne zu ahnen, wie der Koalitionspartner der SPD-West, die Alternative Liste, dazu stehen würde.

Nachdem am 5. Juni der Magistrat eine erste Inventur bei der Übernahme der Ämter vorgenommen hatte, waren dem Chef der Magistratskanzlei zwei Wochen später die inzwischen erworbenen Kenntnisse der Senatsverwaltungen über den Zustand der Verwaltung Ost-Berlins drei Stunden lang vorgetragen worden. Es war eine deprimierende Bestandsaufnahme, in aller sachlichen Nüchternheit und ganz ohne Wertung und Siegermentalität.

Detlef Borrmann, Staatssekretär für Inneres, bezifferte die Zahl der direkt oder indirekt in staatlichen Einrichtungen Beschäftigten mit 264.087. Davon waren nur etwa sechstausend in den Magistrats- oder Bezirksverwaltungen. Im Bereich der Volksbildung und der Kindertagesstätten gab es 33.933 Beschäftigte. Zugleich gab es einen großen Fehlbedarf beispielsweise bei den Sozialstationen. Abteilungsleiter Peter Haupt ergänzte die Informationen, wonach Stellenpläne erarbeitet würden für Haupt- und Bezirksverwaltungen, bei denen ggf. auch überzählige Beschäftigte aus den nachgeordneten Bereichen Platz fänden.

Die Gesundheitsämter z. B. hätten erheblichen Personalmangel. Armin Tschoepe, Staatssekretär in der Gesundheits- und Sozialverwaltung, wies auf das Risiko hin, dass bis zu 80 Prozent der künftigen Arbeitslosen von Sozialämtern betreut werden müssten. Die Bezirke brauchten dringend die Unterstützung der westlichen Partnerbezirke.

Gerhard Schneider, für Verkehr und Betriebe zuständiger Staatssekretär, beschrieb die Personaldefizite bei der Stadtreinigung bei gleichzeitiger Überbesetzung bei den sonstigen Versorgungsbetrieben. Die Tarife lägen um 50 Prozent unter denen des Westens.

Ähnliche Probleme gab es im Schul-, Berufsbildung- und Sportbereich, wie die Staatssekretäre Jürgen Dittberner und Hans-Jürgen Kuhn berichteten. Während die westliche Berufsbildungsverwaltung über 600 Mitarbeiter verfüge, gäbe es für diese Aufgabe im Ostteil lediglich 165. Für 240.000 Schüler im Westen arbeiteten 380 Mitarbeiter, für 180.000 Schüler im Osten seien es 60, es müssten aber 200 sein. Die Schulverweildauer werde mit einer größeren Nachfrage nach Oberschulplätzen steigen, bisher seien nur 4.000 Schüler in der zum Abitur führenden Erweiterten Oberschule (EOS). Ungeklärt sei die Frage, ob 12 oder 13 Schuljahre zum Abitur führen würden. Erheblicher Subventionsbedarf bestehe für die Schulspeisung.

Der Staatssekretär der Bauverwaltung, Hans Görler, brauchte 40 Millionen D-Mark für die Fortsetzung laufender Baustellen, Personal für Wohngeldstellen und Hilfe für die von den Wohnungsbau-Kombinaten entlassenen mehreren hundert Bauarbeiter.

Staatssekretär Hans Kremendahl von der Wissenschaftsverwaltung unter der Senatorin Barbara Riedmüller-Sehl hatte eine erhebliche Überbesetzung beim Hochschulpersonal festgestellt, 15.000 Mitarbeiter für 30.000 Studenten. Auch die Justiz hatte ihre Probleme, wie Wolfgang Schomburg, der Staatssekretär, bemerkt hatte. Weder waren der Zustand der Vollzugsanstalten noch längst alle Richter tragbar. Dabei gab es einen großen Bedarf an Arbeitsrichtern und Unklarheit, welches Arbeitsrecht anzuwenden sei.

Soziale Dienste und Bewährungshilfe fehlten. Hilfreich wäre es, könnte die IuK-Technik der NVA übernommen werden, da diese mit der vorhandenen kompatibel sei. Aus der Sicht der Finanzverwaltung beschrieb Abteilungsleiter Horst Grysczyk die Lage: Mindestens 2.000 Stellen fehlten im Bereich der Steuerverwaltung, der Stadtkasse und der Haushaltsabteilung.

Gegenwärtig bestehe das Hauptproblem in der Haushaltsaufstellung. Der Entwurf West habe für 1991 ein Defizit von 700 Millionen, die Höhe der Bundeshilfe sei unbekannt, für das 2. Halbjahr 1990 Ost seien rund 4,5 Milliarden nicht gedeckt, die mit dem DDR-Finanzminister verhandelt werden müssten.

Alle Berliner im Osten der Stadt mussten sich in dem Trubel des „Alles wird anders" zurechtfinden. Der Chef der Senatskanzlei versuchte ein Résumé. Knapp drei Wochen nach Amtsübernahme war man ja noch bei der Diagnose, aber es eilte, zu einer wirksamen Therapie zu kommen. Überausstattung auf der einen und Lücken auf der anderen Seite machten deutlich, dass es vor allem um Umsetzung, aber auch um Umschulung ging. Dazu musste beides noch exakter ermittelt und mussten die Kapazitäten für die Fortbildung festgestellt werden Jedes Ressort sollte seine Daten einschließlich der für die Stellen erforderliche Gehaltssumme an die Innenverwaltung liefern. Und welcher zusätzliche Bedarf würde durch die Auflösung des einen oder anderen Volkseigenen Betriebes hinsichtlich Fortführung der Kindergärten und der Betriebsberufsschulen, von Jugendclubs und Ferienheimen entstehen? Heute war Dienstag, also alle Meldungen bis Ende der Woche.

Am nächsten Tag in der Morgenlage beim Oberbürgermeister kam das Thema Stellvertreter erneut zur Sprache. Wer war für diesen Einsatz geeignet, verfügte über Durchsetzungsfähigkeit und Fingerspitzengefühl gleichermaßen und konnte in seiner eigenen Verwaltung in diesen Monaten entbehrt werden? Letzteres musste als Kriterium schnell gestrichen werden, die anderen waren schwierig genug. Und einige waren ja auch schon längst mitten in der Arbeit. Anfang Juli war die Liste komplett: Ingo Fessmann (bald durch Richard Dahlheim ersetzt), Dietmar Freier, Günter Fuderholz, Michael Goerig, Hans Görler, Horst Grysczyk, Peter Haupt, Manfred Hedrich, Ullrich Klotzek, Peter Koepke, Ute Kretschmar, Siegrun Steppuhn, Brigitte Wiedemann, Démetrè Zavlaris Es war nicht gerade ein „Himmelfahrtskommando" und auch alles andere als eine „Höllenfahrt", worauf sich die Beamten hier einließen. Es war ein Wettlauf mit der Zeit, einzigartiger Ausdruck tatkräftiger Solidarität mit ihrer Stadt Berlin, so wurde es auf beiden Seiten verstanden. Für die meisten war es wohl das aufregendste halbe Jahr ihrer Karriere.

Alles sollte gründlich, gerecht und gleichzeitig erledigt werden. Das war zwar auch sonst der Anspruch, den jeder an seine Arbeit stellte. Jetzt aber war doch einiges Lampenfieber dabei, auch wenn man nicht im Rampenlicht stand. Nur keinen Fehler machen! Die richtige Dosierung von Zurückhaltung bei den Ratschlägen für den noch unbekannten Chef, das rechte Maß an Durchsetzungskraft bei den Weisungen an die unbekannten Mitarbeiter finden. Die wöchentliche Stellvertreter-Konferenz, das Pendant zur Staatssekretärs-Konferenz im Rathaus Schöneberg, bot gute Gelegenheit, einander auszutauschen und zu ermuntern.

Hauptzweck dieser Runde aber war die Vorbereitung der Magistratssitzungen, indem die von den einzelnen Verwaltungen angemeldeten, oft mit ausführlichen Unterlagen versehenen Tagesordnungspunkte eingehend vorberaten, Unklarheiten beseitigt und Zustimmungsprobleme entweder ausgeräumt oder mit Kompromissvorschlägen versehen und entschärft wurden. Das waren oft stundenlange Besprechungen, schon deshalb, weil nicht jeder Teilnehmer immer sofort sicher war, ob der von ihm vertretene Stadtrat seiner

Meinung folgen würde. Hatte man ihn inzwischen gut genug kennengelernt, um in seinem Namen zu handeln? Konnte man ihn, wenn er zögerte, von der Richtigkeit seiner Empfehlung überzeugen? In den meisten Fällen war es wohl so: Weil man sich selbst so viele Gedanken machte, tat man das Richtige und wurde als Ratgeber akzeptiert.

Im Januar 1991 kehrten die geborgten, um Vieles besorgten Stellvertreter auf ihre alten Plätze zurück. Die Stadt war äußerlich eins, der Weg zur inneren Einheit immerhin geebnet. Ihren Wunsch, an der konstituierenden Sitzung des Abgeordnetenhauses in der Nikolaikirche teilzunehmen, hatten sie zu spät geäußert. Es gab für sie keinen Platz mehr.

OBERBÜRGERMEISTER FÜR 227 TAGE: TINO SCHWIERZINA

Die gewählten Stadträte waren sich darüber im Klaren, Berlin brauchte auf Dauer nicht zwei Verwaltungen. Niemand aber hatte im Mai 1990 gewusst, welche Zeit noch gebraucht würde, um alle Hürden für die Einheit aus dem Weg zu räumen, und wie diese Einheit im Einzelnen aussehen würde. Auf der großen Weltbühne wie im Hauptstadttheater wurde noch heftig um den Text des „Ervolks-Stückes" gestritten. So blieb man hin- und hergerissen zwischen der Notwendigkeit, akut für den nächsten Tag das Nötigste zu regeln, also etwa das eigene Büro zu organisieren, die Auflösung eines Jugendheimes zu verhindern, den Streik der Müllabfuhr zu beenden oder für den pünktlichen Schulbeginn am 1. September zu sorgen, aber auch das Pläneschmieden für eine Olympiabewerbung, für eine Bundesgartenschau im Wuhletal, nicht zu vergessen: Berlin in Bonner Köpfen als Hauptstadt zu verankern und bei all dem das Ziel des schnellstmöglichen Einswerdens nicht aus dem Blick zu verlieren. Alles erfolgte gleichzeitig: die Einheit der Stadt im Duett voraus leben, aber den Ostteil selbständig stark machen.

Und dazu gab es schließlich auch noch die Bezirke. Den zwölf Bezirken im Westen entsprachen, vereinfacht gesagt, elf Bezirke im Osten. Das waren drei mehr als zum Zeitpunkt der Spaltung der Stadt. Aber Berlin war seitdem nur geringfügig größer geworden, seine Verwaltung war anders organisiert. Während sich der Magistrat plötzlich für die andere Stadthälfte, für den anderen Teil Deutschlands und möglichst auch noch um vier Siegermächte und am besten um die ganze Welt kümmern musste, sorgten sich die Stadtbezirksbürgermeister um ihren Stadtbezirk, ob der nun ein Teil der Hauptstadt war oder bald zu ganz Berlin gehören würde, war dabei wichtig, aber nicht vorrangig.

Als das Datum der nächsten Wahl feststand, wurde zum vorzeitigen Ende der Wahlperiode des Abgeordnetenhauses doppelte Bilanz gezogen. Der Oberbürgermeister war zu Recht mit den Ergebnissen der Arbeit des Magistrats zufrieden. Er persönlich hatte daran einen entscheidenden Anteil. Seine Koalition erwies sich bis zum Schluss als stabil, Rot-Grün zerbrach noch kurz vor dem Ende an einem bis dahin typisch *West*berliner Thema, der polizeilichen Durchsuchung besetzter Häuser in der Mainzer Straße in Friedrichshain.

Von den 15 Mitgliedern des Magistrats gehörten sieben dem am 2. Dezember 1990 gewählten Abgeordnetenhaus von Berlin an: Kurt Blankenhagel, Thomas Krüger, Dieter Pavlik, Elmar Pieroth, Dr. Irana Rusta, Tino Schwierzina und Dr. Christian Zippel. Im Senat der großen Koalition von CDU und SPD unter Eberhard Diepgen hatte Thomas Krüger als Senator für Jugend und Familie seinen Platz. Holger Brandt, Otmar Kny und Wolfgang Sparing fanden Arbeit in der Berliner Verwaltung. Die Präsidentin der Stadtverordnetenversammlung rückte in den Senat als Bürgermeisterin und Senatorin für Arbeit und Frauen ein. Tino Schwierzina wurde Vizepräsident des Abgeordnetenhauses. Andere suchten die Rückkehr in ihre bisherigen Berufe, um eine Erfahrung, aber nicht in jedem Fall um eine Chance reicher.

Tino Schwierzina hatte als Politiker ein hervorstechendes Talent und ein – zumindest für Parteitaktiker – scheinbar hoffnungsloses Handicap. Er ging offen auf sein Gegenüber zu und nahm sofort für sich ein. Aber er sagte, was er dachte und nur das, was er wusste. Wer hat schon einen Politiker erlebt, der bei einer Telefonaktion auf die Frage eines Anrufers antwortet: „Das frage ich mich auch." oder „Ich begreife das genau so wenig wie Sie."[110] Er unterschied sich wohltuend von der parteigetrimmten Stromlinienform vieler West-Politiker. Seine Biografie bewegte sich in der Bandbreite eines durchschnittlichen DDR-Bürgers, zeigte also keineswegs einen unentwegten Regimegegner. Nach einem Herzinfarkt 1968 hatte er sich zurückgezogen. „Ich habe mir eine Nische gesucht und sie im Garten gefunden."[111] Die Nische war ziemlich geräumig, 1.800 m² Waldgarten mit 27 Sorten Rhododendron – kein Rosenzüchter wie ein anderer legendärer Pensionär, der im hohen Alter eine zweite politische Karriere begonnen hatte. Als es auf ihn ankam, war er einer, der die meisten von ihnen mit seiner Courage weit überragte. Mit Fingerspitzengefühl, Unauffälligkeit und Beharrlichkeit hatte er ein Amt ausgefüllt, von dem ihm niemand hatte sagen können, wie man es machen sollte und für das es keine öffentliche Ausschreibung gegeben hatte. Man hatte es ihm und er hatte es sich einfach zugetraut – zu Recht.

Plastisch, selbst über das Erlebte erstaunt, hatte er in seiner ersten Erklärung als Oberbürgermeister vor der Stadtverordnetenversammlung am 13. Juni 1990 das Vorgefundene beschrieben. „In den ersten zwei Wochen seiner Tätigkeit ist der neue Magistrat fast täglich mit Situationen konfrontiert worden, die den Neubeginn erschweren. Wo wäre es denkbar, daß ein neuer Stadtrat bei der Amtsübergabe eine leergefegte Führungsetage vorfindet? Wo wäre es vorstellbar, daß ein Stadtrat seinem demokratisch gewählten Nachfolger, einem erstmals demokratisch gewählten Nachfolger in der Geschichte der DDR, bei der Amtsübergabe mitteilt, er sei zu früh da, es müsse noch einiges vorbereitet werden, er möge doch in einer Woche noch einmal vorbeischauen? Solche Ereignisse zeigen nur, wie sicher sich das alte System fühlte und wie viele immer noch dem alten Denken verhaftet sind. Wir, die wir hier lebten und glaubten, das alte SED-System recht gut zu kennen, müssen immer wieder die Erfahrung machen, daß noch viel mehr möglich ist, als wir uns je vorzustellen vermochten."

Seine Haltung gegenüber der SED und ihrer Nachfolgerin PDS war klar. Er hatte nicht „sondieren" müssen, um sie als Koalitionspartner auszuschließen. Aber: „Ich habe keine Berührungsängste. Und ich werde niemals bestreiten, daß zwei plus zwei gleich vier ist, nur weil die PDS das sagt. Aber ich kaufe der Partei nicht ab, daß sie die alten Strukturen grundlegend beseitigt hat. Und ich werde aggressiv, wenn ich merke, daß einige schon wieder den Mund aufreißen, wenn auch von der Oppositionsbank. Die Partei sollte eine Schamfrist vergehen lassen."[112] Und er gehörte auch später nicht zu den Befürwortern eines Bündnisses der SPD „mit den SED-Kadern von damals".[113]

In einer Regierungserklärung Ende August 1990 – die Volkskammer hatte wenige Tage zuvor den Beitritt der DDR zur Bundesrepublik Deutschland beschlossen, von Gregor Gysi als Beschluss über den „Untergang der DDR" beklagt – erwies sich Tino Schwierzina noch einmal als der Streiter für die Einheit und Sachwalter der Interessen der DDR-Bewohner. „Wir lehnen zwar den Begriff Anschluss ab. Aber das Gesellschafts- und das Wirtschaftssystem der Bundesrepublik wird übernommen. Das ist auch gut so, so haben wir das gewollt und dazu stehen wir nach wie vor. Gleichwohl sollten die Bundesdeutschen nicht meinen, es würde nur eine leicht vergrößerte Bundesrepublik weiterexistieren. Auch die Bundesrepublik sollte bereit sein, sich zu verändern. Alle Regionen, alle Gruppen des vereinigten

Deutschland müssen sich im neuen deutschen Staat wiederfinden.... Denken für ganz Deutschland heißt auch: Bewährtes aus der bisherigen DDR nicht einfach über Bord werfen. Wir haben ja nicht 40 Jahre lang nur Unsinn produziert. Wir haben auch Werte geschaffen und Leistung, die Bestand haben sollten und die für ganz Deutschland übernommen werden sollten."

Gegen Ende seiner Amtszeit als Oberbürgermeister war seine frühere Mitgliedschaft in einer Betriebskampfgruppe von 1959 bis 1968 bekannt geworden. Daraufhin gab der Vorsitzende der SPD-Fraktion der Stadtverordnetenversammlung, Knut Herbst, weitere im Lande übliche Mitgliedschaften bekannt: FDJ von 1950 bis 1952[114], seit 1951 Gesellschaft für Deutsch-Sowjetische Freundschaft. Letztere galt allgemein all denen als Alibi, die offiziell ihren guten Willen demonstrieren, ansonsten aber mit SED und DDR-System nichts zu tun haben wollten. Reflexartig schlossen sich die Reihen um den damit allzu vieler Sympathien mit dem SED-System Verdächtigten. Die SPD-Fraktion stellte sich "vertrauensvoll" hinter den Oberbürgermeister. Der Koalitionspartner hielt still. Kann doch jedem passieren. Den in Ost-Berlin erscheinenden Zeitungen war das nur eine Pflichtmeldung in kleinem Karo oder einen Beitrag auf den hintersten Seiten in Form einer Glosse wert. So weit war jetzt schon wieder die Solidarität innerhalb Ost-Berlins und mit dem DDR-System gefestigt, dass Schwierzina in einem Interview mit der „Tageszeitung" erklären konnte: „Ich bin da eingetreten, weil ich in keiner Partei war, weder in der SED noch in einer Blockpartei. Ich wurde immer wieder gedrängt, da reinzugehen... Mir erschien das immer völlig normal. Das war ein regulärer Bestandteil der Vita vieler DDR-Bürger meines Alters... Das hat nur in den Augen von Wessis etwas Exotisches."[115] Da hatte der Oberbürgermeister wohl vergessen, dass auch viele Ost-Berliner den Einsatz der Kampfgruppen, gegründet nach dem 17. Juni 1953 aus zuverlässigen Kadern zum Objektschutz gegen den Klassenfeind, zur Abriegelung der Sektorengrenze am 13. August 1961 keineswegs als Spielerei empfunden hatten. Noch in den Oktobertagen 1989 waren sie im Einsatz, drohte ihr Leipziger Kommandeur mit dem Gebrauch ihrer Waffen. Erst am 6. Dezember erfolgte deren Entwaffnung.

Für das Handbuch des Abgeordnetenhauses, 12. Wahlperiode, machte er folgende Angaben über sich: „Geb. am 30. Mai 1927 in Königshütte/Oberschlesien. Verheiratet, ein Kind. 1948 Abitur, 1948/52 Studium der Rechtswissenschaften der Humboldt-Univ. Berlin. Seit 1952 Justitiar in Vereinigung Volkseigener Betriebe Spiritus Berlin, zentrales Absatzkontor der Fischwirtschaft, Absatz und Lagerkontor des Fischhandels, volkseigener Fischhandel, staatliches Getränkekontor, VEB Bärensiegel; Wirtschaftsjurist. Sprachkenntnisse: Englisch, Französisch (Grundkenntnisse). Seit Nov. 1989 Mitgl. SPD, bis Mai 1990 Schatzmeister des Bezirksvorst. Berlin; Mitgl. Geschäftsführender Landesvorst., seit Mai 1990 Mitgl. Landesausschuß. Mai/Dez. 1990 Mitgl. Stadtverordnetenvers. Berlin und Oberbürgermeister von Berlin bis Ja. 1991, Sept. 1990 Mitgl. BRat. 1948/90 Mitgl. IG NuG. Seit Januar 1991 Mitglied des Abgeordnetenhauses von Berlin und Stellvertretender Präsident."

Er hatte als frei gewählter Oberbürgermeister keine Vorgänger. Er verstand sich selbst nicht als Erbe und Enkel von Friedrich Ebert.[116] Und wenn er über dessen und seiner Nachfolger Hinterlassenschaft nachdachte, dann nur, um das stadtpolitische Schisma zu beenden. Sein eigener Rücktritt schuf sich – Verfassung hin oder her – seine ganz eigenen Regeln. Mit dem Blick nach vorn war für Tino Schwierzina eine parlamentarische „Anschlussförderung" in Aussicht genommen worden, die offenbar keinen Aufschub duldete. Er überreichte in der ersten Sitzung des neu gewählten Abgeordnetenhauses am 11. Januar 1991 dessen Präsidentin sein Rücktrittsschreiben ohne Rücksicht darauf, dass damit auch die Ämter aller übrigen Magistratsmitglieder endeten. Aber auch die Präsidentin Hanna-Renate Laurien nahm das nicht so ernst. Vielmehr wählte sie – nach dem sie die Mitteilung des Rücktritts an das Parlament verkündet hatte – eine ganz „unbürokratische" Lösung für das verfassungsrechtlich gewiss umständlicher zu behandelnde Problem. Durch einfachen Parlamentsbeschluss wurde die bisherige Stellvertreterrolle wiederbelebt und dem Vorschlag des Ex-OB gefolgt und „Herr Stadtrat Krüger mit der Wahrnehmung der Geschäfte" des Oberbürgermeisters beauftragt.[117] Am 24. Januar 1991 erfolgte die Wahl des ersten Regierenden Bürgermeisters von Berlin, der diesen Titel ohne Einschränkungen tragen konnte.

Zum Abschied aus seinem Amt hatte ich Tino Schwierzina für die Mitarbeiter der Magistratskanzlei deren „Unterschriftensammlung" übergeben und dabei deren Dank in Worte zu fassen versucht. Sie hätten ihn in diesen Monaten der Annäherung an den Westen als den Anwalt der Ost-Berliner erlebt, mit Kompetenz und Selbstbewusstsein, mit Offenheit und Behutsamkeit. Vermutlich hätten seine Berater dabei mehr von ihm als er von ihnen gelernt. Das erst spöttisch gemeinte Wort von der „Laienspielschar" sei bereits für das Kabinett des Ministerpräsidenten vergeben gewesen, habe sich aber schnell als Ehrentitel erwiesen. Auch der Magistrat sei ein respektables Ensemble gewesen mit überwiegend guten Kritiken von Publikum und Fachwelt. Und wo müsse man sich schon das Textbuch für ein schon laufendes Stück auch noch auf offener Bühne selber schreiben! Der Hauptdarsteller aber sei die eigentliche Entdeckung dieser Zeit und hätte sich für viele Aufgaben im Lande empfohlen.

Sieben Monate hatten gereicht, um sich um Berlin verdient gemacht zu haben. Aber wie sie schon während dieser Zeit nicht die große persönliche Aufmerksamkeit erlebten, nicht im Osten der Stadt und noch weniger im Westen, so ist die Erinnerung an die sympathisch unauffälligen, fast unbemerkten, deshalb aber keineswegs tragischen Helden schnell verblasst. Die wenigsten Berliner werden heute mit dem Namen Tino Schwierzina etwas anzufangen wissen. Dabei ist er doch einer der „Stadtältesten"! Straßenschilder in Pankow erinnern seit Juni 2014 an den am 29. Dezember 2003 Verstorbenen. Einige hundert Meter von Straßenbahngleisen in zwei Fahrbahnen getrennter Straße, die durch Industriegelände, vorbei an einigen Wohnhäusern und durch Laubengelände nahe der Prenzlauer Promenade führen, tragen seinen Namen. Am nördlichen Ende beherrscht zudem die Ruine des Heinersdorfer Wasserturmes[118] die unwirtliche Gegend, Symbol eher für: unnütz und zu spät, als für: zur rechten Zeit am rechten Platz. Gelegentlich wird der Straßenname in Staumeldungen genannt.

Längst sind für die früheren Ost-Berliner „Wahnsinn!" ebenso wie „Warteschleife" in Vergessenheit geraten. Die ehemaligen West-Berliner haben sich von ihrem Inselkoller befreit und haben ihre subventionierte Heldenrolle abgelegt. Wer denkt noch an die Vergangenheit, wo doch die Gegenwart so spannend und die Zukunft so offen ist. 25 Jahre nach Öffnung der Mauer fühlten sich laut einer Umfrage in Ost und West 75% der Befragten „als Berliner".[119] Gäbe es nicht die gepflasterte Narbe in dem Straßenasphalt der ehemaligen Grenzlinie, Mauerreste, Grenzwachtürme und Gedenkstätten, wäre die Teilung bald gänzlich vergessen. Immer mehr Berliner kennen nichts anderes als die vereinte Stadt. Die Arbeit von damals ist getan, die beiden Berlins sind zusammengewachsen.

ANMERKUNGEN

1. Die Angaben beziehen sich auf das Jahresende 1988, zusammengestellt von Cord Schwartau, der die Angaben der Staatlichen Zentralverwaltung für Statistik und des Statistischen Landesamtes vergleichbar gemacht hat. In: Gerd Langguth (Hrsg.): Berlin. Vom Brennpunkt der Teilung zur Brücke der Einheit. Köln 1990. S.479ff.
2. Heinrich von Kleist: Sämtliche Werke. 7. Auflage München 1997. S. 880ff.
3. Artikel 23 des Grundgesetzes in der vom 23. Mai 1949 bis zur Änderung am 23. September 1990 geltenden Fassung lautete: "Dieses Grundgesetz gilt zunächst im Gebiet der Länder Baden, Bayern, Bremen, Groß-Berlin, Hamburg, Hessen, Niedersachsen, Nordrhein-Westfalen, Rheinland-Pfalz, Schleswig-Holstein, Württemberg-Baden und Württemberg-Hohenzollern. In anderen Teilen Deutschlands ist es nach deren Beitritt in Kraft zu setzen." Auf diesem Weg hatte bereits das Saarland zum 1. Januar 1957 Eintritt in den Geltungsbereich des Grundgesetzes erhalten.
4. In Abwandlung von Wolf Lepenies: Folgen einer unerhörten Begebenheit. Die Deutschen nach der Vereinigung. Berlin 1992.
5. „Der Spiegel", 4. Juni 1990.
6. Protokoll über das Gespräch des Regierenden Bürgermeisters Walter Momper mit Generalsekretär und Staatsratsvorsitzenden Erich Honecker. in: Heinrich Potthoff: Die „Koalition der Vernunft". Deutschlandpolitik in den 80er Jahren. München 1995. S. 931.
7. Harry Ristock, Sprecher des linken Flügels der Berliner SPD, Senator für Bau- und Wohnungswesen 1975-1981.
8. Zitiert nach Harry Ristock: Neben dem roten Teppich. Berlin 1991. S. 156.
9. Gerhard Kunze: Grenzerfahrungen. Berlin 1999. S. 469ff.
10. 17. Bericht über die Durchführung des Vier-Mächte-Abkommens und der ergänzenden Vereinbarungen zwischen dem 1. Juni 1988 und dem 31. Mai 1989. Senatsvorlage der Senatskanzlei vom 22. Juni 1989. Diese Berichte wurden regelmäßig dem Abgeordnetenhaus zur Besprechung zugeleitet.
11. „Verordnung über Reisen von Bürgern der Deutschen Demokratischen Republik nach dem Ausland" vom 30. November 1988. Hiermit wurden die bisherigen Reiseanlässe und der Kreis der Berechtigten erweitert.
12. Der Regierende Bürgermeister war der vorletzte westliche Gesprächspartner in Honeckers Amtszeit. Zuletzt war der Chef des Bundeskanzleramtes, Rudolf Seiters, am 4. Juli 1989 mit ihm im Gebäude des Staatsrates zusammengetroffen.
13. Protokoll über das Gespräch des Regierenden Bürgermeisters Walter Momper mit Generalsekretär und Staatsratsvorsitzenden Erich Honecker. In : Potthoff S. 928.

14. Niederschrift über das Gespräch des Generalsekretärs des ZK der SED und Vorsitzenden des Staatsrates der DDR, Erich Honecker, mit dem Regierenden Bürgermeister und Vorsitzenden der SPD in Berlin /West), Walter Momper, am 19. Juni 1989 im Schloß Niederschönhausen. In: Potthoff: S. 946.
15. Das „Zehn-Punkte-Programm zur Deutschlandpolitik" war ein Stufenplan ohne Zeitangaben. Er sah Wirtschaftshilfe für die DDR bei grundlegendem Systemwandel, eine Vertragsgemeinschaft, eine Konföderation und eine Föderation mit dem Ziel der staatlichen Einheit vor.
16. Walter Momper: Grenzfall. Berlin im Brennpunkt deutscher Geschichte. München 1991. S. 233.
17. KSZE = Konferenz für Sicherheit und Zusammenarbeit in Europa. Teilnehmer: 7 Staaten des Warschauer Paktes, 15 NATO-Staaten , 13 neutrale Staaten, endete am 1. August 1975 mit der „Schlussakte von Helsinki", mit der sich die Teilnehmer zur Unverletzlichkeit von Grenzen, zur Nichteinmischung in die inneren Angelegenheiten und zur Wahrung der Menschenrechte und Grundfreiheiten verpflichteten. Der Wortlaut wurde z.B. in „Neues Deutschland", 2. August 1975, Seiten 5-10, veröffentlicht.
18. Vgl. Ziff. 14.
19. Der Begriff „Rädelsführer" gehört zu den Vokabeln des anti-westlichen Propagandadeutsch der DDR. Übernommen von der Landsknechtssprache des 16. Jahrhunderts bedeutete er: Anführer einer Rebellion. Mitglieder der evangelischen „Jungen Gemeinde" wurden in den fünfziger Jahren ebenso mit diesem kriminalisierenden Etikett versehen wie Angeklagte, die sich am 17. Juni 1953 an Demonstrationen beteiligt hatten.
20. Gerhard Kunze: Grenzerfahrungen. S. 307.
21. Zitiert nach der Reproduktion der Erstausgabe von „Manifest der Kommunistischen Partei". (Ost-) Berlin 1965. S. 9.
22. „Sich selbst unserer Gesellschaft ausgegrenzt." (ADN). In: „Neues Deutschland", 2. Oktober 1989. S. 2. Die Korrektur erfolgte am 12. Oktober, einen Tag vor Honeckers Rücktritt: „Der Sozialismus braucht jeden."
23. Auf Brachgelände an der Sektorengrenze zum Bezirk Mitte hatte sich im Gefolge der Reisefreiheit für Staatsbürger der Volksrepublik Polen ein unkontrollierter Dauermarkt für nahezu alles, was zu westlichem Geld gemacht werden konnte, entwickelt und erhebliche hygienische, Müll- und Verkehrsprobleme beschert.
24. Dieter Schröder: Von Politik und dummen Fragen. Beobachtungen in Deutschland. Rostock 2002. S. 108.
25. Dieter Schröder S. 138f.
26. Erster Tätigkeitsbericht 1952/53. Herausgegeben vom Bundesministerium für gesamtdeutsche Fragen. Bonn 1954. S. 7.
27. „Der ‚Graue Plan' ist ein besonders eindeutiges und abscheuliches Beweisstück dafür, daß die Bonner Alleinvertretungsanmaßung eine potentielle Kriegserklärung gegen die DDR darstellt. Dieser auf die DDR als erstes Ziel konzentrierte Revanchismus ist der Kern dessen, was man in Bonn ‚Ostpolitik'

nennt." In: Graubuch. Expansionspolitik und Neonazismus in Westdeutschland. Hintergründe Ziele Methoden. Eine Dokumentation. Herausgegeben vom Nationalrat der Nationalen Front. (Ost-) Berlin 1967. S. 51.

28. Tatsächlich taugten die in den Archiven schlummernden Berichte und Analysen als Ratgeber für die nun tatsächlich bevorstehende Wiedervereinigung mehr, als man ihnen zutraute, so beispielsweise zur Zukunft der Volkseigenen Betriebe (VEB). Die sollten „mit der Wiedervereinigung zu rechtlich und wirtschaftlich selbständigen Unternehmen werden. An ihrer Spitze sollen Persönlichkeiten stehen, die möglichst aus den bisherigen Betriebsleitungen stammen, aber in der Lage sind, alle für die Betriebsführung nötigen technischen und kaufmännischen Dispositionen zu treffen [...] In vielen Fällen wird es zweckmäßig sein, sogenannte Betriebsnutzungsverträge abzuschließen, da auf diese Weise die private unternehmerische Initiative besonders wirkungsvoll zur Geltung kommen kann. Die Betriebsleitungen werden für Ihr Tun und Lassen einem Aufsichtsgremium verantwortlich sein. Ergänzend sind auch gewisse behördliche Maßnahmen und Befugnisse vorgesehen. Welche endgültigen Regelungen für die Volkseigenen Betriebe gefunden werden sollen, wird der gesamtdeutsche Gesetzgeber später zu entscheiden haben, dem mit solcher vorläufigen Lösung nicht vorgegriffen wird." in: Vierter Tätigkeitsbericht 1961/1965. Bonn und Berlin 1965. S. 20f.

29. „Der Spiegel", 15. Februar 1988: „CDU: Abschied von alten Einheitsträumen" S.18ff., Dazu auch: Hans-Peter Schwarz: Helmut Kohl. Eine politische Biographie. München 2. Aufl. 2012. S. 468ff.

30. Zitiert nach: Hans-Peter Schwarz: Helmut Kohl. S. 471.

31. Wegen des Neubaus des Plenarsaales im Bundeshaus, der 1949 provisorisch umgebauten ehemaligen Pädagogischen Akademie, fanden die Plenarsitzungen des Bundestages seit September 1986 bis Anfang der neunziger Jahre im Ersatzprovisorium des ehemaligen Bonner Wasserwerkes statt.

32. Seit 1984 wurde die S-Bahn in West-Berlin von der BVG betrieben. Davor unterlag das gesamte S-Bahnnetz der Verwaltung der Deutschen Reichsbahn der DDR.

33. Die West-Berliner Verfassung schrieb diese regelmäßige Sitzung vor. West-Berlin umfasste zwölf der insgesamt zwanzig bzw. dreiundzwanzig Berliner Bezirke. Nach der Wiedervereinigung der Stadt wurde im Rahmen einer Verwaltungsreform die Zahl für ganz Berlin auf zwölf reduziert. Die Berliner Verfassung sieht dieses Gremium weiterhin vor.

34. Eberhard Diepgen: Zwischen den Mächten. Von der besetzten Stadt zur Hauptstadt. Berlin-Brandenburg 2004. S. 118f.

35. Walter Momper: Grenzfall. S. 163.

36. Dieser berühmte Satz wurde erst nachträglich in die schriftliche Redefassung von Willy Brandt hineinredigiert. Willy Brandt: „...was zusammengehört". Reden zu Deutschland. Bonn 1990. S. 39. Vgl. dazu: Brigitte Seebacher: Willy Brandt. München Zürich 2004. Fußnote S. 204f. sowie den Aufsatz von Bernd Rother: "Jetzt wächst zusammen, was zusammengehört" – Oder: Warum Historiker Rundfunkarchive nutzen sollten.

Das Tonfilm-Dokument vom 10. November 1989 zeigt Willy Brandt mit dem vorbereitenden und mit dem maßgeblichen Satz: „Aus dem Krieg und aus der Veruneinigung der Siegermächte wurden die Spaltung Europas, Deutschlands in Berlin reproduziert auf mehrfache Weise. Und jetzt erleben wir – und das ist etwas Großes und ich bin dem Herrgott dankbar dafür, dass ich dies miterleben darf – wir erleben, dass die Teile Europas wieder zusammenwachsen."

Obwohl also mehr gemeint als gesagt, erlangte dieser Satz den gleichen Bekanntheitsgrad wie der Hilferuf von Ernst Reuter, „Ihr Völker der Welt...Schaut auf diese Stadt!" vom 9. September 1948, wie der Einschläferungsversuch von Walter Ulbrichts „Niemand hat die Absicht, eine Mauer zu errichten." vom 15. Juni 1961 und die, Michail Gorbatschow frei und genial übersetzt in den Mund gelegte Warnung an die SED-Führung, „Wer zu spät kommt, den bestraft das Leben." vom 6. Oktober 1989.

37. „Mit dem heutigen Tag werden wir eine Wende einleiten, werden wir vor allem die politische und ideologische Offensive wieder erlangen." Diese Rede wiederholt er am Abend im DDR-Fernsehen, wobei er alle Zuschauer als „liebe Genossinnen und Genossen" anredet. vgl. Egon Krenz: Wenn Mauern fallen. Wien 1990. S. 208. Ganz zu Recht äußert der damalige Vorsitzende der SPD-Fraktion der frei gewählten Volkskammer, Richard Schröder, sein Befremden über die verbreitete und meist gedankenlose Verwendung dieses Begriffes anstelle von Wiedervereinigung und darüber, „dass die einzige erfolgreiche Revolution der deutschen Geschichte, und zudem eine gewaltlose, heute in Ost und West zur „Wende" degradiert wird." In: Richard Schröder: „Irrtümer über die deutsche Einheit". 2. Auflage Freiburg Basel Wien 2014. S. 25.

38. Abgeordnetenhaus von Berlin, Drucksache 12/543 vom 1. Juli 1991.

39. Die M-Bahn war eine Magnetbahn, die zwischen Gleisdreieck und Kemperlatz 1984 1,6 Kilometer im Probebetrieb, ab August 1989 im Fahrgastbetrieb verkehrte.

40. Der außerhalb des Stadtgebietes liegende DDR-Flughafen wurde – ähnlich wie nach dem Mauerbau die S-Bahn – von den meisten West-Berlinern gemieden, obwohl die DDR alles tat, um dessen Nutzung – z. B. durch vereinfachte Einreiseregelungen – schmackhaft zu machen. Mit Dumpingpreisen für Türkeiflüge wurden die Gastarbeiter von Heimatflügen via Berlin-Tegel abgeworben. Insofern bedeutete auch diese Ankündigung des Innensenators eine kleine Sensation, nach der nichts mehr wie vorher war. Bevor die Grenzen wirklich fallen, kommt es schon mal zu „Grenzüberschreitungen" im Kopf – eine gute Voraussetzung für die bald mögliche Realität.

41. Walter Momper: Grenzfall. S. 173; ebenso in Walter Momper: „Berlin, nun freue Dich!". Berlin 2014. S .176.

42. Hans Modrow hatte in seiner Regierungserklärung vom 17. November „den unrealistischen und gefährlichen Spekulationen über eine Wiedervereinigung eine klare Absage erteilt." in „Neues Deutschland" 18./19.11.1989.

43. Die Bildunterschrift zu dem Foto von diesem Ereignis in: Richard von Weizsäcker: Vier Zeiten. Berlin 1997. S.365 trägt irrtümlich das Datum 10. Novem-

ber 1989. Der Mauerdurchbruch am Potsdamer Platz wurde erst in der Nacht zum Sonntag, dem 12. November, geschaffen. „Neues Deutschland" berichtete am 14. November auf seiner 2. Seite von diesem kurzen Aufenthalt des Bundespräsidenten auf dem „Hoheitsgebiet der DDR" und verrät ein Staatsgeheimnis: Es war der Oberstleutnant Günther Ruske. Auch die „Tagesschau" der ARD zeigte am 13. November Filmaufnahmen von diesem inoffiziellen Abstecher nach Ost-Berlin. Es war der Tag der Liebeserklärung an alle von Erich Mielke vor der Volkskammer.
44. „Im Wortlaut: Momper über Kohl. Denken von vorgestern." In: „Frankfurter Rundschau", 13. November 1989.
45. Gespräch des Bundeskanzlers Kohl mit dem Regierenden Bürgermeister Momper. Bonn, 28. Februar 1990. In: Deutsche Einheit. Sonderedition aus den Akten des Bundeskanzleramtes 1989/90. München 1998. S. 887ff.
46. Deutsche Einheit S. 888.
47. Walter Momper: Grenzfall. S. 321.
48. Ebda., S. 318f.
49. Erhard Krack, 1931-2000, 1951 Eintritt in die SED, Wirtschaftswissenschaftler, Mitglied der Volkskammer und des SED-Zentralkomitees, 1974-1990 Oberbürgermeister von Ost-Berlin.
50. Da den 12 West-Bezirken nur 11 Ost-Bezirke gegenüberstanden, kümmerte sich Spandau um enge Kontakte zum Kreis Nauen in seiner – geografisch westlichen, politisch östlichen – Nachbarschaft.
51. Hannes Bahrmann/Christoph Links: Chronik der Wende 2. Stationen der Einheit. Die letzten Monate der DDR. Berlin 1995. S. 154.
52. Schreiben des Ministerrates der Deutschen Demokratischen Republik. Der Vorsitzende. Berlin, den 2. März 1990 an den Vorsitzenden des Obersten Sowjets der Union der Sozialistischen Sowjetrepubliken und Generalsekretär des Zentralkomitees der KPdSU. Herrn M. S. Gorbatschow. „„...Die Regierung der Deutschen Demokratischen Republik geht davon aus, daß die Eigentumsordnung der Deutschen Demokratischen Republik, wie sich nach dem Sieg über der Hitlerfaschismus in der damaligen Sowjetischen Besatzungszone herausgebildet hat, bei Schaffung einer Währungsunion und Wirtschaftsgemeinschaft mit der Bundesrepublik Deutschland und auch in einem späteren einheitlichen Deutschland nicht in Frage gestellt werden darf. Ich darf daher die Bitte äußern, daß die Union der Sozialistischen Sowjetrepubliken mit ihren Rechten als Siegermacht des zweiten Weltkrieges in bezug auf ein späteres Gesamtdeutschland sowie unter Nutzung ihres bedeutenden internationalen Einflusses für die Sicherung der Eigentumsverhältnisse in der Deutschen Demokratischen Republik eintritt..."
53. „Weizsäcker in der Schußlinie". In: „Neues Deutschland", 4. April 1990 Seite 1.
54. Alfred Kerr: Warum fließt der Rhein nicht durch Berlin? Briefe eines europäischen Flaneurs 1895-1900. Herausgegeben von Günther Rühle. Berlin 1999. Brief vom 30. Juli 1899. S. 265ff.

55. Besprechungsunterlage der Senatsverwaltung für Finanzen für die Sitzung des Senats/Magistrats am 28. August 1990: Bericht über die Möglichkeit zur Vergabe von landeseigenen Grundstücken an ausländische Vertretungen und Landesvertretungen.

56. Beispielsweise Henning Köhler: Berlin in der Weimarer Republik. in: Geschichte Berlins. Zweiter Band. Hrsg. von Wolfgang Ribbe. München 1987. S. 814ff. Berlin vereinigte sich 1920 mit den Nachbarstädten Charlottenburg, Köpenick, Lichtenberg, Neukölln, Schöneberg, Spandau und Wilmersdorf.

57. „Schönfelder" wird nach dem ersten Verfasser eine Loseblattsammlung Deutscher Gesetze genannt.

58. „Berliner Zeitung", 24. Februar 1990.

59. Von den 225 Abgeordneten waren laut „Berliner Zeitung" 132 anwesend.

60. Protokoll der 2. Sitzung der Stadtverordnetenversammlung. 1. Wahlperiode. 30. Mai 1990. S. 23. Hartenhauer hatte sich als vormaliger Stadtrat für Kultur über Partei- und Sektorengrenzen hinweg Sympathie erworben.

61. Eberhard Diepgen: Zwischen den Mächten. S. 141.

62. Lothar de Maizière: Ich will, dass meine Kinder nicht mehr lügen müssen. Freiburg 2010. S. 155.

63. Die Gesprächsnotiz enthielt aber noch weitere Äußerungen des sowjetische Gesandten. Er könne sich vorstellen, „daß die vier Alliierten gemeinsam den Senat um Hilfe bäten. Er unterstrich dann noch einmal, daß für die Sowjetunion die DDR stets als ein perfekter Staat gewirkt habe und daß jetzt ihr Zusammenbruch umso perfekter sei, daß dieses aber von vielen nicht begriffen werde."

64. Es ist nicht überliefert, ob ihm das Gerücht bekannt war, unter Mitgliedern Stadtverordnetenversammlung sei bereits im Februar 1990, als es um die Nachfolge von Erhard Krack ging, die Idee aufgekommen, den Regierenden Bürgermeister von West-Berlin, Walter Momper, auch zum Oberbürgermeister von Ost-Berlin zu wählen.

65. Horst Nauber: Das Berliner Parlament. Herausgegeben vom Präsidenten des Abgeordnetenhauses von Berlin 1975, S. 305.

66. Vgl. dazu Udo Wetzlaugk: Die Alliierten in Berlin. Berlin 1988, S. 161ff.

67. Harald Wolf hat persönlich eine wechselhafte Parteikarriere vorzuweisen. Von 1982 bis 1984 gehörte er dem Bundesvorstand der Demokratischen Sozialisten an, die sozialistischer als die SPD und demokratischer als die DKP sein wollten. 1986 bis 1990 gehörte er der Alternativen Liste an, danach wechselte er zur PDS bzw. zur Partei Die Linke.

68. Tino Schwierzina: Erfahrungen im Roten Rathaus. In: Langguth S. 350.

69. Gesetz-, Verordnungs- und Amtsblatt für die Stadtbezirke Mitte, Prenzlauer Berg, Friedrichshain, Treptow, Köpenick, Lichtenberg, Weissensee, Pankow, Marzahn, Hohenschönhausen, Hellersdorf von Berlin. 1. Jahrgang Nr. 1 vom 25. Juli 1990.

70. Arbeitsplan des Magistrats von Berlin für das 1. Halbjahr 1990. Beschluß des Magistrats Nr. 020/90 vom 22.01.90.

71. „[...] Die Mühen der Gebirge liegen hinter uns. Vor uns liegen die Mühen der Ebenen."Aus Bertolt Brecht: Wahrnehmung. In: Die Gedichte in einem Band. Fankfurt am Main 1981. S. 960.
72. Stadtverordnetenversammlung von Berlin. [3. Sitzung vom 13. Juni 1990] Fragestunde gemäß § 46 der vorläufigen GO-SVV.
73. Pressedienst Berlin. Aktuelles aus Senat und Magistrat. 12. Juni 1990.
74. Gesetzblatt der DDR. Teil 1 Nr. 18 vom 19. März 1990. S. 157f.
75. Presseinformation. Magistrat von Berlin. Presseabteilung 6. Juni 1990.
76. Eine Kopie des Schreibens des Oberbürgermeisters mit seiner und der Paraphe des Chefs der Magistratskanzlei liegt dem Verfasser vor.
77. Tino Schwierzina: Den inneren Frieden wahren. Pressedienst Berlin. Aktuelles aus Senat und Magistrat. 19. November 1990.
78. Obwohl in der ersten DDR-Verfassung vom 7. Oktober 1949 in deren Artikel 138 vorgesehen und in den Ländern Brandenburg, Mecklenburg und Thüringen auch vorhanden, waren im Jahre 1952 die Verwaltungsgerichte mit der Verwaltungsneugliederung, bei der die fünf Länder durch 14 Bezirke ersetzt wurden, durch Erlass des SED-geführten Innenministeriums abgeschafft worden.
79. Walter Momper: Grenzfall. S. 356; s. a. S. 256ff., S. 335 bzw. S. 383.
80. APO war die in der DDR gebräuchliche Abkürzung für Abteilungs-Partei-Organisation der Sozialistischen Einheitspartei Deutschlands.
81. Die Buchstaben sind willkürlich gewählt und lassen keinen Rückschluss auf die Personen zu.
82. Dieter Schröder S. 161.
83. Dieter Schröder S. 216.
84. Artikel 52 der Verfassung von Berlin vom 1. September 1950 lautet: „(1) Den Verwaltungen der Bezirke ist die Möglichkeit zu geben, zu den grundsätzlichen Fragen der Verwaltung und Gesetzgebung Stellung zu nehmen. (2) Zu diesem Zweck finden regelmäßig mindestens einmal monatlich gemeinsame Besprechungen des Regierenden Bürgermeisters und des Bürgermeisters mit den Bezirksbürgermeistern und den stellvertretenden Bezirksbürgermeistern als Vertreter des Bezirksamte statt (Rat der Bürgermeister). (3)..." Sinngemäß enthielt auch die Ost-Berliner Verfassung vom 23. Juli 1990 diese Regelung. Der Text wurde wortgleich als Artikel 68 in die Verfassung von Berlin vom 23. November 1995 übernommen.
85. Statistische Monatsschrift Nr. 1 – 6 2000. Zehn Jahre Berliner Einheit – Daten und Analysen zum Vereinigungsprozess.
86. Pressedienst Berlin. Aktuelles aus Senat und Magistrat. 10. August 1990. Emnid-Umfrage: Was denken Ost- und West-Berliner voneinander?
87. Helmut Kohl: Erinnerungen 1990-1994. München 2007. S. 497.
88. Vermerke oder Paraphen in Behördenakten werden zur leichteren Übersicht in verschiedenen Farben vorgenommen. „Grün" schreibt der Chef, „rot" ist die Farbe des Staatssekretärs.
89. Das Gesetz über die Kommunalverfassung vom 17. Mai 1990 bestimmte in seinem § 99 Absatz 4: „Bis zum Inkrafttreten einer Verfassung durch die

Stadtverordnetenversammlung von Berlin gelten hier die Bestimmungen der Kommunalverfassung sinngemäß."

90. „Der Diener zweier Herren". Titel einer Komödie aus dem Jahr 1745 von Carlo Goldoni. In der Schlussszene gesteht der Diener Truffaldino: „Ich bin da ganz unvermutet reingerutscht, aber versuchen wollt ich's doch." In: Sechs Komödien (Ost-) Berlin 1960. S. 130.

91. Monika Maron: Animal triste. Frankfurt am Main 1996, S. 46ff.

92. Brigitte Grunert: Hinter den Berliner Kulissen. in: „Der Tagesspiegel", 30. Juni 1990.

93. Richard von Weizsäcker: Rede vom 3. Oktober 1990. Zitiert nach Richard von Weizsäcker: Der Weg zur Einheit. München 2009. S. 201.

94. „Hauptstadt Deutschlands ist Berlin. Die Frage des Sitzes von Parlament und Regierung wird nach der Herstellung der Einheit Deutschlands entschieden." Artikel 2 Absatz 2 des Einigungsvertrages.

95. DDR-Bewohner, die Westmark geschenkt bekamen oder auf andere Weise erhielten, mussten diese bei der Staatsbank abliefern und erhielten dafür im Verhältnis 1:1 sogen. Forum-Schecks der DDR-Außenhandelsgesellschaft. Diese galten in den Intershops der DDR, in denen westliche Erzeugnisse angeboten wurden, als Zahlungsmittel für DDR-Bewohner.

96. Gemäß dem „Zwei-Plus-Vier-Vertrag" vom 12. September 1990 verließen ihre Garnisonen Berlin zeitgleich mit den sowjetischen Truppen auf dem Gebiet der ehemaligen DDR.

97. Der Einigungsvertrag regelt so in seinem Artikel 16 die Zeit des Übergangs bis zur Bildung einer für ganz Berlin zuständigen Landesregierung.

98. Senatsbeschluss Nr. 1408/90 vom 18. September 1990 und Magistratsbeschluss Nr. 175/90 vom 18. September 1990.

99. Hierin unterschied sich die Landesregierung vom Landesparlament. Das Abgeordnetenhaus, das am 11. Januar 1991 zusammentrat, zählte die Wahlperioden der Weststadt für das vereinigte Berlin fort und lehnte mehrheitlich einen Antrag der Fraktion der PDS ab, mit der Nummer 1 zu beginnen.

100. Tagungsort der Dreimächtekonferenz der Sowjetunion, der USA und Großbritanniens, die mit dem Potsdamer Abkommen vom 2. August 1945 die Nachkriegsordnung in Deutschland bestimmen sollte.

101. Bezogen auf die Wahl in West-Berlin am 29. Januar 1989 und auf die Wahl in Ost-Berlin am 6. Mai 1990 ergaben sich am 2. Dezember 1990 erhebliche Verschiebungen. Die SPD verlor im Ostteil, 2,0%, im Westteil 7,8% und erreichte in ganz Berlin 30,4%. Die CDU gewann im Ostteil 6,4%, im Westteil 11,3% und kam in ganz Berlin auf 40,4%. Die PDS verlor im Ostteil 6,4%, gewann im Westteil 1,1% und hatte in ganz Berlin einen Anteil von 9,2%. Die FDP gewann im Ostteil 3,4%, im Westteil 4,0% und war im Abgeordnetenhaus wieder mit 7,1% vertreten. Die AL gewann im Ostteil 1,7%, verlor im Westteil 4,9% und kam in ganz Berlin auf 5,0%. Die folgenden Koalitionsverhandlungen führten zu einer Koalition von CDU und SPD unter dem Regierenden Bürgermeister Eberhard Diepgen.

102. Lothar de Maizière S. 57.
103. Der zunächst genannte Termin 6. Mai wurde später auf Vorschlag des Runden Tisches für die Volkskammer zum 18. März vorgezogen; für den 6. Mai wurden Kommunalwahlen vorgesehen.
104. Eine Funktionärskonferenz der SPD hatte Anfang März eine Urabstimmung über den Zusammenschluss beschlossen, die jedoch nur in den Westsektoren Berlins durchgeführt wurde. Hier lehnten 80 Prozent der Teilnehmer (70%) den Zusammenschluss ab. Nach einer Verständigung der Westmächte mit der Sowjetunion blieb in Ost-Berlin die SPD bestehen. Dafür wurde in den Westsektoren auch die SED zugelassen. Die Ost-SPD hatte keinerlei politische Betätigungsmöglichkeiten und stellte ihre Arbeit nach dem 13. August 1961 ein. Der Händedruck zwischen dem KPD-Vorsitzenden Wilhelm Pieck und dem SPD-Vorsitzenden Otto Grotewohl auf dem Vereinigungsparteitag im April 1946 bildete das Symbol für das SED-Parteiabzeichen.
105. Erst dreizehn Jahre waren vergangen, seit Otto Wels im Reichstag am 23. März 1933 die Zustimmung der SPD-Fraktion zum „Ermächtigungsgesetz" mit den Worten verweigert hatte: „Freiheit und Leben kann man uns nehmen, die Ehre nicht."
106. Otto Nuschke, Vorsitzender der CDU der DDR auf dem 6. Parteitag der CDU in Ost-Berlin. in: „Neue Zeit". Tageszeitung der Christlich-Demokratischen Union Deutschlands. Berliner Ausgabe. 17. Oktober 1952. S.5 Diese Aussage kann mit Fug und Recht als dem Händedruck von Otto Grotewohl mit Wilhelm Pieck vom April 1946 vergleichbares Symbol der Unterwerfung seiner Partei unter das Diktat des kommunistisch/sozialistischen Regimes der SED gewertet werden.
107. Lothar de Maizière S. 69.
108. Die im Folgenden genannten Berufsangaben, die in verschiedenen Quellen variieren, stützen sich auf die Broschüre: Ganz Berlin im Aufbruch. Richtlinien der Magistratspolitik. Herausgegeben vom Magistrat von Berlin. Verantwortlich Christian Hoßbach. o. J. (1990). S. 18ff.
109. Jürgen Leinemann: Höhenrausch. Die wirklichkeitsleere Welt der Politiker. München 2004.
110. Tino Schwierzina am BZ-Lesertelefon. in: „Berliner Zeitung", 5. Juni 1990.
111. „BZ", 16. Juli 1990.
112. „Berliner Zeitung", 5. Juni 1990.
113. „Berliner Morgenpost", 9. Oktober 1994.
114. Die Mitgliedschaft in der Freien Deutschen Jugend umfasste das 14. bis 25. Lebensjahr.
115. „Klassenkampf an der Gulaschkanone. Ost-Berlins Oberbürgermeister Tino Schwierzina über seine Kampfgruppenmitgliedschaft". In: „Die Tageszeitung", 2. November 1990.
116. Friedrich Ebert, 1894-1979, Sohn des ersten Reichspräsidenten Friedrich Ebert, seit 1913 Mitglied der SPD, 1928-1933 Mitglied des Reichstages. Seit 1946 Mitglied der SED, Oberbürgermeister von Ost-Berlin 1948-1967.

117. Abgeordnetenhaus von Berlin. Plenarprotokoll 12/1. 11. Januar 1991.
118. 1910 als Turm des künftigen Rathauses von Heinersdorf und gleichzeitig als Wasserturm begonnen, wurde der Bau 1914 bei Beginn des 1. Weltkrieges unterbrochen. 1920 wurde die Gemeinde Heinersdorf ein Teil von Groß-Berlin, benötigte kein eigenes Rathaus und war der Turm, wegen der inzwischen unterirdisch verlegten Druckwasserleitungen, auch als Wasserturm entbehrlich.
119. 25 Jahre nach Öffnung der Mauer antworten auf die Frage „Fühlen Sie sich eher als Berliner / Ost-Berliner /West-Berliner"? 75% der Befragten „als Berliner". Nur 7% fühlen sich als Ost-Berliner, 14% als West-Berliner. Der Mauerfall habe ihnen „eher Vorteile gebracht", bekunden 54% der Bewohner des ehemaligen Westteils und 61% des ehemaligen Ostteils von Berlin. Umfrage von Infratest Dimap vom 20. und 21. Oktober 2014. In: „Berliner Morgenpost", 2. November 2014.

Handelnde und behandelte Personen

Baker, James 58
US-Außenminister
Bebel, August 165
*Mitbegründer der deutschen
Sozialdemokratie*
Bergmann, Dr. Christine 82, 88, 216
*Präsidentin der
Stadtverordnetenversammlung*
Biedenkopf, Prof. Dr. Kurt 199
Ministerpräsident von Sachsen
Blankenhagel, Kurt 166, 208, 216
Stadtrat
Blüm, Dr. Norbert 50
Bundesminister
Blumenfeld, Erik 14
Hamburger Politiker
Borrmann, Detlef 211
Staatssekretär
Brandt, Holger 100, 208, 216
Stadtrat
Brandt, Willy 14, 37, 39, 225f.
Bundeskanzler a. D.
Brecht, Bertolt 229
Dramatiker
Dahlheim, Richard 214
Senatsmitarbeiter
Diepgen, Eberhard 15, 17, 38, 57, 59,
84, 135, 137, 172f., 216, 230
Regierender Bürgermeister a. D.
Diestel, Dr. Peter-Michael 101, 114,
179
*DDR-Innenminister
April-Oktober 1990*
Dittberner, Prof. Dr. Jürgen 212
Staatssekretär

Ebert, Friedrich jun. 72, 127, 220,
231
Oberbürgermeister 1948-1967
Engelhard, Hans 54
Bundesminister
Engholm, Björn 16
*Ministerpräsident von
Schleswig-Holstein*
Engler, Dr. Eberhard 84f.
*CDU-Vorsitzender in
Ost-Berlin seit 1990*
Eppelmann, Rainer 99f., 104, 142
DDR-Minister April-Okt. 1990
Fessmann, Dr. Ingo 214
Senatsmitarbeiter
Forck, Dr. Gottfried 65
*Evangelischer Bischof von
Berlin-Brandenburg*
Freier, Dietmar 214
Senatsmitarbeiter
Friedensburg, Prof. Dr. Ferdinand 127
*Amtierender Oberbürgermeister
August-Dezember 1948*
Fritzsche, Bernd 100, 106, 164, 208
Stadtrat
Fuderholz, Günter 214
Senatsmitarbeiter
Geißler, Dr. Heiner 29
Generalsekretär der CDU
Genscher, Hans-Dietrich 37, 50
Bundesminister
Gerlach, Manfred 48
*Vorsitzender der LDPD
1967-1990, Vorsitzender des
Staatsrates Dezember 1989-April 1990*

Geschke, Ottomar 127
Stadtverordneter

Goerig, Michael 214
Senatsmitarbeiter

Görler, Hans 212, 214
Staatssekretär

Götting, Gerald 203, 205
*Vorsitzender der DDR-CDU
1966-2. November 1989*

Gorbatschow, Michail S. 9, 22f., 43, 57, 60, 64, 226f.
*KPdSU-Generalsekretär seit 1985,
Präsident der UdSSR seit März 1990*

Gottwald, Klement 165
*Präsident der Tschechoslowakei
1948-1953*

Grotewohl, Otto 205, 231
*DDR-Ministerpräsident
1949-1964*

Grunert, Brigitte 230
Journalistin

Grysczyk, Horst 213f.
Senatsmitarbeiter

Güttler, Prof. Ludwig 22
Trompeten-Virtuose

Gysi, Gregor 107, 218
*SED/PDS-Vorsitzender
Dezember 1989-1993*

Hamann, Peter 77, 91
Senatskanzleimitarbeiter

Hanisch, Dr. Horst 78, 91, 148
*Magistrats- und
Senatskanzleimitarbeiter*

Hansel, Frank-Christian 186f.
Magistratsmitabeiter

Hartenhauer, Dr. Christian 75, 81f., 228
Oberbürgermeister Februar-Mai 1990

Hasse, Benno 169
Stadtbezirksbürgermeister

Haupt, Peter 211, 214
Senatsmitarbeiter

Hedrich, Manfred 214
Senatsmitarbeiter

Hempel, Hartmut 93, 208
Stadtrat

Herbst, Knut 74, 162, 175, 177, 219
*SPD-Fraktionsvorsitzender in der
Stadtverordnetenversammlung*

Heuß, Prof. Dr. Theodor 163
*Bundespräsident
September 1949-September 1959*

Hinkefuß, Dietrich 162
Senatskanzleimitarbeiter

Honecker, Erich 9, 14ff., 22ff., 31, 39, 60, 203, 223
*DDR-Staatsratsvorsitzender
Oktober 1975-Oktober 1989*

Hoßbach, Christian 129, 140, 162
Magistratssprecher

Kahane, Anetta 166
Ausländerbeauftragte des Magistrats

Kaiser, Jakob 28
Bundesminister

Kennedy, John-F. 69
US-Präsident 1961-1963

Kerr, Alfred 66
Journalist, Theaterkritiker

Klein, Anne 13
Senatorin

Kleist, Heinrich von 10
Dramatiker, Erzähler

Klotzek, Ullrich 214
Senatsmitarbeiter

Kny, Dr. Otmar 208, 216
Stadtrat

Koepke, Peter 214
Senatsmitarbeiter

Koeppel, Prof. Matthias 95
Maler

Kohl, Dr. Helmut 18, 31f., 37, 46ff., 57f., 61, 63, 67, 138, 161, 172f.
Bundeskanzler

Kolhoff, Werner 50, 54, 129,137, 187
Senatssprecher

Kotschemassow, Wjatscheslaw I. 27, 164
Sowjetischer Botschafter

Krack, Erhard 43, 45, 59ff., 81, 135, 162, 227f.
Oberbürgermeister 1974-Febr. 1990
Kraft, Eckehard 100, 208
Stadtrat
Kremendahl, Dr. Hans 212
Staatssekretär
Krenz, Egon 31, 39, 107, 168, 226
SED-Generalsekretär von Oktober und DDR-Staatsratsvorsitzender November-Dezember 1989
Kretschmar, Ute 214
Senatsmitarbeiterin
Krüger, Thomas 93, 101, 106f., 111, 113, 179, 209, 216, 221
Stadtrat, stellv. Oberbürgermeister
Krusche, Dr. Günter 221
Generalsuperintendent Evang. Kirche Berlin-Brandenburg
Kuba, Werner 77
ehem. Magistrats- und Senatskanzleimitarbeiter
Künast, Renate 84, 88
AL-Fraktionsvorsitzende im Abgeordnetenhaus
Kuhn, Hans-Jürgen 101, 212
Staatssekretär
Kunz, Eva 13, 90, 208f.
Stadträtin
Kunze, Gerhard 15, 21, 62
Senatsmitarbeiter
Laurien, Dr. Hanna-Renate 220f.
Präsidentin des Abgeordnetenhauses
Leinemann, Jürgen 210
Journalist
Limbach, Prof. Dr. Jutta 15,53
Senatorin
Lummer, Heinrich 8
Bürgermeister a. D.
Maizière, Lothar de 83, 85, 104, 110, 114f., 127, 136ff., 161, 175, 178, 180, 203, 205, 221
DDR-Ministerpräsident April-Oktober 1990

Maron, Karl 166
DDR-Innenminister 1955-1963
Maron, Monika 230
Schriftstellerin
Martiny, Dr. Anke 42
Senatorin
Masur, Prof. Kurt 23, 65
Dirigent
Maximytschew, Igor 85, 228
Sowjetischer Gesandter
Mende, Dr. Erich 28
Bundesminister
Meisner, Dr. Norbert 43, 50, 52, 54, 68
Senator
Mielke, Erich 23, 227
DDR-Minister
Mittag, Günter 168
Mitglied des SED-Politbüros
Mitzscherling, Dr. Peter 50
Senator
Modrow, Hans 31, 43, 45, 48, 60ff., 103f., 107, 127, 139, 226
DDR-Ministerpräsident November 1989-April 1990
Momper, Walter 12ff., 17f., 20, 26f., 35, 37f., 40, 42, 45,47ff., 57ff., 61ff., 69, 75, 82f., 85f., 91f., 110, 115, 127f., 130, 135ff., 153, 164, 172, 185f., 188, 195, 199f., 223, 228
Regierender Bürgermeister
Nagel, Wolfgang 42, 68
Senator
Neumann, Heidrun 187
Magistratsmitarbeiterin
Neusesser, Heidemarie 190
Senatskanzleimitarbeiterin
Nuschke, Otto 165, 205, 231
Vorsitzender der DDR-CDU 1948-1957
Pätzold, Erich 44, 53, 101, 179
Senator
Pavlik, Dieter 100, 208, 216
Stadtrat

Pfarr, Prof. Dr. Heide 46, 48, 50, 52, 54
Senatorin
Pflugbeil, Dr. Sebastian 88
Stadtverordneter
Pieck, Wilhelm 231
Präsident der DDR 1949-1960
Pieroth, Elmar 85, 89, 91, 97f., 106, 168, 209, 216
Stadtrat, Mitglied des Abgeordnetenhauses
Platzeck, Matthias 104
DDR-Minister Feb.-Apr. 1990
Preiß, Manfred 175ff.
DDR-Minister Apr.-Okt. 1990
Rau, Johannes 16
Ministerpräsident von Nordrhein-Westfalen
Reuter, Prof. Ernst 8, 226
Oberbürgermeister/ Regierender Bürgermeister 1948-1953
Riedmüller-Sehl, Prof. Dr. Barbara 212
Senatorin
Ristock, Harry 15, 223
Senator a. D.
Romberg, Dr. Walter 213
DDR-Minister Apr.-Aug. 1990
Ruske, Günter 227
NVA-Offizier
Rusta, Dr. Irana 111, 208, 216
Stadträtin
Sauerbruch, Prof. Dr. Ferdinand 208f. (1875-1951)
Stadtrat Mai-Okt.1945
Schabowski, Günter 31, 33
Mitglied des Politbüros des ZK der SED, Sekretär der SED-Bezirksleitung Berlin
Schäuble, Dr. Wolfgang 50
Bundesminister
Schneider, Gerhard 212
Staatssekretär
Schomburg, Wolfgang 212
Staatssekretär

Schorlemmer, Friedrich 9
Theologe
Schramm, Hilde 18
Vizepräsidentin des Abgeordnetenhauses
Schreyer, Dr. Michaele 13, 49f., 53f., 68, 171
Senatorin
Schröder, Prof. Dr. Dieter 19ff., 27, 50, 88, 91, 112f., 137, 140, 162, 165, 183, 186, 199
Staatssekretär
Schröder, Prof. Dr. Richard 226
Theologe
Schürer, Gerhard 168
Vorsitzender der Staatlichen Plankommission
Schwierzina, Tino 24, 59f., 67, 71f., 74, 83, 86, 88ff., 93, 96ff., 104ff., 108, 110ff., 127, 130, 132, 135, 140ff., 151, 153ff., 162ff., 174, 176ff., 180, 184ff., 190, 192, 195, 200f., 207f., 210, 213, 216f., 218ff.
Oberbürgermeister
Seiters, Rudolf 49, 54f., 67, 223
Bundesminister
Sparing, Wolfgang 93, 107, 208, 216
Stadtrat
Späth, Lothar 16
Ministerpräsident von Baden-Württemberg
Staffelt, Dr. Ditmar 44, 53
SPD-Fraktionsvorsitzender im Abgeordnetenhaus
Stahmer, Ingrid 36, 42, 50
Bürgermeisterin und Senatorin
Steppuhn, Sigrun 214
Senatsmitarbeiterin
Stolpe, Dr. Manfred 65, 200
Konsistorialpräsident, Ministerpräsident von Brandenburg
Straßmeir, Günter 49
Parlamentarischer Staatssekretär
Strübind, Dietrich 77, 91
Senatskanzleimitarbeiter

Süß, Reiner 177
Kammersänger, Stadtverordneter
Suhr, Prof. Dr. Otto 127
Regierender Bürgermeister 1953-1957
Thierse, Dr. Wolfgang 186
Vorsitzender der DDR-SPD
Juni-September 1990
Thömmes, Dr. Peter 83, 90f., 107, 113, 131f., 140f., 147, 154, 165, 183ff., 211
Chef der Magistratskanzlei
30. Mai-22. Juni 1990
Thurmann, Dr. Clemens 208
Stadtrat
Tschoepe, Armin 211
Staatssekretär
Vogel, Dr. Hans-Jochen 16
Regierender Bürgermeister a. D.
Vogel, Dr. Wolfgang 65
DDR-Rechtsanwalt
Voigt, Wilhelm 176
Schumacher
Volkholz, Sybille 13, 53
Senatorin
Voscherau, Dr. Henning 16
Erster Bürgermeister von Hamburg
Wagner, Horst 50
Senator
Waigel, Theo 51, 57
Bundesminister
Wallmann, Walter 63
Ministerpräsident von Hessen
Wehner, Herbert 28
Bundesminister
Weizsäcker, Dr. Richard von 11, 15f., 47, 64ff., 163f, 167, 193, 226
Bundespräsident
Wels, Otto 231
SPD-Reichstagsabgeordneter
Wiedemann, Brigitte 214
Senatsmitarbeiterin
Wilms, Dr. Dorothee 54
Bundesministerin
Wohlrabe, Jürgen 36ff.
Präsident des Abgeordnetenhauses

Wolf, Harald 88, 228
Mitglied des Geschäftsführenden Ausschusses der AL
Wünsche, Prof. Dr. Kurt 180
DDR-Justizminister 1967-1972,
November 1989-August 1990
Zavlaris, Dr. Démetrè 214
Senatsmitarbeiter
Zetkin, Clara 165
KPD-Reichstagsabgeordnete
Zimmermann, Dr. Friedrich 50
Bundesminister
Zippel, Dr. Christian 113, 209, 216
Stadtrat
Zotl, Dr. Peter 113
Stadtverordneter